谨以本书献给我的父亲和母亲

思政本科专业人才培养质量评价研究

魏世友　著

RESEARCH ON THE QUALITY EVALUATION OF
UNDERGRADUATE IDEOLOGICAL AND
POLITICAL TALENTS TRAINING

社会科学文献出版社
SOCIAL SCIENCES ACADEMIC PRESS (CHINA)

前　言

思想政治教育专业是培养开展思想政治教育工作专门人才的高等教育专业，该专业以马克思主义理论为指导，运用思想政治教育等学科的知识体系培养国家和社会需要的专业人才。思想政治教育专业自1984年设置以来，为我国培养了一批又一批优秀的思想政治工作和研究人才，彰显了我国人才培养的社会主义底色，展现了接续弘扬马克思主义真理的中国特色。思想政治教育本科专业人才是马克思主义理论学科硕士研究生和博士研究生的重要生源，是今后开展思想政治教育工作的重要力量，是践行中国共产党人全心全意为人民服务宗旨的重要群体。提高思想政治教育本科专业人才培养质量是思想政治教育专业发展的内在要求，是着力提升思想政治教育本科专业人才竞争力的重要途径，是新时代高质量发展对思想政治教育本科专业人才培养提出的新要求。评价作为保障人才培养质量的抓手，在人才培养质量提升中发挥着重要作用。在新的时代条件下，如何通过评价提升思想政治教育本科专业人才培养质量是一个现实而紧迫的任务。开展思想政治教育本科专业人才培养质量评价研究，从理论层面看，有助于对思想政治教育本科专业人才培养质量进行价值定位，有助于推动思想政治教育本科专业人才教育理论的探索，可以为思想政治教育本科专业的发展提供理论支撑。从现实层面看，是推进思想政治教育本科专业实现内涵式发展的重要举措，是思想政治教育本科专业人才实现全面发展的重要保障，是加强思想政治理论课教师队伍建设的基石，是落实新时代立德树人根本任务的重要体现。

首先，本书分析了思想政治教育本科专业人才培养质量评价的理论基础，主要论述了思想政治教育专业的特色，思想政治教育本科专业人才培养的特点，思想政治教育本科专业人才培养质量评价的发展脉络、特点及功能，并以此作为研究的逻辑起点。其次，以问卷调查的方式了解和掌握新时代思想政治教育本科专业人才培养质量评价的基本现状，然后从国家、社会、地方三个层面入手，通过梳理新时代思想政治教育本科专业人才培养质量评价的具体实践，更加深入地认识人才培养质量评价现状。基于上述内容，探究和分析新时代思想政治教育本科专业人才培养质量评价存在的问题及原因。再次，通过借鉴国内外人才培养质量评价的先进经验，结合思想政治教育专业特点、思想政治教育本科专业人才培养特点，着力优化思想政治教育本科专业人才培养质量评价，其路径主要有：一是强调评价对思想政治教育本科专业人才培养质量提升的重要性；二是加强思想政治教育本科专业人才培养质量评价的制度建设；三是持续推动多元主体参与思想政治教育本科专业人才培养质量评价；四是注重新技术与思想政治教育本科专业人才培养质量评价的融合；五是地方要结合实际丰富思想政治教育本科专业人才培养质量评价指标；六是思想政治教育本科专业人才培养质量评价指标体系制定的相关建议。最后，展望未来，要不断推进思想政治教育本科专业人才培养质量评价体系的科学化发展，与时俱进，才能更好发挥人才培养质量提升的作用。同时，呼吁要以本科专业人才培养质量评价研究为基础，推动不同学位层次（学士、硕士、博士）思想政治教育专业人才培养质量评价研究的共同发展。

本书立足新时代，以思想政治教育本科专业人才为研究对象，以人才培养质量评价为研究视角，旨在对思想政治教育本科专业人才培养质量评价进行系统研究。同时，倡导要高度重视评价在人才培养质量提升中的作用，从而以人才培养质量的提升促使思想政治教育本科专业人才更具社会竞争力、更好地适应新时代发展要求，成为始终坚定信仰马克思主义、拥护中国共产党领导和中国特色社会主义制度的坚定力量，为实现中华民族伟大复兴贡献新的、更大的力量。

本书的创新之处有以下三点。一是目前学术界还没有形成较为系统的思想政治教育本科专业人才培养质量评价研究成果，思想政治教育本科专业人才培养质量评价研究对于推进思想政治教育本科专业人才培养质量评价理论和实践的发展具有一定的价值。二是思想政治教育本科专业人才培养质量评价研究不仅关注内部评价，同时重视外部评价，即从作为培养主体的高校的外部入手，把教育行政部门、用人单位、非应届毕业生、应届毕业生等作为评价主体，更注重多元主体对思想政治教育本科专业人才培养质量进行评价。三是目前有关思想政治教育专业人才培养质量评价的研究大多是对人才培养的条件质量、过程质量的评价，本书主要从人才培养的结果质量入手进行系统研究。

本书通过思想政治教育本科专业人才培养质量评价研究得出以下启示。一是新时代本身就是思想政治教育的议题，这就需要将新时代和思想政治教育紧密联系起来。二是思想政治教育本科专业人才培养质量强调思想政治教育本科专业人才要具有良好的政治素质和思想道德素质，其中政治素质是思想政治教育本科专业人才培养质量的核心内容。三是思想政治教育本科专业人才培养质量评价研究是对马克思主义的具体实践，需要引起各方的高度重视。四是思想政治教育本科专业人才培养质量评价研究是我国社会主要矛盾转化后，高质量发展在思想政治教育本科专业人才培养中的反映和要求，是落实新时代立德树人根本任务的重要体现，具有重要的政治价值、社会价值和时代价值。

目 录

第一章 导论 ………………………………………………………… 001
 第一节 研究背景和意义 ………………………………………… 001
 第二节 研究述评 ………………………………………………… 010
 第三节 研究思路、方法与创新之处 …………………………… 024

第二章 思想政治教育本科专业人才培养质量评价的理论基础 …… 030
 第一节 相关概念 ………………………………………………… 030
 第二节 马克思主义关于人才培养质量评价的理论 …………… 051
 第三节 人才培养质量评价的相关理论 ………………………… 058

**第三章 思想政治教育本科专业人才培养质量及其评价的
   基本内容** ……………………………………………………… 063
 第一节 思想政治教育本科专业的发展现状及新使命 ………… 063
 第二节 思想政治教育本科专业人才培养质量的重要性
    及提升实践 ……………………………………………… 080
 第三节 思想政治教育本科专业人才培养质量评价的发展脉络、
    特点及功能 ……………………………………………… 088

第四章 思想政治教育本科专业人才培养质量评价的现实审视 …… 096
 第一节 新时代思想政治教育本科专业人才培养质量评价
    满意度调查 ……………………………………………… 096

第二节 新时代思想政治教育本科专业人才培养质量评价的
具体实践 …………………………………………………… 105
第三节 新时代思想政治教育本科专业人才培养质量评价存在的
主要问题 …………………………………………………… 115
第四节 新时代思想政治教育本科专业人才培养质量评价存在
问题的原因分析 …………………………………………… 124

第五章 思想政治教育本科专业人才培养质量评价优化 ……………… 132
第一节 思想政治教育本科专业人才培养质量评价优化的前提 …… 132
第二节 思想政治教育本科专业人才培养质量评价优化的
经验借鉴 …………………………………………………… 137
第三节 思想政治教育本科专业人才培养质量评价优化的路径 …… 143

第六章 结论与展望 ……………………………………………………… 168
第一节 基本结论 …………………………………………………… 168
第二节 相关建议 …………………………………………………… 171
第三节 研究展望 …………………………………………………… 176

附　录 …………………………………………………………………… 180
参考文献 ………………………………………………………………… 199
后　记 …………………………………………………………………… 211

图目录

图 1-1　中国知网人才培养质量计量化可视分析（总体趋势分析）…… 015
图 1-2　中国知网人才培养质量评价计量化可视分析
　　　　（总体趋势分析） ………………………………………… 017
图 1-3　中国知网思想政治教育本科专业人才培养质量计量化
　　　　可视分析（总体趋势分析） …………………………………… 019
图 1-4　中国知网思想政治教育本科专业人才培养质量计量化
　　　　可视分析（主题分布） ………………………………………… 020
图 1-5　中国知网本科专业人才培养质量评价计量化可视分析
　　　　（总体趋势分析） ………………………………………… 022
图 1-6　中国知网本科专业人才培养质量评价计量化可视分析
　　　　（主题分布） ……………………………………………… 022
图 1-7　中国知网本科专业人才培养质量评价计量化可视分析
　　　　（学科分布） ……………………………………………… 023
图 3-1　全国开设思想政治教育本科专业院校的地区分布情况 ……… 074
图 3-2　全国开设思想政治教育本科专业院校的层次分布情况 ……… 075
图 3-3　全国开设思想政治教育本科专业院校的办学层次分布
　　　　情况 ……………………………………………………… 076
图 3-4　全国开设思想政治教育本科专业院校的类型分布情况 ……… 077
图 4-1　2012~2021 年发表的思想政治教育评价的学术论文
　　　　情况 ……………………………………………………… 110

表目录

表 3-1 QH 大学 2021 级思想政治教育（师范）本科专业人才毕业要求指标点分解 …………………………………… 066

表 3-2 SX 大学 2019 级思想政治教育（非师范）本科专业的课程类别、学分及比例 …………………………………… 069

表 3-3 SX 大学 2019 级思想政治教育（非师范）本科专业的课程设置 …………………………………………… 069

表 3-4 SX 大学 2019 级思想政治教育（师范）本科专业的课程类别、学分及比例 …………………………………… 070

表 3-5 SX 大学 2019 级思想政治教育（师范）本科专业的课程设置 …………………………………………… 071

表 4-1 新时代思想政治教育本科专业人才培养质量调查问卷受访者类型 …………………………………………… 100

表 4-2 新时代思想政治教育本科专业人才培养质量调查问卷信度分析结果 …………………………………………… 101

表 4-3 "新时代思想政治教育本科专业人才培养质量评价满意度调查问卷（教育行政部门卷）"KMO 检验和 Bartlett's 球形检验结果 …………………………………………… 102

表 4-4 "新时代思想政治教育本科专业人才培养质量评价满意度调查问卷（用人单位卷）"KMO 检验和 Bartlett's 球形检验结果 …………………………………………… 102

表 4-5	"新时代思想政治教育本科专业人才培养质量评价满意度调查问卷（2016~2020届毕业生卷）" KMO检验和Bartlett's球形检验结果	102
表 4-6	"新时代思想政治教育本科专业人才培养质量评价满意度调查问卷（2021届毕业生卷）" KMO检验和Bartlett's球形检验结果	103
表 4-7	高校本科生取得学位的要求	108
表 4-8	国家层面：思想政治教育本科专业人才培养质量评价指标体系	108
表 5-1	"新时代思想政治教育本科专业人才培养质量评价指标特色性调查问卷"受访者类型	156
表 5-2	"新时代思想政治教育本科专业人才培养质量评价指标特色性调查问卷"信度分析结果	156
表 5-3	"新时代思想政治教育本科专业人才培养质量评价指标特色性调查问卷" KMO检验和Bartlett's球形检验结果	156
表 5-4	学法、用法、守法	156
表 5-5	扎实的专业知识基础	157
表 5-6	熟练运用专业技能	157
表 5-7	沟通协作能力	157
表 5-8	组织管理能力	157
表 5-9	抗压能力	158
表 5-10	心理调适能力	158
表 5-11	语言表达能力	158
表 5-12	社会实践能力	158
表 5-13	学习能力	159
表 5-14	创新能力	159
表 5-15	积极参与志愿服务活动	159
表 5-16	就业创业质量	159
表 5-17	维护民族团结	160

- 表 5-18　关心生态环境保护……………………………………… 160
- 表 5-19　弘扬地方优秀传统文化……………………………… 160
- 表 5-20　致力于服务西部地区经济社会发展………………… 160
- 表 5-21　践行人类命运共同体理念…………………………… 161
- 表 5-22　关注人类社会走向和世界发展趋势………………… 161

第一章 导论

第一节 研究背景和意义

一 研究背景

(一) 高等教育进入大众化阶段后党和国家对人才培养质量的高度重视

关于我国高等教育大众化的命题已经探讨了很多年,时至今日,诸多关于高等教育的问题不得不涉及高等教育大众化,因为它给中国高等教育带来的变化是深层次的,所产生的影响是深远的。一些专家、学者认为,自 2002 年开始,我国高等教育进入了大众化阶段,其原因是当年我国的高等教育毛入学率达到了 15%[①]。从 1998 年开始,我国高等教育发展迎来了最为深刻的变化,这个变化就是我国高等教育从精英化向大众化的过渡,具体表现为:1998~2019 年的 20 多年时间,我国高校在校生人数从 700 多万人猛增到 3833 万人,增长了 4 倍多,高等教育毛入学率从 1998 年的 9.8%增长到 48.1%[②],增长了近 4 倍。我国高校大学生人数迅速增加的同时,对于培养主体的高校来说,硬件设施、师资力量等是否得到了同步发

---

① 美国当代著名教育社会家马丁·特罗(Martin Trow)将高等教育划分为精英化(毛入学率低于 15%)、大众化(毛入学率介于 15%~50%)、普及化(毛入学率大于 50%)三个阶段。
② 2019 年 2 月 26 日,在教育部召开的第四场教育新闻发布会上,高等教育司副司长范海林介绍,我国高等教育毛入学率达到 48.1%,高等教育即将从大众化阶段进入普及化阶段。

展、所培养的人才是否胜任所从事的职业、是否得到社会的认可等都触及高等教育的一个核心问题,即"人才培养质量"。习近平总书记指出,"我国高等教育办学规模和年毕业人数已居世界首位,但规模扩张并不意味着质量和效益增长"[①]。为解决我国高等教育大众化带来的人才培养质量下滑的问题,党和国家通过出台相关政策将保障和提升人才培养质量作为高等教育发展与改革的核心任务。《国家中长期教育改革和发展规划纲要(2010—2020年)》(以下简称《纲要》)提出,人才培养质量是高等教育内涵式发展的核心维度,是建设高等教育强国的基本要求。2017年,中共中央办公厅、国务院办公厅印发的《关于深化教育体制机制改革的意见》提出,"高等学校应该将人才培养作为工作中心,全面提高学校的人才培养能力……不同类型的高校要努力探索出适合自身发展特点的培养模式,重点培育出适应社会需要的应用型、复合型、创新型人才"。思想政治教育本科专业人才是推动我国思想政治工作提质增效的重要力量,培养高质量的新时代思想政治教育本科专业人才,将成为国家和社会关注的内容之一。

(二) 我国社会主要矛盾的转化

党的十九大报告提出,"中国特色社会主义进入新时代,我国社会主要矛盾已经转化为人民日益增长的美好生活需要和不平衡不充分的发展之间的矛盾"。就社会矛盾本身来说,我国社会主要矛盾的转化是生产力与生产关系之间矛盾的阶段性解决,是主要矛盾呈现和跃升为一种新的形态。我国社会主要矛盾转化的提出,为新的历史发展阶段党和国家的各项工作指明了方向。报告还提出,"人民美好生活需要日益广泛,不仅对物质文化生活提出了更高要求,而且在民主、法治、公平、正义、安全、环境等方面的要求日益增长"。由此可见,我国社会主要矛盾的转化主要体现在两个层面,一是人民对物质和精神的需要都提出了更高的要求,这个要求的核心内容是"质量",这意味着人民群众既需要更高质量的物质需要,也需要更高质量的精神需要。二是人民日益增长的各种需要开始更多

---

① 陈占炬:《办好人民满意的高等教育(有的放矢)》,《人民日报》2022年7月1日。

地从物质需要倾向于精神需要。习近平总书记在人民大会堂同采访党的十八大的中外记者见面时指出:"我们的人民热爱生活,期盼有更好的教育、更稳定的工作、更满意的收入、更可靠的社会保障……期盼孩子们能成长得更好、工作得更好、生活得更好。"① 这句话的指向是:人民对美好生活的向往是在满足人的物质需要的基础上实现人的自我价值,而人的自我价值实现的前提是通过接受教育成为对社会有用的人。针对新时代思想政治教育本科专业人才培养质量评价,从教育层面旨在强调,"新时代需要高质量的高等教育为经济社会发展提供支撑和动力"②。从国家层面旨在强调,新时代背景下如何办好人民满意的教育,着力解决思想政治教育本科专业人才培养中的不平衡、不充分问题,从而帮助新时代思想政治教育本科专业人才实现对美好生活的向往。

(三) 建设具有中国特色和世界水平的一流本科教育的要求

"本科阶段是学生世界观、人生观、价值观形成的关键阶段,本科教育是提高高等教育质量的最重要基础。办好我国高校,办出世界一流大学,人才培养是本,本科教育是根。"③ 同时,尽管在现代社会中,高等学校的活动范围日益扩大,活动内容日益增多,社会要求高等学校所承担的任务日益繁重,科学研究早已成为高等学校尤其是研究型高校的重要事业,但是作为教育机构,作为拥有大量学生的学校,教育学生、培养人才仍然是高等学校的主要的工作、社会诉诸高等学校的主要的任务、高等学校能为社会做出的主要的贡献。因此,衡量高校工作成效大小、任务完成好坏、社会贡献高低的重要尺度就是培养人才的数量与质量;高等教育质量的基本指向就应该是教育学生的质量、人才培养的质量。④ 进入新时代,随着我国对经济社会发展的高质量要求,高等教育领域也开始注重高质量

---

① 《习近平:人民对美好生活的向往就是我们的奋斗目标》,人民网,http://cpc.people.com.cn/18/n/2012/1116/c350821-19596022.html,最后访问日期:2012年11月15日。
② 曾国华、吴雯雯:《溢出与效率:高校人才培养质量提升路径研究》,冶金工业出版社,2019,第1页。
③ 《教育部关于加快建设高水平本科教育 全面提高人才培养能力的意见》(教高〔2018〕2号)。
④ 胡建华:《高等教育强国视野下的高校人才培养制度改革》,《高等教育研究》2009年第10期。

发展，本科人才培养也不例外。习近平总书记在全国高校思想政治工作会议上指出："高校立身之本在于立德树人。只有培养出一流人才的高校，才能够成为世界一流大学。办好我国高校，办出世界一流大学，必须牢牢抓住全面提高人才培养能力这个核心点。"① 所以，教育强国的本质不是规模和数量，而是质量，人才培养质量作为教育质量的核心内容，是体现教育强国的要素之一。

（四）思想政治教育的现代转型

思想政治教育是党在长期的革命和社会主义建设中积累和总结的优良传统和宝贵经验，顺应时代发展、切实有效地开展思想政治教育是思想政治教育工作者肩负的重要使命。思想政治教育专业的前身为新中国成立后在高等人才培养中发挥过重要作用的政治教育专业，后因国内外形势的变化，特别是在我国改革开放的推动下，为更好地适应我国社会主义现代化进程，培养现代化建设需要的合格人才，政治教育专业逐渐实现了丰富专业内涵、优化专业结构、深化人才培养任务、肩负新时期专业使命担当的目的，在思想政治教育的现代化转型中做到了"自我"转型，并以改革、升级后的思想政治教育专业立足和面向未来。思想政治教育专业在改革开放的浪潮中一步一步体现着自身的价值，面对改革开放的新形势、新局面，思想政治教育专业所要面对的是经济全球化的冲击、西方文化的渗透、现代科学技术的发展以及社会主义市场经济体制逐步完善的现代思想政治教育的现实环境。特别是我国加入世界贸易组织（WTO）后，面对我国与世界经济一体化进程的加快、经济与产业结构调整对高等教育人才培养质量提出的新要求，以及着力将我国建设成高等教育强国和人力资源强国的迫切需要，思想政治教育专业及其人才培养既要抓住机遇又要迎接挑战。因此，全面保障和提升思想政治教育专业人才培养质量就显得尤为重要和紧迫。思想政治教育本科专业作为该专业发展的根基，要不断适应时代和环境的变化，不断解决理论和实践领域的新问题。当前，我国社会已进入新时代，这个新时代不仅代表着我国社会新的发展阶段，更昭示着社

---

① 《全国高校思想政治工作会议举行　习近平发表重要讲话》，《人民日报》2016年12月9日。

会现代化转型过程中的深刻变化。社会的现代化转型就是推动社会各个领域的现代化，思想政治教育本科专业要迎着思想政治教育整体环境、任务的转型实现人才培养从数量向质量的转变，这是思想政治教育本科专业在提升人才培养质量中体现思想政治教育时代气息的重要特征。

（五）新时代教育评价的深化

我国的教育评价起步于20世纪80年代。1985年，《中共中央关于教育体制改革的决定》提出："教育管理部门还要组织教育界、知识界和用人部门定期对高等学校的办学水平进行评估。"1990年，国家教委出台了《普通高等学校教育评估暂行规定》。1993年，中共中央、国务院颁布的《中国教育改革和发展纲要》对与社会主义市场经济相适应的教育体制改革的目标及相应的教育评价的地位、作用等都提出了明确要求。从2003年开始，教育部确立了五年一轮的本科教学工作水平评估制度，这意味着我国高等教育评估步入了规范化轨道。进入新时代后，党和国家更加重视教育评价。2019年，中共中央、国务院印发《中国教育现代化2035》，其中就人才培养质量评价提出，要"建立全过程、全方位人才培养质量反馈监控体系"。随后，教育部出台的《关于深化本科教育教学改革 全面提高人才培养质量的意见》要求，"将质量意识、质量标准、质量评价、质量管理等落实到教育教学各环节，内化为师生的共同价值追求和自觉行动"。2020年，中共中央、国务院印发《深化新时代教育评价改革总体方案》（以下简称《方案》）。《方案》指出，教育评价事关教育发展方向，有什么样的评价指挥棒，就有什么样的办学导向。随着教育评价的深化，我国越来越重视评价在人才培养质量提升中的意义和价值。

二 研究意义

思想政治教育本科专业人才培养质量评价作为思想政治教育本科专业人才培养过程中的重要内容和环节，因其在衡量和判断思想政治教育本科专业人才培养的方式方法、加强思想政治教育本科专业人才培养实效性等方面的作用，逐渐受到学术界的关注与重视，关于思想政治教育本科专业人才培养质量评价的研究已成为思想政治教育研究领域的重要课题。新的时代条件下，面对新形势、新要求，思想政治教育本科专业人才培养要不断适应高质量发展的时代要求，做到总结经验、反思不足、展望未来，这对于推进思想政治教育本科专业人才培养质量评价研究具有重要的理论意义。同时，推进和深化思想政治教育本科专业人才培养质量评价对于贯彻落实国家关于把提高质量作为教育改革发展的核心任务、中央关于加强和改进思想政治教育工作的精神等有着重要的现实意义。

（一）理论意义

1. 思想政治教育本科专业人才培养质量评价有助于对思想政治教育本科专业人才培养质量进行价值定位

评价是推动事物发展的动力，人才培养质量的提升也需要发挥评价的作用。思想政治教育本科专业人才培养质量如何、人才培养质量存在什么问题等，都需要通过评价对其做出价值判断。价值是什么？价值是一种关系，价值是人们在认识自身所需要的事物的过程中产生的。同时，价值是客体需要与主体需要之间的关系，是现实的人与满足其某种需要的客体属性之间的一种关系。思想政治教育本科专业人才培养质量的价值是作为客体的思想政治教育本科专业同思想政治教育本科专业人才需要之间的一种特定关系，即肯定或否定的关系。如果思想政治教育本科专业人才培养质量既能满足我国社会主义建设和发展需要，又能满足思想政治教育本科专业人才成长、成才的需要，它就是有价值的；反之，它就没有价值，或没有体现应有的价值。面对新时代思想政治教育专业人才培养质量提升的重要性，思想政治教育本科专业人才培养质量迫切需要更加合理的评价和科学的定位。这就需要以评价的方式对思想政治教育本科专业人才培养质量进行价值定位，从而体现思想政治教育本科专业人才培养质量的重要性。

2. 思想政治教育本科专业人才培养质量评价有助于推动思想政治教育本科专业人才教育理论的探索

当前，关于人才培养质量有较多的研究成果，但鲜有专家、学者针对思想政治教育本科专业人才培养质量开展相关研究，即使有所触及，其研究的内容、范围和深度都十分有限。思想政治教育本科专业人才培养质量评价既是对思想政治教育专业本科教育成效的检验，也是探寻人才培养内部系统结构是否合理的重要途径，从而确保思想政治教育本科专业教育沿着正确的方向前进。同时，思想政治教育学科专业的特殊性、国家和社会对思想政治教育本科专业人才培养的高度重视，要求思想政治教育本科专业人才教育必须重视理论研究。了解和掌握思想政治教育本科专业人才培养质量评价存在的问题及问题产生的原因，优化思想政治教育本科专业人才培养质量评价的过程实际上就是对思想政治教育本科专业人才教育理论的一种探索。

3. 思想政治教育本科专业人才培养质量评价可以为思想政治教育本科专业的发展提供理论支撑

2012 年，教育部出台的《教育部关于全面提高高等教育质量的若干意见》提出，高等院校必须提高其人才培养的质量，而提高人才培养质量的重要环节是保证人才培养质量评价指标体系的科学性。因此，思想政治教育本科专业人才培养质量评价的优化将逐渐成为思想政治教育本科专业领域研究的新内容。此外，国内外虽然关于人才培养质量评价有比较多的研究成果，但鲜有专家、学者针对思想政治教育本科专业人才培养质量评价进行深入的探讨和分析。因此，以实证的方式分析思想政治教育本科专业人才培养质量评价现状，并基于存在的问题对思想政治教育本科专业人才培养质量评价进行优化，这对于加强思想政治教育本科专业人才培养质量评价和完善评价机制具有重要的意义。

（二）现实意义

1. 思想政治教育本科专业人才培养质量评价是推进思想政治教育本科专业实现内涵式发展的重要举措

《纲要》明确指出，"提高质量是高等教育发展的核心任务，是建设高等教育强国的基本要求"。党的十九大报告提出，"建设教育强国是中华民族伟大复兴的基础工程……加快教育现代化，办好人民满意的教育"。开展思想政治教育本科专业人才培养质量评价研究是贯彻落实习近平总书记对高等教育重要指示精神的体现，是贯彻执行《统筹推进世界一流大学和一流学科建设实施办法（暂行）》的体现。思想政治教育本科专业人才培养质量评价是提升思想政治教育本科专业人才培养质量的重要方式，而人才培养质量的提升既是人才培养的核心内容,也是高等教育专业实现内涵式发展的重要基石。习近平总书记指出,"我国高等教育办学规模和年毕业人数已居世界首位,但规模扩张并不意味着质量和效益增长,走内涵式发展道路是我国高等教育发展的必由之路"①。内涵式发展是"高校功能活动及其结果品位的提升及相关要素品质的改善和优化"②"是微观上高等教育内部要素优化整合与宏观上高等教育与社会发展的良性互动"③。因此,这就要求思想政治教育本科专业要通过提升人才培养质量的方式实现内涵式发展,而思想政治教育本科专业人才培养质量评价就是进一步推进思想政治教育本科专业实现内涵式发展的重要举措。

2. 思想政治教育本科专业人才培养质量评价是思想政治教育本科专业人才实现全面发展的重要保障

《纲要》指出,衡量教育质量高低的一个重要方面是,是否促进人的全面发展。党的十九大报告提出:"人才是实现民族振兴、赢得国际竞争主动的战略资源……让各类人才的创造活力竞相迸发、聪明才智充分涌流。"随着我国社会主义现代化事业的不断推进,社会各领域、各行业都需要优秀人才。大学生是宝贵的人才资源,中国特色社会主义现代化建设和中华民族伟大复兴,迫切需要大学生成长为德智体美劳全面发展的高素质人才。思想政治教育本科专业人才是开展思想政治教育工作的重要力量,是保证我国社会主义事业向着正确方向前进的重要人才队伍,这就需要通过科学、有效的方式助推思想政治教育本科专业人才实现全面发展。思想政治教育本科专业人才培养质量评价虽然是一种评价活动,但其中包含丰富的教育理念和价值导向。在人才培养质量评价过程中,思想政治教育本科专业人才能够更好理解思想政治教育的价值引导,确立个人成长的正确方向。同时,通过开展人才培养质量评价能够明确思想政治教育本科专业的哪些方面在促进思想政治教育本科专业人才的全面发展中效果显著,需要巩固和发扬;哪些方面不利于思想政治教育本科专业人才全面发

---

① 《在北京大学师生座谈会上的讲话》,人民出版社,2018,第4页。
② 别敦荣:《论高等教育内涵式发展》,《中国高教研究》2018年第6期。
③ 冯晓丽:《人才培养质量:内涵式发展与"双一流"建设的和谐变奏》,《高教探索》2019年第4期。

展的需要，与要求存在差距，有待进一步改进，从而做到查缺补漏、优化完善，把思想政治教育本科专业建设成大学生更加喜爱并终身受益的专业。

3. 思想政治教育本科专业人才培养质量评价是加强中小学道德与法治课教师队伍和高校思想政治理论课教师队伍建设的重要途径

2014 年，习近平总书记考察北京师范大学时，勉励广大师生争做有理想信念、有道德情操、有扎实学识、有仁爱之心的"四有好老师"。从师范类本科人才培养的视角来看，思想政治教育本科专业人才培养质量评价的指向就是培养新时代的好老师。思想政治教育师范类本科专业人才是中小学道德与法治课教师的中坚力量，是高校思想政治理论课教师的后备力量。因此，思想政治教育本科专业人才培养质量评价就成为加强中小学道德与法治课教师队伍和高校思想政治理论课教师队伍建设的重要途径。一是中小学道德与法治课和高校思想政治理论课都是落实立德树人根本任务的关键课程，中小学道德与法治课教师和高校思想政治理论课教师是开展马克思主义理论教育、以习近平新时代中国特色社会主义思想铸魂育人的重要力量。二是思想政治教育师范类本科专业人才是中小学道德与法治课教师的主要来源，思想政治教育本科专业人才培养质量评价是夯实中小学道德与法治课教师队伍建设的重要途径。三是思想政治教育师范类本科专业人才是高校思想政治理论课教师的后备力量，思想政治教育本科专业人才培养质量评价是夯实高校思想政治理论课教师队伍的重要途径。

4. 思想政治教育本科专业人才培养质量评价是落实立德树人根本任务的重要体现

党的十九大报告提出："落实立德树人根本任务，发展素质教育，推进教育公平，培养德智体美全面发展的社会主义建设者和接班人。"充分彰显了党和国家长期以来对立德树人的高度重视。何谓"立德树人"，通常来说，"立德"是强调德育为先，"树人"是坚持以人为本。思想政治教育本科专业人才培养质量评价为什么要以落实立德树人为根本任务，因为"思想政治教育学科建设与专业发展的核心在于人才培养，提高人才培养能力首要的是回答好'培养什么样的人、如何培养人以及为谁培养人'这一根本问题,而'坚持把立德树人作为中心环节''高校立身之本在于立德树人'……思想政治教育学科与专业是扎根于中国大地开办的特色学科和专业,我国独特的历史、独特的文化、独特的国情决定了思想政治教育学科建设与专业发展要以立德树人为根本"①。针对新时代思想政治教育本科专业人才培养,要落实立德树人的根本任务,首先必须做到切实提高人才培养质量,而思想政治教育本科专业人才培养质量评价就是着眼于提高人才培养质量的重要抓手。

第二节 研究述评

人才培养质量和人才培养质量评价既是本书的关键词,也是研究的核心内容;同时,从内容来说,人才培养质量评价内涵于人才培养质量之中。因此,厘清人才培养质量的基本内容是开展人才培养质量评价研究的前提和基础。此外,对国内外研究现状的梳理主要从人才培养质量和人才培养质量评价两个方面入手。本书收集的国内外文献主要来源于中国知网,此外借助其他数据库和图书馆对相关资料进行检索。

一 国外研究述评

(一)关于质量的研究

国外对质量的关注和研究已有很长的历史,围绕质量命题,在一些发达国家出现了若干著名的学者。当前,国外关于质量的研究以美国为主要代表,可以说,美国在质量研究方面发挥着引领的作用。美国质量大师约瑟夫·M.朱兰(Joseph M. Juran)认为,质量的内涵是适用性,即产品的适用性是产品质量的核心,瑟夫·M.朱兰对质量的相关研究和阐释在学界有着重要的影响力。作为世界著名质量管理专家的威廉·爱德华兹·戴明(William Edwards Deming)认为,提升质量是一种最经济的手段,产品质量提升了,生产率就会不断提高。威廉·爱德华兹·戴明的质量观相较

---

① 王学俭:《当前推动思想政治教育学科建设与专业发展的几个重点》,《思想政治课研究》2017年第5期。

于瑟夫·M.朱兰更加具体和形象，但是他的质量观倾向于经济领域。被称为全面质量控制之父、质量大师的阿曼德·费根堡姆（Armand Vallin Feigenbaum）认为，质量是一个综合的概念，要树立"大质量"概念。阿曼德·费根堡姆的"大质量"概念涵盖的内容和范围很广，其指向是以质量为体现事物发展、进步的重要标准；同时，他倡导人们牢固树立质量意识，以质量求生存、求发展。著名管理专家汤姆·彼得斯（Tom Peters）在《乱中取胜——管理变革手册》一书中，用"长期被忽视的事实：质量等于利润""质量必须用客户的感觉来评价"等内容来描述什么是质量。汤姆·彼得斯的质量观具有双重性特点，一是将质量视为获得利润的前提，有时甚至将质量和利润画上了等号；二是质量的高低需要客户来评价，这就意味着想要获得更多的利润必须以更好的服务满足客户最大的要求，从而让客户给予肯定和赞扬。可见，美国学者对质量的理解是多种多样的，并且具有丰富的内涵，体现了重要的社会价值。同时，虽然美国学者对质量的研究更加重视和深入，但是因各执己见，没有形成对质量的具有权威性的解释，也没有形成一致性的认识。此外，还有其他国家，比如日本、印度的一些专家、学者从质量的概念出发提出了各自的理解和对质量的定义，但是相对于美国学者的研究，他们对质量的研究不够深入、系统，因此，在世界范围内来说不具有代表性，这里就不再赘述。

（二）关于人才培养质量的研究

人才培养质量是国外人才培养中十分重视和关注的内容，也是国外高等教育领域进行改革和提升高校办学水平的重要抓手。英国学者格林（Green D.）在《什么是高等教育的质量》一书中，把对教育质量持有的各种观点归纳为五类：一是独有的、优秀的；二是与预定的规格和标准相一致；三是适用于目的；四是实现制定的目标；五是满足消费者明确规定的和潜在设定的需要的程度。阿德里安娜·普罗丹（Adriana Prodan）采用定量的方法，分析了个人层面的因素对人才培养质量产生的影响。格林、阿德里安娜·普罗丹等学者对人才培养质量的研究较为单一，也没有引发和带动更为广泛的关注和研究，直至20世纪80年代，因世界高等教育逐渐出现质量保证理念，并在其理念的指导下，相关质量保证活动陆续开展，从而引发了世界范围内对人才培养质量的高度重视。1998年，在巴黎召开的世界高等教育大会上，高等教育的针对性、质量和国际化作为三大核心理念写入了此次大会的行动纲领——《21世纪高等教育展望和行动宣言》。可见，国外对于人才培养质量的关注和研究不仅涉及理论方面，还以实际行动从如何落实的角度出发，着力提升人才培养质量。同时，国外关于人才培养质量的探索，不仅从国家层面入手，还强调地方高校要以具体行动保障人才培养质量。足以看出，国外诸多国家对人才培养质量的长期关注和深度重视。

（三）关于人才培养质量评价的研究

人才培养质量评价是由人才培养质量这个命题以及人才培养过程中产生的质量问题延伸出来的，当前，人才培养质量评价已是国家、社会、个人等广泛关注的关于人才培养的核心内容。国外关于人才培养质量评价的研究不是很具体，诸多学者从理论层面阐释其内涵、价值和意义等。比如，爱德华·霍尔德（Edward Hold）提出，人才培养质量评价即评价学生能否达到国家、社会或家庭所要求的教育目标。罗伯特·G. 伯吉斯（Robert G. Burgess）认为，人才培养质量的标准应是多样的，而不是单一的，应根据不同的人才群体来确定标准。博格德内尔·马里安（Bogdanel Marian）认为，人才培养质量不仅是学生的主要关注点，而且是学生的父母等与学生有紧密关系的群体的主要关注点。同时认为，政府、社会、高校共同为学生提供了优质的教育资源。所以，人才培养质量标准应在充分考虑学生自身因素的前提下，由政府、社会、高校共同制定。可见，国外学者对于人才培养质量评价的认识已经从国家层面拓展到受教育的个体。同时，他们认为，作为受教育的个体应充分参与到人才培养质量评价之中，这样可以更好地反映和体现个人的现实诉求。还有学者认为，人才培养质量的评价标准，要根据社会和人才自身的需要来具体设计。比如，爱德华·霍尔德认为，应该有多个主体对人才培养质量进行评价，包括教师、学生、家庭、企业以及国家等教育涉及的利益相关人。国外关于人才培养质量评价的研究成果和观点，充分地释放着要推动多元主体参与人才培养质量评价的信号。

综上所述，国外对人才培养质量、人才培养质量评价问题从多个视角、多个领域入手进行了研究，特别是对"质量"命题的研究，在世界范围内已引发广泛的关注，并产生了重要的影响。同时，国外关于人才培养质量、人才培养质量评价的研究也存在一些不足，主要体现为以下四点。一是在质量观、人才培养质量观研究方面的争论较多，没有形成统一的认识、得出系统的结论。二是在人才培养质量影响因素研究方面，因为对人才培养质量的影响因素看法不一，学者往往站在自己的立场和视域进行研究。三是在人才培养质量评价标准研究方面，就标准本身而言，较为单一；就标准的实用性而言，诸多标准有待进一步论证；就标准的内容而言，研究内容缺乏系统性。四是在人才培养质量评价方法研究方面，以现状描述研究为主，这种评价方法的研究较为单一和笼统，并且对于揭示内部的矛盾问题不够有效。因此，如何针对不同群体运用不同的评价方法有待进行更为深入的研究。

二 国内研究述评

（一）关于质量的研究

近年来，我国诸多学者对质量有着系统、深入的研究。其中具有代表性的研究有以下几种。熊志翔认为，"质量实质上是对于某一客体是否满足特定主体需要及其程度所做出的肯定性价值判断……质量指反映实体满足明确或蕴含需要能力的特性的总和"[①]。盛佃清认为，质量是一个动态的、开放的概念。其早期的含义只表示事物存在的特征，一般指实体特性满足相关者多种需要的能力。随着经济社会的发展、社会交往的日益广泛，以及实体本身的拓展和延伸，"质量"一词已不再局限于产品质量，它开始拥有了越来越宽泛的含义。[②] 刘霞认为，一是质量具有普遍性，具体体现为：质量存在于社会生活的各领域，任何一种实体都有质量一说。二是质量是实体的客观属性，具体体现为：作为实体的内在规定性，质量表现为实体的一组特性。这种特性就是实体的客观属性，并且是价值中立

---

① 熊志翔：《高等教育质量保障体系研究》，湖南人民出版社，2002，第39页。
② 盛佃清：《质量进步评价与政策研究》，博士学位论文，山西大学，2007，第13~15页。

的。同时，还可以用客观的方法去认识。三是质量是实体的价值属性，具体体现为：实体的质量特性不是单一的、独自存在的，而是同顾客的实际需要相结合的，从这个角度来说，质量则是实体的价值属性。四是质量体现了某种特性满足顾客要求的程度，具体体现为：满足程度高，则质量高；满足程度低，则质量低。① 高等教育视域下，有人认为，"质量是21世纪高等教育的生命线"。我国"双一流"建设高校、"高等教育强国"等方略的实施，标志着我国高等教育领域关于人才培养的"质量意识"已经上升到国家层面，并因其在多领域得到拓展和深化，已不断引起全社会的广泛关注和重视。

（二）关于人才培养质量的研究

我国关于人才培养质量的研究始于20世纪80年代，从80年代到20世纪末相关研究成果较少，研究进程也处于缓慢状态。进入21世纪后，关于人才培养质量的研究迅速"升温"，并在2019年达到了顶峰。在"中国知网"以篇名为"人才培养质量"进行精确检索，可以看出，这一时期的研究成果十分丰富（见图1-1）。同时，本书通过对相关资料的梳理发现，我国关于人才培养质量的研究主要集中在管理学、教育学、人才学中，尤其在管理学中较多，因为这门学科与人才培养质量更具相关性，诸多学者从管理学的视角出发研究人才培养质量问题，从而形成和积淀了较为丰富的人才培养质量的研究成果。通过对前人的、不同学科关于人才培养质量研究成果的梳理，结合思想政治教育本科专业的特点和思想政治教育本科专业人才培养质量的特殊性，本书将主要从人才培养质量内涵、本科人才培养质量保障、本科人才培养质量提升三个方面对相关内容进行系统梳理。

1. 关于人才培养质量内涵的研究

人才培养质量是人才培养过程中需要重视的核心内容，因为人才培养质量既关系个体价值的实现，又深刻影响经济、社会发展和国家的繁荣昌盛。相关文献中以人才培养过程为视角研究人才培养质量内涵的主要有以下几种。卯青叶认为，"高校人才培养质量指的是学生在规定的学习期限

---

① 刘霞：《幼儿园教育质量评价的理论与实践》，人民教育出版社，2017，第4页。

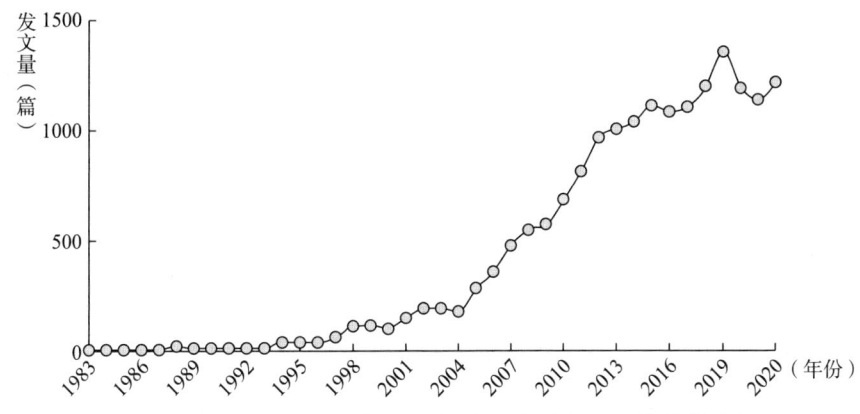

图 1-1　中国知网人才培养质量计量化可视分析（总体趋势分析）

资料来源：CNKI 文献数据库，时间截至 2022 年 6 月。

内，在一定的教学条件下，完成高校规定的学习任务，达到相应学位和专业业务培养目标所需要具备的知识、能力和素质的程度"①。以人才培养目标为视角研究人才培养质量内涵的主要有：孔英、陈洁认为，人才培养质量属于教学质量保障目标系统的内容之一，影响人才培养质量的因素主要有教学大纲制定、教材选用、考核方式等。② 以人才培养结果为视角研究人才培养质量内涵的主要有以下几种。朱益明认为，人才培养质量应强调两个方面，"一是根据社会期望，以一般的或具体的教育而表达的，二是在受教育过程中表现出来的实际特征或通过学习所获得的成果"③。黄海涛认为，高等教育人才培养质量是"大学生在接受特定阶段的高等教育之后，其知识、技能、态度、能力等学习成果得以改进的程度"④。通过以上学者对人才培养质量内涵的分析，我们可以看出，人才培养质量首先是关于人才培养的质量问题，这个质量既可以理解为人才培养方式、培养模式的质量，也可以理解为所培养的人才最终获得知识、具备能力等的

---

① 卯青叶：《基于效用理论的高校人才培养质量评价研究》，硕士学位论文，河南理工大学，2016，第 6~7 页。
② 孔英等主编《高等教育质量保障体系的理论研究与实践——基于辽宁的案例研究》，辽宁教育出版社，2017，第 69 页。
③ 朱益明：《教育质量的概念分析》，《比较教育研究》1996 年第 5 期。
④ 黄海涛：《学生学习成果评估：美国高等教育质量保障研究》，教育科学出版社，2014，第 6 页。

多少。综合起来，人才培养质量实际上是一种结果的呈现，而结果的获得需要由动因、目标、过程、技术路线等组成一个系统，然后经过系统内部各要素的相互作用，推动整个系统实现运转，并最终在特定的环境、特定的时间和空间等条件下实现所要达成的预期目标或想要得到的理想结果。

2. 关于本科人才培养质量保障的研究

关于本科人才培养质量保障的研究既有宏观层面，也有微观层面。宏观层面是指高校本科人才培养质量保障的研究，主要有以下内容。魏绪涛认为，"鉴于发达国家在高等教育质量保障体制建设方面积累了丰富的可借鉴的经验，我们应该大胆实现'洋为中用'，选择其中适合中国国情的策略以构建有中国特色的本科人才培养质量保障体系"[①]。笔者通过分析发现，关于本科人才培养质量保障宏观层面的研究主要集中于研究生的学位论文中，这就说明对相关问题的研究还处于边缘化状态，需要社会给予更多关注。微观层面是指对具体某个地区或某所高校的本科人才培养质量保障的研究，主要有以下内容。戴小梅以云南高校本科人才培养质量保障为视角，"尝试研究云南高校本科人才培养质量保障 QFD 模型，通过模型找出保障关键点，从而提出保障培养质量更加科学合理的建议"[②]。此外，还有研究者从国内外比较的视角研究本科人才培养质量保障。关于本科人才培养质量保障微观层面的研究同样存在还未引起社会足够重视的现状，需要将宏观层面和微观层面的研究结合起来，形成系统的研究结论和丰富的研究成果。

3. 关于本科人才培养质量提升的研究

曾国华、吴雯雯从"学科结构与产业结构匹配、人才培养质量成本视角，探讨高等教育内部要素组合效率和外部产业溢出能力，进而提出欠发达地区高等教育人才培养质量提升路径，以期为新时代我国高等教育高质

---

① 魏绪涛：《基于大众化发展阶段的本科人才培养质量保障策略研究》，硕士学位论文，哈尔滨理工大学，2007，第 32 页。
② 戴小梅：《云南高校本科人才培养质量保障 QFD 模型构建及对策研究》，硕士学位论文，昆明理工大学，2018，第 25 页。

量发展提供理论依据和决策参考"①。赵莉"通过对人才培养质量相关因素的分析，找到影响人才培养质量的关键因素，进而构建人才培养质量的模型，提出提升人才培养质量的相关策略"②。关于本科人才培养质量提升的研究内容相对来说较为单一，并且都是从人才培养质量存在的问题出发，寻找人才培养质量提升的方法、路径等。同时，相关学者对于人才培养质量提升的研究更为深入，形成的研究结果也较为丰富。

（三）关于人才培养质量评价的研究

国内关于人才培养质量评价的研究始于20世纪80年代中期，从20世纪80年代到20世纪末相关研究成果较少，研究处于缓慢发展状态。进入21世纪后，关于人才培养质量评价的研究得到了迅速发展，并在2019年达到顶峰，这同人才培养质量的研究实现了"同频共振"。这也意味着，人才培养质量和人才培养质量评价是紧密联系的。在"中国知网"以篇名为"人才培养质量评价"进行精确检索，研究成果较为丰富（见图1-2）。通过对相关研究成果的梳理，主要从人才培养质量评价对象、人才培养质量评价体系方面对相关内容进行梳理。

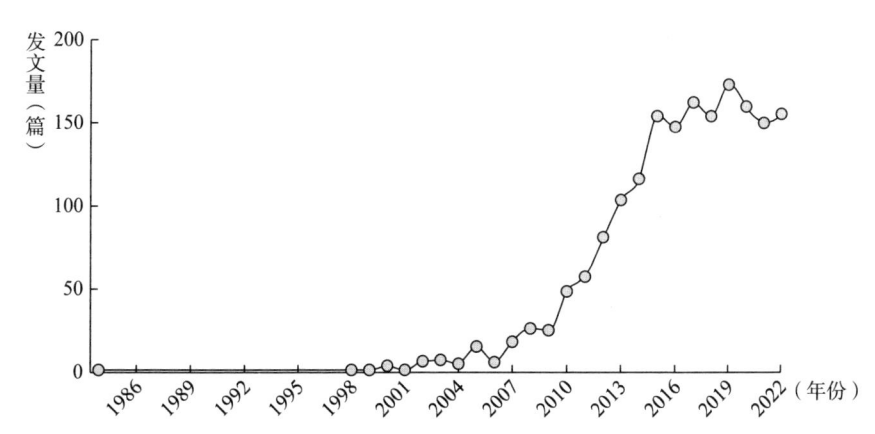

图 1-2　中国知网人才培养质量评价计量化可视分析（总体趋势分析）

资料来源：CNKI 文献数据库，截至 2022 年 6 月。

---

① 曾国华、吴雯雯：《溢出与效率：高校人才培养质量提升路径研究》，冶金工业出版社，2019，第 2 页。
② 赵莉：《研究型大学本科人才培养质量提升研究》，博士学位论文，中国矿业大学（北京），2017，第 1 页。

1. 关于人才培养质量评价对象的研究

一是以人才为对象的研究,主要有以下相关内容。张妍认为,经管类本科生占地方高校本科生相当一部分比重,因此,地方高校经管类本科毕业生质量评价问题成为全社会普遍关注的问题。① 李明月分析了黑龙江省理工类院校的学生、教师、专家学者以及各用人单位对本科人才培养质量评价指标重要程度的认知。同时,其认为理工类院校本科人才培养质量评价一级指标包括基本素质、知识结构、从业竞争力、创新能力和就业质量。② 二是以高校某个专业或某类人群为对象的研究,主要有以下相关内容。程卫民、刘伟韬提出了安全工程专业应用型人才培养质量评价体系构建的基本原则,对评价体系模型进行了构建,并通过实证分析,验证了评价方法的可行性。③ 关于人才培养质量评价对象的研究仍以学位论文为主,此外相关研究内容也以著作的形式呈现。同时,人才培养质量评价的对象不仅包含高等院校培养的人才,还包括教师队伍、科研人员等。可见,关于人才培养质量评价对象的研究已得到广泛关注。另外,针对什么对象进行评价是开展评价活动的依据,也是确定评价活动是否有价值、有意义的前提。

2. 关于人才培养质量评价体系的研究

王琴、张淑莲运用因子分析法和层次分析法,从用人单位需求的视角出发,研究影响人才培养质量的相关因素,然后构建指标体系。④ 李顺从人才的"能力"和"素质"两个方面出发,建立了人才培养评价体系。⑤ 文园期通过设定思想道德素质、知识水平素质、能力素质和身体心理素质

---

① 张妍:《地方高校经管类本科毕业生质量评价》,硕士学位论文,黑龙江科技大学,2012,第1页。
② 李明月:《黑龙江省理工类院校本科人才培养质量评价研究》,硕士学位论文,哈尔滨工程大学,2018,第1页。
③ 程卫民、刘伟韬主编《安全工程专业应用型人才培养质量评价与实践》,煤炭工业出版社,2018,第1页。
④ 王琴、张淑莲:《因子分析在人才培养质量评价指标体系构建中的应用》,《河北师范大学学报》(教育科学版)2008年第9期。
⑤ 李顺:《高校人才培养质量评价模型的建立及应用研究》,硕士学位论文,华南理工大学,2011,第1页。

等指标，构建了化学化工专业人才培养质量评价指标体系。[①] 可见，目前相关研究成果主要以学位论文的形式呈现，此外还有相关的学术论文涉及人才培养质量评价体系研究。同时，随着我国本科教学工作水平评估、师范类专业认证、大学生思想道德建设等有关人才培养质量提升举措的推进和落实，一些学者开始关注评估、评价工作中的指标体系构建问题，并有相关著作陆续出版，这对于丰富我国人才培养质量评价体系的理论研究起到了积极的推动作用。但是，目前相关研究成果中，对于人才培养质量评价体系的研究针对性不强，在概念阐释、评价体系的建构上还存在表面化、笼统性的问题。这就需要在今后的研究中，要有针对性地对某类人群、某个专业的人才进行系统研究，从而对评价实践进行更好的指导。

（四）关于思想政治教育本科专业人才培养质量的研究

在"中国知网"以篇名为"思想政治教育本科专业人才培养质量"进行精确检索，共检索到论文8篇（见图1-3），研究的主要主题有新时代、创新人才、人才培养模式、培养目标等（见图1-4）。

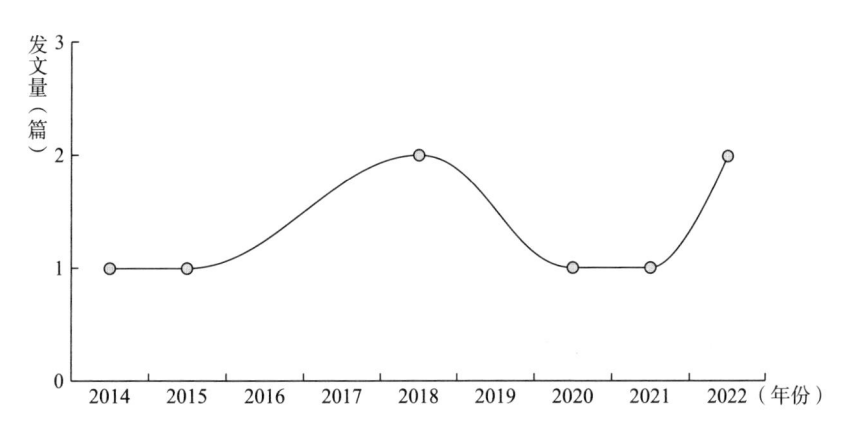

图1-3 中国知网思想政治教育本科专业人才培养质量计量化可视分析
（总体趋势分析）

资料来源：CNKI文献数据库，截至2022年6月。

通过以上数据可以看出，关于思想政治教育本科专业人才培养质量的

[①] 文园期：《"理工教融合"化学化工人才培养模式之人才质量评价研究——以湖南师范大学化学化工学院为例》，硕士学位论文，湖南师范大学，2014，第1页。

研究很少。同时，从检索到的8篇学术论文的题目来看，研究内容倾向于"思想政治教育本科专业人才培养"，关于"质量"的内容较少（见图1-4）。所以，有关思想政治教育本科专业人才培养质量的研究大多内含于思想政治教育本科专业人才培养相关内容的研究中。康秀云、郗厚军认为，"我国高等教育正进入由重量向重质发展的新阶段，思想政治教育专业也必须自觉思考如何实现从规模扩张向内涵发展转变……精准发力，提高人才培养质量"[①]。石玉平等认为，"当前，我国思想政治教育专业本科人才培养体制与教育教学还存在诸多问题，影响着创新性人才的培养质量"[②]。其他相关研究内容也涉及了思想政治教育本科专业人才培养质量的内容，比如，周希贤主编的《思想政治教育与创新人才培养研究》（2011年）、马春兰的硕士学位论文《论思想政治教育专业大学生的整体性思维能力培养》（2018年）、李宁的硕士学位论文《云南高师院校思想政治教育专业本科学生学习行为研究》（2020年）等。

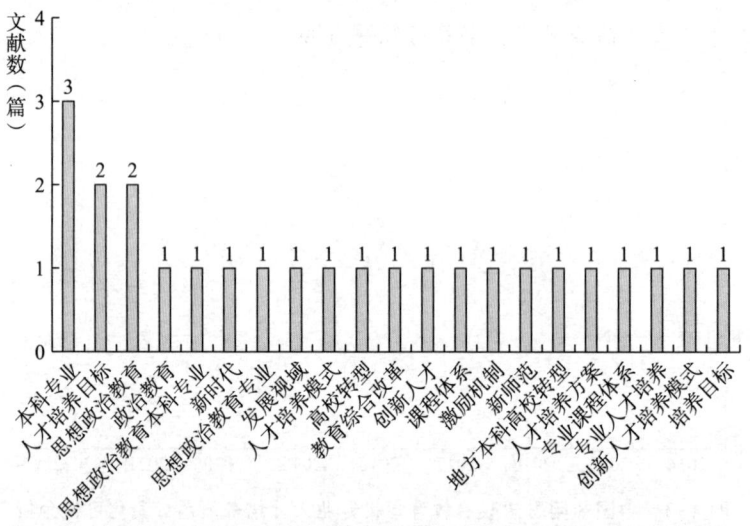

图1-4 中国知网思想政治教育本科专业人才培养质量计量化可视分析（主题分布）

资料来源：CNKI文献数据库，截至2022年6月。

---

① 康秀云、郗厚军：《论思想政治教育专业本科人才培养目标及规格》，《思想理论教育》2016年第7期。

② 石玉平等：《思想政治教育专业创新型人才培养模式探索与实践》，中国社会科学出版社，2017，第83页。

（五）关于思想政治教育本科专业人才培养质量评价的研究

1. 关于思想政治教育评价的研究

思想政治教育专业设立以来，关于思想政治教育评价的研究就紧随其后。陆庆壬主编的《思想政治教育学原理》（1986年），其中有一章专门论述了思想政治教育评价的相关内容，这是最早介绍和研究思想政治教育评价的成果。进入21世纪，张耀灿、陈万柏主编的《思想政治教育学原理》（2001年）、孙其昂主编的《思想政治教育学基本原理》（2004年）、冯刚、郑永廷主编的《思想政治教育学科30年发展研究报告》（2014年）等学术著作也专门设立章节，对思想政治教育评估的一般原理与方法等进行了研究。沈壮海著的《思想政治教育有效性研究》（2001年）和项久雨著的《思想政治教育价值论》（2003年）也有相关内容论及思想政治教育评价。还有专家、学者从思想政治教育评价的不同方面进行研究，如项久雨的《论思想政治教育价值评价的特点及其功能》（《学校党建与思想教育》2004年第3期）等。以上提及的学术著作和学术论文是对思想政治教育评价问题的初步研究，同时也对于深化思想政治教育评价的理论与实践研究起到了基础性作用。但是，相关研究都是从思想政治教育评价的要素、环节等出发，缺乏思想政治教育评价的整体性和系统性。2006年，王茂胜著的《思想政治教育评价论》出版，该著作系统论述了思想政治教育评价的主体与客体、过程与原则、功能与特征等，是关于思想政治教育评价的最为翔实、系统的研究成果，为思想政治教育评价研究的深化奠定了良好的基础。

2. 关于思想政治教育本科专业人才培养质量评价的研究

在"中国知网"以篇名为"本科专业人才培养质量评价"进行精确检索，共检索到论文10篇（见图1-5），研究主题涉及多个学科、专业（见图1-6、图1-7）。

在"中国知网"以篇名为"本科人才培养质量评价"并含"思想政治教育本科专业人才培养质量评价"进行精确检索，结果显示共0篇。虽然没有精确检索到"思想政治教育本科专业人才培养质量评价"的研究内容，但这并不意味着没有"思想政治教育本科专业人才培养质量评价"的

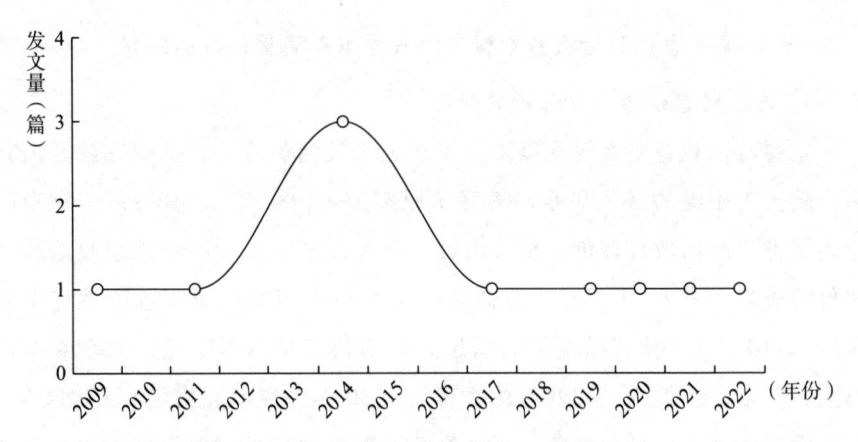

图 1-5 中国知网本科专业人才培养质量评价计量化可视分析（总体趋势分析）

资料来源：CNKI 文献数据库，截至 2022 年 6 月。

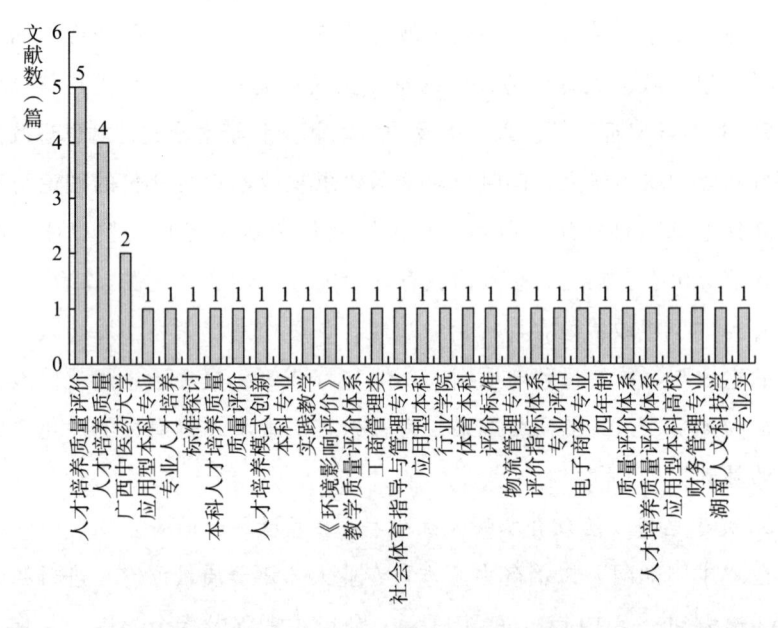

图 1-6 中国知网本科专业人才培养质量评价计量化可视分析（主题分布）

资料来源：CNKI 文献数据库，截至 2022 年 6 月。

研究内容。通过对相关文献资料的查阅和梳理，同"思想政治教育本科专业人才培养质量评价"有关的、间接指向"思想政治教育本科专业人才培养质量评价"的研究，主要有冯刚等著的《高校思想政治教育工作质量评

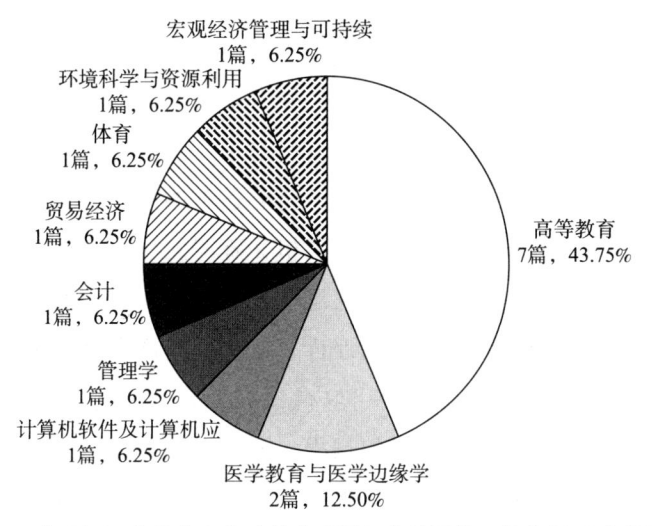

图 1-7　中国知网本科专业人才培养质量评价计量化可视分析（学科分布）

资料来源：CNKI 文献数据库，截至 2022 年 6 月。

价研究》（2020 年）、谢树平著的《思想政治课学习评价研究》（2016年）、张春秀著的《马克思主义实践观视域下的思想政治教育评价论》（2021 年）、权麟春著的《新时代高校思想政治教育工作质量评价研究》（2021 年）等。需要着重说明的是，"2017 年，由北京师范大学思想政治工作研究院院长冯刚主持的国家社科基金设立的教育学重大项目'高校思想政治教育工作质量评价体系研究'立项"[①]。立项项目在《思想教育研究》《学校党建与思想教育》等期刊开辟专栏，发布了诸多研究成果。研究成果中包含"高校思想政治教育工作质量评价在提升人才培养质量中发挥什么作用"等人才培养质量评价的内容，引起了学界对思想政治教育专业人才培养质量评价的关注和重视。总之，我国社会进入新时代后，关于思想政治教育专业人才培养质量评价的研究逐渐受到重视，但在理论研究中还没有形成较为系统、完善的成果。在实证研究方面，作为第三方评估机构的麦可思数据有限公司，主要通过学生、教师对人才培养质量信息的反馈做出人才培养质量评价，这在衡量人才培养质量的客观性、全面性上

---

① 冯刚、王树荫主编《思想政治教育研究热点年度发布（2018）》，团结出版社，2019，第 287 页。

具有一定的局限。

综上所述，国内学术界在人才培养质量评价研究方面取得的成果，为本书奠定了一定的基础、提供了重要的参考和借鉴。一方面，思想政治教育本科专业人才培养质量评价研究需要引起进一步重视。当前，关于思想政治教育本科专业人才培养质量评价的研究还不够系统、深入，有些内容和方面还处于起步阶段，这就需要借助相关研究内容进行深入的探索和挖掘。另一方面，跨学科的综合性研究需要进一步加强。人才培养质量评价的实施和开展是一个从评价主体到评价客体，从评价内容、评价方法到评价过程，再到得出应有评价结果、取得良好评价效果等，都要实现各要素、各环节相互配合、系统发展的过程。因此，关于思想政治教育本科专业人才培养质量评价的研究要注重每一个要素和环节，使其得到整体性的推进和发展。

第三节 研究思路、方法与创新之处

一 研究思路

（一）研究的角度

思想政治教育本科专业人才培养质量评价是一个理论与现实相结合的综合性问题，因此，主要从理论和实践两个方面展开研究。在理论研究方面，一是为思想政治教育本科专业人才培养质量评价寻找理论依托。通过对马克思、恩格斯提出的人才培养质量评价的相关理论、党的领导人提出的人才培养质量评价的相关理论的梳理，为思想政治教育本科专业人才培养质量评价确立指导思想。同时，通过对教育评价理论、教育需求与供给理论、全面质量管理理论的梳理，为思想政治教育本科专业人才培养质量评价夯实理论基础。二是对思想政治教育专业特色、思想政治教育本科专业人才培养特点、思想政治教育本科专业人才培养质量的重要性进行理论研究。三是对思想政治教育本科专业人才培养质量评价优化的必要性、依据、原则进行理论探讨。在实践研究方面，一是收集和整理国家、各级教育行政部门、高校制定的思想政治教育本科专业人才培养质量的相关制度、下发的有关文件、形成的相关总结和报告等资料。分析同思想政治教育本科专业人才培养质量有关的教育实习、毕业论文、综合实践等方面的内容。二是通过问卷调查的方式进一步掌握思想政治教育本科专业人才培养质量评价现状，从而加深对思想政治教育本科专业人才培养质量评价的了解。

（二）研究的内容

本书在"以社会需求为导向、以学习成果为中心"理念的指导下，把"思想政治教育本科专业人才培养质量评价的现状、问题及其原因"和"思想政治教育本科专业人才培养质量评价优化"作为重点，系统地进行思想政治教育本科专业人才培养质量评价研究。本书共分为以下六个部分。第一，阐述研究的背景和意义，梳理国外和国内关于人才培养质量、人才培养质量评价的研究现状，提出研究思路及研究方法，为思想政治教育本科专业人才培养质量评价研究奠定基础。第二，就相关核心概念，主要是对新时代思想政治教育本科专业人才、人才培养质量、人才培养质量评价、思想政治教育本科专业人才培养质量评价进行界定；梳理马克思主义经典作家提出的人才培养质量评价的相关理论、中国共产党领导集体提出的人才培养质量评价的相关理论，以及国内外关于教育评价理论、教育需求与供给理论、全面质量管理理论等有关人才培养质量评价的相关理论。第三，分析思想政治教育本科专业的发展现状，阐述思想政治教育专业的特点，思想政治教育本科专业人才培养的特点，思想政治教育本科专业人才培养质量的重要性和思想政治教育本科专业人才培养质量评价的发展脉络、特点和功能。第四，一是通过问卷调查的方式了解思想政治教育本科专业人才培养质量评价的现状。二是从国家、社会、地方三个层面出发，梳理思想政治教育本科专业人才培养质量评价的具体实践，分析思想政治教育本科专业人才培养质量评价存在的问题及问题产生的原因。第五，明确思想政治教育本科专业人才培养质量评价优化的必要性、依据和原则，分析、总结国内外关于人才培养质量评价的先进经验，进而提出思想政治教育本科专业人才培养质量评价优化的路径，这主要包括：强调评价对思想政治教育本科专业人才培养质量提升的重要性、加强思想政治教育本科专业人才培养质量评价的制度建设、持续推动多元主体参与思想政治教育本科专业人才培养质量评价、注重新技术与思想政治教育本科专业人才培养质量评价的融合、地方要结合实际丰富思想政治教育本科专业人才培养质量评价指标、思想政治教育本科专业人才培养质量评价指标体系制定的相关建议。第六，对思想政治教育本科专业人才培养质量评价研究进行总结、提出建议并做出展望。通过思想政治教育本科专业人才培养质量评价研究，一是对研究的内容、思路、方法等进行总结。二是以评价为"引子"，探究更多的、有利于提升思想政治教育本科专业人才培养质量的路径。三是就研究过程中未能驾驭的问题、如何加强思想政治教育本科专业人才培养质量评价研究提出建议。四是以思想政治教育本科人才培养质量评价为研究起点和基础，期望推动思想政治教育（学士、硕士、博士）专业人才培养质量评价的共同发展。

二　研究方法

（一）文献研究法

文献研究法通常是指，通过收集、分析相关文献资料，从中选择研究需要的内容，从而达到研究目的一种方法。文献研究法的优点在于它的便捷性，一是网络为研究者提供了随时随地查阅资料的便捷性；二是依托知网、万方、维普等各类数据库，以及陕西师范大学、兰州大学、山东大学、西北师范大学、青海师范大学等高校搭建的图书平台、文献平台可以很方便地获得相关资料。文献研究可以通过大量文献的筛选，为研究者提供丰富、实用的参考资料。针对思想政治教育本科专业人才培养质量评价研究，需要在收集大量文献资料的基础上，通过对前人的研究成果进行翔实的梳理和分析，在已有文献资料中找到有价值的论据、提出有见地的观点、形成独特的认识。

（二）问卷调查法

问卷调查法是一种量化研究方法，是本书中使用的主要研究方法。2021年5~9月，选取我国东部、中部、西部地区的用人单位，思想政治教育专业教师，2021届思想政治教育专业本科毕业生（应届毕业生），2016~2020届思想政治教育专业本科毕业生（非应届毕业生）以及部分毕业生家长作为样本进行问卷调查。思想政治教育专业教师、应届和非应届毕业生分布于东部、中部、西部地区的18所高校。共有2820人参与问卷调查，各类人群调查问卷的回收率均在90%以上。从被调查对象的地区分布、所在高校办学层次分布等情况来看，基本符合当前用人单位、思想政治教育专业教师、毕业生、毕业生家长和高校的总体情况，调研对象具有较好的代表性。充分运用经过信度、效度检验后制定的调查问卷，选择合适的调查对象，并以科学的抽样方法进行抽样。调查问卷通过"问卷星"网络调研平台、微信、QQ等方式进行发放，利用研究中常用的社会科学统计软件SPSS 21.0等对回收的有效问卷进行专业化的统计和分析。同时，认真做好对第一手资料进行归类、分析的相关基础性工作。

（三）访谈法

访谈法是一种质性研究方法，也是一种常用的研究方法。访谈是为获得信息而实施的较为简单和传统的一种方法，但是这种方法会带来较为直接的感受和真实、可靠的资料。因为访谈是面对面的，在访谈过程中会有很多的情感交流，访谈者与被访谈者会因为彼此的情感互动在访谈中深入交流，得到许多深刻的、深层次的内容，这是问卷调查不能收到的效果。在收集有关思想政治教育本科专业人才培养质量评价的资料时，首先，对任职高校（青海师范大学）思想政治教育本科专业人才培养质量评价的现状，同毕业生、任课教师、教务部门管理人员进行访谈，通过访谈获得了许多重要的信息和资料。其次，就思想政治教育专业本科毕业生所从事的工作岗位、工作能力同用人单位进行了访谈，获得了许多重要的信息和资料。再次，与陕西师范大学思想政治教育专业本科毕业生、部分任课教师进行了面对面的交流，了解了一流学科建设高校人才培养质量评价的现状。最后，通过同学、同事的帮助，到其他省份的高校（主要有北京师范大学、兰州大学、西北师范大学、山西师范大学、华中师范大学、武汉大学、山东大学）了解了其思想政治教育本科专业人才培养质量评价的现状。通过对以上高校的走访，加深了对不同地区、不同办学水平和办学层次高校的思想政治教育本科专业人才培养质量评价现状的了解。

（四）比较研究法

比较研究法是学术研究中常用的一种方法，主要是指对物与物之间、人与人之间的相似性、相异程度等进行比较、分析与判断。比较研究法也可以理解为，依据一定的标准，对两个或两个以上有联系的事物进行比较，然后找出它们的异同之处，并通过分析存在异同之处的原因等，实现探求事物本质特征、普遍规律和事物之间具有的内在联系的一种方法。本书通过横向研究和纵向研究，梳理和总结了我国古代社会关于人才培养质量评价的经验、国外人才培养质量评价的经验和国外道德教育质量评价的经验，以马克思辩证唯物主义和历史唯物主义观为指导，结合当前我国开展的有关人才培养质量评价的理论与实践，提炼其中的先进思想与好的做法，从而为思想政治教育本科专业人才培养质量评价提供实践经验和理论养分。

三　创新之处

（一）研究内容的创新

一是目前，学术界还没有形成较为系统的思想政治教育本科专业人才培养质量评价研究成果，思想政治教育本科专业人才培养质量评价研究对于推进思想政治教育本科专业人才培养质量评价理论和实践的发展具有一定的价值。二是以新时代为背景，研究思想政治教育本科专业人才培养质量评价问题，是思想政治教育本科专业人才培养质量评价对新时代高质量发展和教育评价深化的具体反映，是思想政治教育本科专业人才培养质量评价研究对我国进入新时代的回应。

（二）研究视角的创新

一是思想政治教育本科专业人才培养质量评价研究不仅关注内部评价，同时重视外部评价，即从作为培养主体高校的外部入手，把教育行政部门、用人单位、非应届毕业生、应届毕业生作为评价主体，更加注重以多元化的主体对新时代思想政治教育本科专业人才培养质量进行评价。同时，评价反映的是教育行政部门，用人单位，思想政治教育本科专业非应届毕业生、应届毕业生对高校人才培养质量的满意度。二是目前有关思想政治教育专业人才培养质量评价的研究，注重人才培养的条件质量、过程质量。本书主要从人才培养的结果质量入手进行系统研究，具体为思想政治教育专业本科毕业生在接受高等教育的系统培养后，对体现人才培养成果的思想政治素质、知识结构、就业质量和工作能力进行的评价。

第二章 思想政治教育本科专业人才培养质量评价的理论基础

第一节 相关概念

概念是人的思维的一种表现形式，人们在认识客观世界和具体事物的过程中，都会在头脑中把所感觉到的事物用某些特点进行表述，这就形成了概念。在研究过程中，概念是研究的出发点。思想政治教育本科专业人才培养质量评价由新时代思想政治教育本科专业人才、人才培养质量、人才培养质量评价等概念构成。只有了解和掌握相关概念的基本内涵和指向，才能明确思想政治教育本科专业人才培养质量评价的内涵、特征和功能，并对思想政治教育本科专业人才培养质量评价进行系统研究。

一 新时代思想政治教育本科专业人才

（一）新时代与思想政治教育本科专业人才

党的十九大报告指出，"经过长期努力，中国特色社会主义进入了新时代，这是我国发展新的历史方位"。这个历史方位昭示着我国的发展站在了一个更高的位置，具体是指，"中国特色社会主义进入新时代，以历史性成就和历史性变革为突出标注"[1]。可见，这个"新时代"是党和国家对我国社会所处的、当前客观事实的主观认识，是对党的十八大以来整个

---

[1] 韩庆祥：《新时代——我国发展新的历史方位》，《人民日报》2017年10月20日。

国家正在发生什么和将要发生什么的总体认识和基本判断。同时，新时代是对我国社会主义建设时期、改革时期、发展时期的续写，是将要呈现的新的篇章，即随着中国特色社会主义事业的不断推进和伟大成就的取得，全国各族人民在党的领导下开创了中国特色社会主义的新局面，迎来了建设社会主义现代化强国和实现中华民族伟大复兴的新时代。因此，新时代既是中华民族的新时代，也是每一个中华儿女的新时代。此外，进入新时代的标志和意义，从国家和民族层面来说，意味着我们要实现从站起来、富起来到强起来的飞跃；从个人层面来说，我们要在新的起点上，更加团结奋进，干出一个充满新颜和朝气蓬勃的新时代。所以，为了实现这一共同的目标，就要培养更多的、引领新时代不断前进的高质量人才。就思想政治教育本科专业人才培养而言，新时代为思想政治教育本科专业人才培养提供了更好的条件、创造了更好的环境。同时，也提出了培养担当民族复兴大任时代新人的战略要求，即让思想政治教育本科专业人才成为全面发展的、具备良好综合素质的、走在新时代前列的开创者、奋进者和奉献者。因此，新时代思想政治教育本科专业人才培养要始终围绕"培养什么样的人、如何培养人以及为谁培养人"这个根本问题。这也要求新时代思想政治教育本科专业人才要始终做到坚持正确政治方向、坚持为人民服务、为中国共产党治国理政服务、为巩固和发展中国特色社会主义制度服务、为改革开放和社会主义现代化建设服务。

（二）新时代思想政治教育本科专业

"专业"是人类进化和发展的必然产物。进入现代社会后，专业更多同高等教育的人才培养联系起来。思想政治教育专业是指思想政治教育学科与该专业人才培养的结合，更侧重于运用思想政治教育学科的知识体系来培养社会发展所需要的相关职业人才和学科发展所需要的专业人才。1984年，教育部印发了《关于在十二所院校设置思想政治教育专业的意见》，这标志着"思想政治教育专业的发展进入了通过开办本科专业、培养专业化的思想政治教育人才的历史发展阶段"[①]。思想政治教育本科专业

---

① 石玉平等：《思想政治教育专业创新型人才培养模式探索与实践》，中国社会科学出版社，2017，第11页。

从人才培养的方向来看，是由师范类和非师范类两个专业构成。思想政治教育师范类本科专业主要面向学校，培养具有本科学历、主要从事思想政治教育工作的教师。思想政治教育非师范类本科专业主要面向非教育领域，培养具有本科学历、主要从事思想政治教育工作的专业人员。我国社会进入新时代后，随着中国特色社会主义事业的深入发展，思想政治教育本科专业将以培养全面发展的、高质量的专业人才为己任。同时，"新时代对思想政治教育本科专业建设提出新任务新要求，也提供了新路径新机会。思想政治教育本科专业及其建设必然受到'新时代'的影响及改造"①。

（三）新时代思想政治教育本科专业人才

"人才"由"人"和"才"组成，"人"指人才要具备良好的基本素质和健康的人格，"才"指人才要有不断学习知识的能力、工作能力和创新能力等。成为人才后最为重要的是体现人才的价值，即人才要用所具备的知识、能力、素质和掌握的专业技能，为国家和社会贡献自己的聪明才智、体现自身的社会价值。本科专业人才是指，具有本科学历的人才，指经过高等教育的系统培养后取得本科学历的毕业生。思想政治教育本科专业人才是通过国家统一考试被高校录取到思想政治教育本科专业，并按照思想政治教育本科专业的培养目标、培养要求、培养方式接受过系统培养的人才。同时，思想政治教育本科专业人才是在思想政治教育领域发挥一定作用、体现一定社会价值的人才。需要指出的是，思想政治教育本科专业人才不仅是该专业培养的基础性人才，更是不同于其他本科专业人才的一支特殊人才队伍，主要体现为以下几点。一是思想政治教育本科专业人才承担着党和国家的特殊使命，是维护中国共产党领导、巩固中国共产党执政根基、弘扬中国共产党执政理念以及宣传党的各项方针政策的重要群体。二是思想政治教育本科专业人才是专门从事政治教育、思想道德教育的群体，是为党和国家政治建设、思想道德建设服务的专门人才队伍。三是思想政治教育本科专业人才是即将具有或已具有本科学历的人才，其社

---

① 孙其昂、王臻：《新时代思想政治教育本科专业建设的几点思考》，《学校党建与思想教育》2018年第7期。

会定位是在党政机关、学校、企事业单位从事思想政治工作的专门人才，这是不同于思想政治教育专业硕士和博士人才的社会定位的。从思想政治教育专业的角度来看，思想政治教育本科专业人才是伴随思想政治教育专业的设置而诞生和不断发展起来的一支人才队伍，并因思想政治教育本科专业被赋予的重要使命，成为推动党和国家事业发展中不可或缺的重要人才队伍。

新时代思想政治教育本科专业人才不是"新时代"和"思想政治教育本科专业人才"的简单组合，新时代思想政治教育本科专业人才是被时代赋予了新的、更多历史使命的人才。新时代思想政治教育本科专业人才从政治立场来看，一是强调在习近平新时代中国特色社会主义思想的指导下，以立德树人为培养目的，以社会主义核心价值观为培养要求所培养的人才，其要为全面建设社会主义现代化国家和实现中华民族伟大复兴的中国梦砥砺奋进。二是新时代思想政治教育本科专业人才必须对党和国家具有高度的政治认同。政治认同是思想政治教育本科专业人才的核心素养，关乎理想信念的确立和人才的成长方向，是理性精神、法治意识和公共参与的共同标识和立足点。这就要求新时代思想政治教育本科专业人才只有做到"两个维护"、坚定"四个自信"，才能成为政治上合格的社会主义事业建设者和接班人。从所具备的能力来看，应是具备扎实专业知识的人才。新时代"不仅对物质文化生活提出了更高要求，而且在民主、法治、公平、正义、安全、环境等方面的要求日益增长"[①]。这就要求新时代思想政治教育本科专业人才要通过不断学习具备扎实的专业基础，以满足精神需要，更好地适应新时代要求和服务新时代发展。同时，新时代思想政治教育本科专业人才不仅要为我国的社会主义现代化建设贡献力量，还要关注人类的共同发展，在"人类命运共同体"这一重要理念的指引下，为人类的和平共处与共同发展贡献力量。因此，这就要求新时代思想政治教育本科专业人才不仅要从本国的视角认识新时代的中国，还要从世界的视角

---

① 习近平：《决胜全面建成小康社会 夺取新时代中国特色社会主义伟大胜利——在中国共产党第十九次全国代表大会上的报告（2017年10月18日）》，《人民日报》2017年10月28日。

认识新时代的中国,更要从人类命运共同体的视角认识新时代的中国和我们共生共存的这个世界。

二 人才培养质量

(一) 质量的含义

质量是物理学中的一个基本概念,原意是指物体所具有的一种物理属性,是物质的量的量度。质量由"质"和"量"构成,《辞源》中这样解释,"质"有本体、禀性、质朴之义,"量"有容量、度量、称量之义。《辞海》对"质量"的解释是,量度物体惯性大小和引力作用强弱的物理量;事物的优劣程度。[1] 我国颁布的国家标准(GB/T 19000—2008idt—ISO9000:2005)对质量的定义为:一组固有特性满足要求的程度。不难看出,质量不仅体现着事物发展的程度和前进的方向,而且是进行一切社会活动、社会实践的目的。随着我国经济社会的不断发展,质量的内涵被不断丰富,"质量"一词被应用于社会各个领域,"质量"越来越受到人们的关注和重视。在高等教育领域,对质量的理解有五种不同的方式,即"质量就是卓越(最高标准),质量就是符合标准,质量就是目标适切,质量就是达到机构既定目标的效果(有效性),质量就是对用户明确需求或潜在需求的满足度"[2]。这五种方式构成了高等教育的基本质量观。就质量对 21 世纪的重要性而言,美国学者朱兰曾言:"如果说 20 世纪是'生产率的世纪',那么 21 世纪将是'质量的世纪'。"[3] 可见,质量已成为当今世界无处不在和人人关注的重要内容与话题,因为质量在一定程度上代表的是效率和卓越。

(二) 人才培养质量的内涵

人才培养质量是高校生存、改革和发展的生命线,是大学之所以成为大学的根基所在。"高等教育发展至今,已形成了公认的四大职能:人才

---

[1] 夏征农、陈至立主编《辞海》(第六版普及本),上海辞书出版社,2010,第 5118 页。
[2] 潘懋元主编《多学科观点的高等教育研究》,上海教育出版社,2001,第 58 页。
[3] 王方大:《科技·管理·市场——王方大论企业管理》,东南大学出版社,2012,第 237 页。

培养，科学研究，社会服务以及国际交流。"① 而人才培养质量就是人才培养的核心内容和根本指向。在高等教育领域，人才培养质量是指，高校所要培养的人才在规定的期限内，在一定的培养条件下完成培养任务，达到培养目标所需要具备的知识、能力和素质的程度。"人才培养质量"中的"质量"有其特定的内涵，这个"质量"不是单纯意义上或普通意义上的"质量"②，它是同"人才培养"组合后，新的语境下的质量。具体来说，这个质量着眼于人才培养的效果，因为对人才培养质量的追求是人才培养的根本目的。无论社会发展到何种状态，无论人才培养以何种方式进行，质量都是人才培养的指向和归宿。

首先，我们从人才培养的内容入手认识人才培养质量。"知识、能力与素质辩证统一、三位一体，共同影响高校的人才培养质量。"③ 一是知识。知识是在实践的基础上产生的，是符合客观规律的、有价值的经验性信息。作为人才培养质量评价的重要内容，知识不仅包括量的多少，也包括知识结构的合理程度。二是能力。能力通常是指完成一定任务的本领，能力总是和实践联系在一起，因为只有通过实践才能发展人的能力。三是素质。人的素质是通过环境的影响和教育后，形成的较为稳定的身心组织的要素、结构等。素质主要指物质的、精神的内容在人的身心结构中的积淀、内化。

其次，我们从人才培养的过程入手认识人才培养质量。人才需要通过培养才能获得某种质量。因此，"培养"既需要一定的时间，也需要一定的空间。也就是说，人才培养有起点，也有终点，从起点到终点的人才培养过程是体现人才培养质量的时空领域。人才培养需要一定的条件，这个条件就是硬件和软件；需要一个完整的过程，这个过程就是人才培养各个环节的组合；需要取得一个结果，这个结果就是把培养对象培养成想要培养的人。那么，条件就有条件质量，过程就有过程质量，结果就有结果质量。人才培养如同一粒种子，从播种到成为累累果实，既需要土壤、雨

---

① 韦洪涛：《高等教育质量评价与保证体系研究——审视我国高等教育大众化进程中的质量问题》，吉林人民出版社，2006，第178页。
② "质量"即生产、实践活动中对某一具体的人或物品提出或要求达到的量或质的程度。
③ 张佩：《电子商务专业本科人才培养质量评价指标体系研究》，硕士学位论文，合肥工业大学，2009，第10页。

水、阳光的条件，也需要生根、开花、结果的过程，还需要看果实是否饱满的最终结果。一是条件质量。条件质量也被称为"结构性质量"，结构性质量一般是指可具体规范和控制的变量，比如，师生比例、学生规模、师资条件以及总体上的物质环境和实施等。二是过程质量。过程质量是指在培养过程中围绕人才培养的辅助性措施，比如，课程讲授、社会实践、教学管理、生活服务、心理健康教育等。三是结果质量。结果质量是指受教育者经过系统培养后获得的知识、素质和能力，包括思想道德水平、知识的多少、基本技能、实践能力、创新能力等。这三个维度和人才培养质量都有着紧密的联系，同时，条件质量、过程质量、结果质量三者之间相互影响、相互促进。其中，条件质量是实现过程质量的前提，条件质量和过程质量的共同努力实现了结果质量。本书所研究的人才培养质量具体是什么质量，应侧重于条件质量、过程质量，还是结果质量。当前，我国对人才培养质量的研究大多关注条件质量和过程质量，对于结果质量关注得较少，这就在一定程度上使研究者因过多重视培养主体，而忽视了培养对象。从人才培养内外因的角度来说，我们关注的外因较多，内因较少，为了实现内外因的良好互动和有机结合，以及更多从培养对象出发，了解人才培养质量，本书主要以人才培养的结果质量为视角，研究思想政治教育本科专业人才培养质量评价的相关内容。

再次，我们从高等教育的视角来认识人才培养质量。思想政治教育本科专业人才培养质量既是该专业面临的棘手问题，也是高等教育亟待解决的现实问题，因为高等教育质量首先应该体现为人才培养质量。同时，从高等教育质量的视角去认识人才培养质量，可以深化对相关问题的认识和理解。李福华认为，基于高等教育人才培养、科学研究和服务社会的三大职能，质量应"至少包括三个重要组成部分，即教学和人才培养质量、科学研究质量、社会服务质量"[①]。今天我们所说的人才培养质量，已不同于我国精英教育阶段的人才培养质量，二者虽属于同一概念，但不能同日而语。因为不同社会背景下所指的同一命题必定有着不同的指向。为了更深入地认识人才培养质量，我们先来回顾一下精英教育阶段的人才培养质

---

① 李福华：《高等教育质量：内涵、属性和评价》，《现代大学教育》2003年第2期。

量。在精英教育阶段，大学生就意味着优秀和卓越，通过高考这一竞争激烈的选拔，挑选出高中毕业生中的佼佼者，在当时的社会背景下，接受了充足的高等教育资源的大学生，只要顺利毕业就意味着他们是"高质量产品"。全社会不会对百里挑一、千里挑一的大学生的培养质量产生任何怀疑，也就是说，大学生身份就是高质量的象征。但是高等教育进入大众化阶段后，对于大学生就是社会精英的惯性认识发生了变化，象牙塔内的大学生不再像从前一样让人们"视如珍宝"，更多的人开始关注大学人才培养的质量，开始重新审视当代大学生具有的素质和能力。于是，高校人才培养质量就这样越来越受到人们关注，并成为全社会共同讨论的焦点内容。

最后，我们从人才培养质量的方向性来认识人才培养质量。人才培养质量的方向性在本书中是指，思想政治教育本科专业人才培养质量强调人的需要，还是社会的需要。按照教育评价学对三种教育质量观[①]的分类，思想政治教育本科专业人才培养质量应注重和坚持以立德树人为内在要求（个适性质量观）和以适应社会发展（外适性质量观）为客观要求的、二者相结合的人才培养质量观。因为个适性质量观强调"个性的陶冶比知识的掌握更重要。而外适性质量观强调教育必须适应并满足国家、社会和教育'顾客'的需要，否则教育便不具有意义"[②]。这两种质量观既符合人内在的自我需要，也符合外在的教育规律和社会发展的基本要求。因此，思想政治教育本科专业人才培养质量既关注人的自然属性，也关注人的社会属性，从而实现人的全面发展的目的。因此，本书研究的人才培养质量也指，作为培养对象的思想政治教育专业本科生，经过四年的系统培养后所获得的学习成果。

总之，人才培养质量中的"质量"不是单一存在的，质量是同人才培养的规模、结构、层次等有关联的，正是这些关联构成了人才培养的质量。同时，人才培养质量又有不同的要求、标准等。比如，我国高等教育精英化阶段的人才培养质量是不同于大众化阶段的人才培养质量的；"双

---

① 内适性质量观、外适性质量观、个适性质量观。
② 陈玉琨：《教育评价学》，人民教育出版社，1999，第224~225页。

一流"建设高校对人才培养质量的要求是不同于非"双一流"建设高校的人才培养质量要求的;东部经济发达地区的人才培养质量要求是不同于西部经济欠发达地区的人才培养质量要求的;等等。而且这种要求和指向是针对同类人才培养的,不同学科、不同专业的人才培养质量只能看质量的高低,从培养内容、培养要求上是没有可比性的。

(三)人才培养质量的属性和特点

1. 人才培养质量的属性

人才培养是指,对人才进行系统教育的过程。作为个体的人,只有经过系统的培养、训练等,才能成为社会相关职业和岗位需要的专门人才。人才培养从本质上说是关于教育的问题,人才培养质量从侧面反映的是教育质量,因为"教育的本质是育人成才"①。同时,人才培养质量也是教育质量的核心内容。中国高等教育学会副会长张炜认为,"教育质量是学校培养人的活动的质的属性,它表现为教育目标、内在规律和教育需要等标准之间的达成度。从外延结构上来讲,教育质量可以按照培养机构的职能结构和组织结构两个维度分别划分为学校人才培养质量、科研质量、社会服务质量等维度"②。此外,"提高教育质量,是我国教育发展的核心任务。我们要以质量为本,把标准建立起来、把责任落实下去、把机制完善起来,推动教育事业进入提质增效的轨道"③。因此,为了更好地提高人才培养质量,就需要从教育属性的角度入手进行深入探究。

2. 人才培养质量的特点

人才培养质量的特点主要包括适应性、时代性、多样性、整体性。适应性是指,高校培养出来的人才只要能让社会满意,就被认为是达到了人才培养质量标准。适应性主要包含两个方面的内容,一是适应我国经济社会发展和社会主义现代化建设的基本要求;二是符合现代科学技术发展、经济全球化、国际化竞争对人才的要求。时代性是指,质量标准是一个随

---

① 谢和平:《教育的本质、责任、生命——兼谈川大的育人理念和改革举措》,《研究生教育研究》2015年第4期。
② 张炜:《高等教育现代化的高质量特征与要求》,《中国高教研究》2018年第11期。
③ 教育部课题组:《深入学习习近平关于教育的重要论述》,人民出版社,2019,第9页。

着时代发展而不断变化的概念，因为不同时期、不同环境下的教育目的、人才培养目标和标准都会对人才培养质量的衡量产生一定的影响。因此，人才培养质量具有时代性。多样性是指，高等教育呈现多样化特点。因为大众化教育阶段注重人的个性化发展，所以，针对不同的受教育群体，相应的人才培养质量也应是多样化的。整体性是指，人才培养质量作为高等教育追求的目标和使命，实现这个目标、完成这个使命，涉及诸多内容和环节，包括理念、教学、管理、服务、环境等。因此，从人才培养的整个过程来看，人才培养质量具有整体性特点。

三 人才培养质量评价

（一）评价的内涵

评价在《辞海》的解释为：评价货物价格；评论价值高低。评价标准联合委员会对评价的定义是，"评价是指对所评估对象所具有的价值以及优劣程度的整体分析"[①]。可见，评价是对事物价值高低、大小做出的判断。"由于受到评价者价值观念的制约，因此价值判断有一个显著的特点，即它是一种客观性与主体性统一的活动……评价是主体依据一定标准和尺度去衡量客体对主体的价值……评价用的是主体尺度，要看客体是否满足主体的需要，表现为主体向客体运动。"[②] 这就是说，即使在同样的标准和尺度下，不同的主体针对同一客体所得出的结论也是不同的。因此，首先，评价是一种价值判断。其次，这种价值判断的结果是不一致的，因主体的不同价值取向、标准，判断的结果会出现不同的内容。可见，评价的本质就是主体认识客体的价值，而这种价值又是基于判断而得出的，即评价的本质就是价值判断。

此外，评价即再创造。张耀灿等学者认为，思想政治教育价值实现过程有三个阶段。第一个阶段为受教育者把所接受的教育内容转化为个体意识和动机，被称为"内化"。第二个阶段为受教育者把自我意识和动机转化为行为和道德的习惯，被称为"外化"。第三个阶段为"对个体行为所

---

① 陈玉琨：《教育评价学》，人民教育出版社，1999，第7页。
② 王茂胜：《思想政治教育评价论》，中国社会科学出版社，2006，第38页。

产生的社会效果进行评价，以便通过反馈进一步调节教育者和受教育者实施'两个转化'的行为，并在良好行为习惯的基础上，逐步形成良好的品德，从而服务社会，促进社会发展……即再创造"①。这种理解赋予了评价新的生命力，意味着新的创造和更高水平的创造。所以，评价赋予了事物新内容、新动力、新方向，通过评价可以推动事物实现更好发展。

最后，在相关政策文件和研究中，关于评价会出现与其含义相近的评估、测评的不同表述，这里需要加以说明和进行简单分析。评价是指，评价者依据一定的标准，运用测量与统计分析，通过信息反馈，对所评价的事物进行实事求是的分析，做出定量评价和定性评价的活动。评估是按照一定的标准和原则，对事物进行整体的认识、评述与估价，评估主要解决的是做得怎么样的问题。测评的概念出现得较晚，是指按照一定的标准和原则，对事物经过测试后进行评定，侧重于在定量分析的基础上，综合定性描述进行评判，更强调评价过程的科学化。可见，评价、评估、测评各有侧重，同时，在内涵、范围、标准、原则、操作流程、途径方法等方面有许多相似之处，都是对事物做出的评判和判断。它们之间的区别和不同之处仅在于或侧重于定性表述，或侧重于定量分析，或侧重于对结果、过程的价值判断。

（二）人才培养质量评价的内涵

人才培养质量评价是针对人才培养质量开展的评价活动。20世纪30~40年代，美国教育家拉尔夫·泰勒（R. W. Tyler）提出了关于人才培养质量评价的概念。国外把人才培养质量评价称为"鉴定"或"认证"，认为人才培养质量评价是人才培养质量保障体系的重要组成部分。国内研究认为，人才培养质量评价从性质上来说是一种教育评价。如果教育评价是衡量教育活动达到教育目标的程度，那么人才培养质量评价就是衡量人才培养质量达到预定目标的程度。另有研究认为，"人才培养质量评价从本质上讲是一种价值判断活动，即价值主体依据高校教育的性质和目的，对高校培养的人才质量进行价值判断，并依据一定标准对人才培养质量及其有

---

① 张耀灿等：《现代思想政治教育学》，人民出版社，2006，第188页。

关影响因素进行评价"①。因此，如何进行评价，并通过评价达到推动事物发展的目的是评价的关键所在。

根据现有研究内容，针对人才培养质量，主要有两种评价尺度。一种是高校内部的评价尺度。高校对人才培养质量的评价，主要以高等教育的内部质量为评价依据，即评价所培养出来的人才是否达到高校规定的专业培养目标，以及高校人才培养质量与培养目标是否相符。另一种是高校外部的评价尺度，即社会评价尺度。社会对人才培养质量的评价，主要是以高等教育的外显质量为评价依据，也就是说，社会评价对高校内部的教育教学活动不会过多关注。当前，我国对人才培养质量的评价，大多关注的是培养主体的内部评价，这种评价方式虽然可以加强和改进人才培养的基础、条件、环境等，但是评价往往忽视了培养对象的主体性，通过评价直接反馈到培养对象身上的效果并不显著。

四 思想政治教育本科专业人才培养质量评价

（一）思想政治教育本科专业人才培养质量的界定

通过对人才培养质量、人才培养质量评价内涵的梳理，思想政治教育本科专业人才培养质量是指，思想政治教育本科专业人才在高校这个特定环境下通过接受系统的教育最终获得的学习成果，主要包括思想政治素质、知识结构、就业质量以及毕业后 5 年内具有的工作能力。其依据为以下两点。一是思想政治教育本科专业人才在大学学习期间获得的成果、就业质量，以及毕业后 5 年内具有的工作能力，是衡量人才培养质量的重要内容。教育部原部长陈宝生在 2018 年召开的新时代全国高等学校本科教育工作会议上提出，要推进"四个回归"②，把人才培养的质量和效果作为检验一切工作的根本标准。针对其中的回归常识，要求真正把内涵建设、质量提升体现在每一个学生的学习成果上。③ 二是随着我国社会的发展进步

---

① 伊焕斌：《工匠精神与人才培养的供给侧结构性改革研究》，人民出版社，2018，第 310 页。
② 回归常识、回归本分、回归初心、回归梦想。
③ 万玉凤：《坚持以本为本 推进四个回归 建设中国特色、世界水平的一流本科教育——新时代全国高等学校本科教育工作会议召开》《中国教育报》2018 年 6 月 22 日。

和教育理念的不断更新，思想政治教育本科专业人才培养质量不应只包含由知识转化而来的工作能力和社会适应能力，还应包含对马克思主义的坚定信仰、中国特色社会主义的坚定信念，坚决拥护中国共产党的领导和中国特色社会主义制度的政治立场；对思想政治工作的热爱和奉献；对待生活和人生的正确态度；等等。综合来看，思想政治教育本科专业人才培养质量主要包含政治素质、思想道德素质、知识结构、就业质量、工作能力。同时，需要说明的是，思想政治教育本科专业人才培养质量不仅指思想政治教育专业本科生从进入大学学习到毕业期间四年的培养质量，还指思想政治教育专业本科生毕业之后的发展质量。发展质量是指对工作岗位的胜任力、社会认可度等。因为人才培养质量标准的确定、人才培养模式的设定等，思想政治教育本科专业人才培养不能局限于传统的知识传授，而要将侧重点放在人才的价值观培育和能力培养上来。但是，价值观培育和能力培养的效果需要较长的一段时间才可以显现，仅仅依据大学本科四年的培养是不容易衡量的。

（二）思想政治教育本科专业人才培养质量的内容及其内在关系

1. 政治素质

政治素质是指人的政治方向、政治立场、政治信念、政治态度、政治纪律等的统一，表现在对事关方向、原则问题上的立场、态度和观点；能否做到坚持真理、见微知著和把握趋势；是否具有认识、理解、熟悉、执行党和国家政策的水平。政治素质是思想政治教育本科专业人才必须具备的核心素质，1993年，国家教育委员会下发的《关于高等学校思想政治教育专业办学的意见》明确提出，"思想政治教育专业要按照巩固、提高、深化改革、稳步发展的方针，继续加强专业建设，积极培养具有较高的思想政治觉悟和专业知识、技能的专门人才……思想政治教育专业培养的学生总的规格要求是：具体坚持正确的政治方向"。[①] 这足以说明，政治性要求是思想政治教育专业办学的首要要求，也是人才培养的第一要求。思想政治教育本科专业人才所要具备的政治素质主要包括政治方向、政治立

[①] 教育部思想政治工作司组编《加强和改进大学生思想政治教育重要文献选编（1978—2014）》，知识产权出版社，2015，第133页。

场。政治方向正确是思想政治教育本科专业人才具有中国共产党人政治本色的根本标志，作为中国特色社会主义事业的接班人和今后开展思想政治教育工作的重要力量，思想政治教育本科专业人才在理想信念方面要具有热爱祖国、热爱社会主义的深厚情感，要立志为实现中华民族伟大复兴不懈奋斗。同时，要始终与党中央保持政治上的高度一致，做政治上的"明白人"，自觉践行社会主义核心价值观，真正做到头脑始终清醒、立场始终坚定。政治立场是指，观察和处理问题时，对待社会政治生活、社会政治制度和社会意识形态的根本态度。思想政治教育本科专业人才要成为走在新时代前列的开创者、奋进者和奉献者，必须践行中国共产党全心全意为人民服务的宗旨。这就要求思想政治教育本科专业人才要用习近平新时代中国特色社会主义思想武装头脑，要牢固树立"四个意识"、坚定"四个自信"等。这是由思想政治教育专业的特殊性决定的，也是新时代对思想政治教育专业和该专业人才培养提出的新要求、新任务。

2. 思想道德素质

思想道德素质是人才必须具有的重要素质，因为人的思想道德素质是衡量人才是否合格的核心内容，这既是现实世界中人们形成的基本认知，也是我国评价人才的基本标准。长期以来，我国对各类人才的培养与评价都十分注重思想道德素质，对于思想政治教育专业人才来说，思想道德素质则更为重要。一是思想政治教育专业的特殊性。"思想政治教育专业、学科、活动的核心内容是马克思主义，培养学生的核心素养是马克思主义。"① 因此，思想政治教育本科专业人才培养质量首先要体现所培养人才具备马克思主义素养的重要性。二是思想政治教育专业人才的特殊性。思想政治教育专业人才主要是做人的思想工作，这就对思想政治教育专业人才的思想道德素质提出了更高要求。从思想道德素质的内容来说，思想政治教育专业人才在具备基本道德素质的同时，还要有较高的思想素质，主要体现为：用马克思主义的观点、方法、立场认识问题、分析问题和解决问题。同时，要将国家的方针政策、思想理论、主流意识形态等深入贯彻

---

① 孙其昂、王臻：《新时代思想政治教育本科专业建设的几点思考》，《学校党建与思想教育》2018 年第 7 期。

落实,并通过宣传教育,让人民群众普遍接受并形成共识。三是我国人才培养中对立德树人的重视。党的十八大报告提出,"把立德树人作为教育的根本任务"。思想道德素质是立德的内在体现,集中反映了立德树人取得的成效。立德树人的提出标志着新时代对人才培养的新要求、新目标。作为注重道德塑造、强调人的全面发展的思想政治教育专业,必须将具有良好思想道德素质的本科人才,作为培养目标和衡量其培养质量的重要内容。因此,思想政治教育本科专业人才的思想道德素质应包含两个方面。第一,传统意义上的思想道德素质,即具有正确的世界观、人生观和价值观,以及符合我国传统伦理的行为规范。第二,对马克思主义的信仰,即高度认同马克思主义在我国社会主义现代化建设中的指导地位。

3. 知识结构

知识结构是指,一个人经过专门学习培训后所拥有的知识体系的构成情况和结合方式。知识结构要求具有合理性,合理的知识结构体现为:既有精深的专业知识,又有广博的知识面。一是专业知识。知识是成为人才的基石,没有一定知识的人是不能被称为人才的。作为个体的人,获得知识的途径是多种多样的,一般情况下主要有教师的讲授、自我的教育、实践的获得、生活的启示等。因此,作为外在的知识如何输送到人的头脑中,并转化为具体的行为,这是一个内外因素相互作用的过程。外因是学习知识的环境,包括施教者、教育场所、教育媒介等;内因是主动学习的意识和行为,包括对知识的渴望、个人的勤奋努力等。作为思想政治教育本科专业人才,首先要具备扎实的专业知识。目前来看,"主要指系统掌握马克思主义理论和思想政治教育、法学、政治学与行政管理学等学科的基本理论知识;了解本学科的理论前沿与发展动态"[①]。二是其他知识。思想政治教育本科专业人才不仅要掌握专业知识,还要掌握其他知识。随着经济社会的不断发展,复合型人才成为人才培养的新要求和新趋势。培养复合型人才是与我国经济社会发展水平和要求相适应的,也是顺应世界发展趋势的。此外,随着科学技术的迅速发展,信息与知识的急剧增长,知

---

① 孙其昂:《思想政治教育专业建设与育人理念探讨》,《常熟理工学院学报》(教育科学版) 2007 年第 12 期。

识更新的周期缩短，创新的频率加快，对人才所具备的素质和要求也越来越高。作为新时代的大学生，特别是接受过高等教育的思想政治教育本科专业人才来说，不断地学习知识、积累知识、运用知识是个人更好适应社会发展、提升自我和实现个人价值的必然要求。思想政治教育本科专业人才需要掌握的其他知识包括政治学、教育学、心理学、管理学等学科知识，此外还需要学习相关技能类的知识等。

4. 就业质量

就业是民生之本，就业的目的是人尽其才。国家所培养的人才只有依托就业岗位才能体现人才培养的意义和价值。就业对所培养的人才而言意味着毕业，毕业着力解决的是专业人才培养的输出问题，是整个人才培养体系运行的目的和归宿。严格意义上来说，就业不属于人才培养的范围，但是，我国高等教育进入大众化阶段后，因为大学生就业形势的严峻性，国家和地方将大学生就业率视为衡量人才培养质量和高校办学水平的重要指标。各级教育行政部门也将就业率纳入高校人才培养质量考核的体制机制中。同时，为了帮助毕业生顺利走上工作岗位，找到适合自己的、满意的工作，国家、地方、高校和学生家长都十分重视大学生毕业后的就业状况和就业质量。就业质量是指，从业者与生产资料结合并获得报酬或收入情况的优劣程度，主要包括从业者的工作收入、工作环境、个人发展前景和对工作的满意程度等。因此，在社会竞争日益激烈的现状下，就业质量就成为反映人才培养质量的重要内容，提升就业质量也就成为推动人才培养改革的重要抓手和推动力。

5. 工作能力

能力通常是指一个人能够发挥的力量。人的能力包括本能、潜能、才能、技能等，它直接影响一个人做事的质量和效率。工作能力是在具体工作中呈现的一种能力，强调一个人有适当的能力担任某个职位。同时，工作能力也隐含着个体所具有的较高的综合素质和能力。工作能力包括知识、技能及行为是否能够配合其工作。结合思想政治教育本科专业人才特点，思想政治教育本科专业人才需要具备的工作能力，应包括基本能力、职业竞争力、实践能力、创新能力。一是基本能力，主要包括理论思维能力、环境适应能力、社会交际能力、心理调适能力、沟通协作能力、组织管理能力、学习能力、专业技术能力、语言表达能力、文字表达能力。二是职业竞争力，主要包括职业精神和职业发展前景。三是实践能力，主要包括社会实践能力、参与竞赛的能力、科研能力。四是创新能力，主要包括创新性开展工作、具有一定的科研成果、获得的荣誉和奖励。

6. 思想政治素质、知识结构、就业质量、工作能力的内在关系

构成思想政治教育本科专业人才培养质量的思想政治素质（思想政治素质包括政治素质和思想道德素质）、知识结构、就业质量、工作能力相互联系、相互作用、密不可分。其中思想政治素质起着主导性作用，它决定着思想政治教育本科专业人才培养质量的方向和性质。知识结构起着基础性作用，它决定着思想政治教育本科专业人才的总体培养质量。就业质量起着保证性作用，它体现了思想政治教育专业本科生接受高等教育后的总体质量。工作能力起着保障性和发展性的双重作用，它既体现了思想政治教育专业本科生接受高等教育的总体质量，还体现了思想政治教育专业本科毕业生步入工作岗位后，将知识转化为工作效能的总体质量。此外，思想政治素质和知识结构是内容基础，就业质量和工作能力是结果体现。

（三）思想政治教育本科专业人才培养质量评价的界定

思想政治教育本科专业人才培养质量评价是在新时代背景下，对所培养的思想政治教育本科专业人才的价值判断。思想政治教育本科专业人才培养质量评价是以用人单位、思想政治教育专业本科毕业生（包含应届生和毕业5年内的毕业生）为主要评价主体；以思想政治教育本科专业人才的政治素质、思想道德素质、知识结构、就业质量、工作能力为评价内容的人才培养质量评价。从评价视角来看，以外部评价为视角；从评价内容来看，以思想政治教育本科专业人才培养的结果——质量为内容。之所以这样界定思想政治教育本科专业人才培养质量评价的视角和内容，主要基于对以下几个问题的思考。

第一个问题，为什么要以外部评价为视角研究思想政治教育本科专业人才培养质量。其原因包括以下三个方面。一是我国的高等教育评价工作主要由政府和教育行政部门组织实施，评价的主体也往往是由政府和教育

行政部门组织的专家。这种评价虽然能够使评价主体更好地把握评价对象、评价内容和评价要求等,但是,这种评价方式往往会使评价结果缺乏社会认可度,或是不能实现预期的评价目标。因为培养主体本身就是人才培养的参与者和培养质量的直接受益者,所以,在评价过程中,培养主体通常会站在自身的立场和利益上去评价,这就导致人才培养中的深层次问题、关涉评价主体利益的问题不能有效解决,更无法通过评价使人才培养质量得到实质性的改进。这就需要"探索实行利益攸关方共同参与的开放式评价"[①]"开展由政府、学校、家长及社会各方面参与的教育质量评价活动"[②]。此外,还要"鼓励企业、用人单位开展毕业生就业质量、满意度等评价。提升人才培养和行业需求的吻合度"[③]。

二是我国高等教育评价中有社会参与的评价始于20世纪90年代,但是,社会评价的参与度十分有限,主要表现为:社会评价基本上是由官方和用户委托的评估机构进行评价,让社会大众参与评价的内容较少,这在一定程度上限制了评价的主体和范围,同时也影响了评价结果的客观性。因为无论是由官方评价还是由官方委托的评价机构进行评价,评价都会顾及官方的实际利益和社会影响,通过评价暴露出的问题无法完全公开透明,或者因缺乏社会监督不能有效解决。而社会大众的评价会更加直接、客观,因为社会大众是站在非官方、非利益主体的立场上进行评价,会更为客观地指出问题所在。同时,从提升教育服务经济社会发展的能力来看,思想政治教育本科专业人才培养质量评价不仅要对内,也要充分采纳社会评价,包括用人单位、毕业生、毕业生家长的评价等。

三是积极响应党和国家提出的要求和号召,让思想政治教育本科专业人才培养质量评价更好地适应社会发展。习近平总书记在2021年中央人才工作会议上指出,"必须破除人才培养、使用、评价、服务、支持、激励等方面的体制机制障碍,破除'四唯'现象,向用人主体授权,为人才松绑……人才怎样用好,用人单位最有发言权。当务之急是要根据需要和实

---

① 《国家教育事业发展"十三五"规划》。
② 《国家中长期教育改革和发展规划纲要(2010—2020年)》。
③ 《国家教育事业发展"十三五"规划》。

际向用人主体充分授权,真授、授到位"①。习近平总书记的指示对于思想政治教育本科专业人才培养质量评价的启示是,思想政治教育本科专业人才培养质量接受外部评价是高校办学自主权逐步深化的一种体现,是高校办学质量得到社会充分认可的重要途径。

第二个问题,为什么要把评价对象界定为应届毕业生和毕业5年内的毕业生。其原因包括以下几个方面。一是对应届毕业生的评价基于培养对象经过高等教育的系统培养后获得的学习成果,这个学习成果更多地体现在思想政治素质、知识结构和专业技能的掌握方面。二是对毕业5年内的毕业生进行评价,旨在检验高校培养的人才步入社会、走上工作岗位后,所学知识转化为实践能力的程度和效果。为什么要对作为评价对象的新时代思想政治教育本科专业人才在身份上这样界定,因为人才培养质量的体现需要一个从内在到外在转化的过程,不能简单通过大学生毕业后的就业率判断人才培养质量的高低。因为人才培养质量应更多地体现为所培养的人才在具体工作岗位上表现出的实际能力。孔英等认为,"从高等教育的规律来看,人才培养质量更大程度上体现在毕业生离校后的工作、学习和生活中,时间短则几个月,长则数十年。可以说,通过高等学校的毕业生在大量社会活动中的表现反映出其人才培养质量"②。

另有学者认为,"人才培养目标是对毕业生在毕业后5年左右能够达到的职业和专业成就的总体描述"③。通常来说,毕业生步入社会后,个人的整体素质和能力需要在工作岗位上通过一定的时间、具体的实践来体现,这主要是对所学理论知识的应用,还有非知识性素质(如道德品质)在社会实践、人际交往中的体现。这种来自工作、生活、为人处世等方面的评价在一定程度上就是在评价高校的人才培养质量。此外,这个人才培养质量还包括走上工作岗位后的实践和经验积累。当前,大学生在接受高

---

① 习近平:《深入实施新时代人才强国战略 加快建设世界重要人才中心和创新高地》,《求是》2021年第24期。
② 孔英等主编《高等教育质量保障体系的理论研究与实践——基于辽宁的案例研究》,辽宁教育出版社,2017,第72页。
③ 梅丽等:《基于学习成果的人才培养目标达成度评价方法研究》,《现代商贸工业》2018年第32期。

等教育后也只有通过具体的实践才能体现出高校人才培养质量的高低。同时，从象牙塔到具体工作岗位，大学生需要一个身份转换和适应社会的过程，这个过程因人而异，一部分大学生适应社会的能力较强，会较快展示自己应有的能力；一部分大学生适应社会的能力较慢，展现个人实际能力需要的时间相对较长。但是均衡之后，通常会在毕业5年内体现出个人的基本素质和能力。同时，经过5年左右的实践和锻炼，毕业生能真切地感受到自身在大学期间所学知识的多少和具备的能力大小，对自己曾经接受教育的高校在人才培养质量上有较为客观、理性的认识。此外，我国开展的师范类专业认证，将认证标准中的培养目标内涵解读为：培养目标需延伸到毕业要求，得到毕业要求的有效支撑，并能预期反映毕业生毕业后5年的发展情况。这就是本书要把评价对象界定为毕业生毕业5年内的原因所在。

第三个问题，为什么要以学习成果（即人才培养的结果质量）为评价内容。其原因包括以下几个方面。理论层面，A.阿斯廷认为，高等学校的质量是一个复杂的概念，至少有四种不同的含义：大学的声望等级、可得到的资助、学生成果以及天赋的发展和增值。[①] 其中"学生成果"也就是学习成果。我国学者认为，"当前，这种注重产出的质量管理方式因其'直面学生学习增值，强调教育成效证据'而备受各国关注。我们可以清楚地看到，学生学习成果评估将引领大学教育质量保障范式的变革趋势，并将成为人们研究的热点问题……在高等教育质量强调'产出'绩效和'证据'文化的背景下，学生学习成果评估对于提升大学人才培养质量来说越来越重要"[②]。实践层面，经济合作与发展组织（OECD）2006年在希腊雅典召开的OECD教育部长会议上，正式提出了高等教育学生学习成果评估这一鲜明主题。2008年，在东京举行的教育部长非正式会议上，又集中讨论了高等教育质量评估问题，通过与专家的三轮磋商后，决定由OECD成员国的高等教育专家和行政管理人员着手"高等教育中学习成果

[①] A·阿斯廷：《论高等教育的竞争与合作》，袁惠松译，《上海高教研究》1988年第3期。
[②] 黄海涛：《学生学习成果评估：美国高等教育质量保障研究》，教育科学出版社，2014，第1页。

评估"探索性研究，并研发测评项目"高等教育学习成果评估"。其目标是，开发大学教育成果的标准化测验，并在部门成员国中进行试验。我国随后也关注到美国等国家的学习成果评估，并陆续开展相关研究和实践活动，比如，学生评教、毕业生实习（见习）、毕业论文的撰写和答辩等。

第四个问题，为什么要把就业质量作为人才培养质量评价的内容。其原因包括以下四个方面。一是我国严峻的就业形势要求高校必须提升人才培养质量。当前，高校毕业生就业难的现状日益严峻和突出，主要表现在用人单位选拔人才的标准已经从简单的专业对口提升到人才综合素质的层面，这反映了社会对人才培养质量的新要求。二是就业质量对人才培养质量具有反馈作用。由于社会对人才的需求是根据特定时期经济社会发展水平和行业发展程度确定的，高校人才培养只有满足社会发展需要才能体现办学目标，发挥人才培养的作用。三是就业质量作为社会对高校人才培养的一种"检验"，可以发现在人才培养过程中存在的问题，从而通过解决问题纠正人才培养的方向。四是"思想政治教育专业本科毕业生社会需求趋于饱和，就业难的问题日益凸显……同时，近年来马克思主义理论一级学科硕士点、博士点建设速度加快，每年相同学科的硕士、博士毕业生又进一步挤压了思想政治教育专业本科毕业生的就业市场"[①]。因此，面对新形势，思想政治教育专业本科毕业生的高质量就业，是得到社会对思想政治教育本科专业人才培养质量充分认可的重要体现。

总之，在注重人才所具备的素质和能力方面，关注思想政治教育专业本科人才培养质量，要将视线从高校投入转移到人才的培养结果方面，需要把握以人才培养为中心的质量观的价值取向和现实指向。针对人才培养质量评价而言，依据人才培养理论，评价高校人才培养质量的高低不应只看其硬件投入、师资力量、社会影响力等，而是要看其所提供的资源是否满足所培养人才的成长和全面发展需要，以及所培养的人才在步入社会、走上工作岗位后，是否受到用人单位的欢迎，还有是否获得社会的肯定和充分认可。

[①] 石玉平等：《思想政治教育专业创新型人才培养模式探索与实践》，中国社会科学出版社，2017，第49页。

（四）思想政治教育本科专业人才培养质量评价的指向

结合对思想政治教育本科专业人才培养质量评价的界定，思想政治教育本科专业人才培养质量评价的指向主要包括以下四个方面。一是思想政治教育本科专业人才培养质量评价体现了思想政治教育本科专业开展和落实立德树人根本任务的要求。思想政治教育本科专业人才培养质量评价是落实扎根中国大地培养人才、坚持社会主义办学方向的时代要求，重点突出党的教育方针政策的完成度和实效性。二是思想政治教育本科专业人才培养质量评价旨在回答"为谁培养人、培养什么人、如何培养人"的根本问题，反映思想政治教育本科专业如何把人才培养贯穿于全过程，实现全程、全方位育人。三是思想政治教育本科专业人才培养质量评价在一定程度上体现了思想政治教育本科专业对教育规律、人才培养规律和人才成长规律的遵循。四是伴随我国经济社会发展从高速度向高质量的转变，现实要求思想政治教育本科专业人才培养由追求数量向提升人才培养质量转变。评价作为提升人才培养质量的重要手段，开展思想政治教育本科专业人才培养质量评价的理论研究与实践探索十分重要。

第二节　马克思主义关于人才培养质量评价的理论

人才培养质量评价既是一个理论命题，又是一个实践命题。因此，思想政治教育本科专业人才培养质量评价既需要理论的不断丰富，又需要有科学的理论对具体的实践进行指导。马克思、恩格斯和中国共产党领导集体提出的人才培养质量评价的相关理论是思想政治教育本科专业人才培养质量评价的指导思想。教育评价理论、教育需求与供给理论、全面质量管理理论为思想政治教育本科专业人才培养质量评价提供了必要的评价理论和评价方法，也为本书提供了理论指导，并成为本书研究的重要理论基础。

一　马克思主义经典作家提出的人才培养质量评价的相关理论

马克思主义经典作家在理论创作和具体实践中提出了人才培养质量评价的相关理论，包括社会存在与社会意识的理论、人的全面发展理论、实践是检验真理的唯一标准等。系统把握马克思主义经典作家提出的人才培养质量评价的相关理论是夯实思想政治教育本科专业人才培养质量评价理论根基的必然要求。

（一）关于人才培养质量评价必要性的理论：社会存在与社会意识的理论

首先，社会存在是指社会物质生活条件的总和，也指人类生存和发展的物质生活条件。社会意识是对社会存在的反映，包括人的意识要素、观念形态以及人类的全部精神现象。其次，社会意识对社会存在具有反作用，具体是指，意识所具有的能动性可以帮助人们更好地认识世界和改造世界。最后，社会意识具有独立性，社会意识的变化有时会落后于社会存在，有时也会先进于社会存在。社会存在与社会意识的理论，对新时代思想政治教育本科专业人才培养质量评价研究具有重要的指导意义。

第一，社会存在决定社会意识诠释了新时代思想政治教育本科专业人才培养质量评价产生的根源。新时代思想政治教育本科专业人才培养质量评价不是无中生有的，而是源于思想政治教育本科专业30多年来的不断发展和具体实践，是对新时代思想政治教育本科专业人才培养的一种客观反映。众所周知，思想政治教育本科专业承担着培养思想政治教育学科教学、科研人才和思想政治工作专门人才重任的同时，又肩负着为马克思主义理论一级学科输送研究生生源的任务，其"双肩挑"的角色任重而道远。面对国内经济社会的迅速发展和全球化的挑战，思想政治教育本科专业要不断适应新形势，这必将是机遇和挑战的博弈。党的十八大以来，在思想政治教育专业"初心"和"使命"的召唤下，思想政治教育本科专业人才培养现状如何、呈现什么样的特点、取得了什么成绩以及存在哪些问题等，都是新时代对思想政治教育本科专业提出的新要求、新任务。第二，社会意识对社会存在具有反作用，科学诠释了思想政治教育本科专业人才培养质量评价具有重要的社会促进作用。在新时代，要善于挖掘评价在提升人才培养质量中的作用。思想政治教育本科专业人才培养质量评价也是我国人才培养质量评价的重要组成部分，体现了对思想政治教育本科专业人才能够更好成长、成才的关爱和期望。

（二）关于人才培养质量评价目标的理论：人的全面发展理论

首先，马克思、恩格斯作为无产阶级革命运动的伟大导师，他们所创立的理论都是以"人"为中心的。马克思、恩格斯在《共产党宣言》中指出，作为人类理想的共产主义社会"将是这样一个联合体，在那里，每个人的自由发展是一切人的自由发展的条件"[1]。在《资本论》中，马克思批判了资本主义社会对人性的压抑，并提出全社会成员要把人从对物的依赖中解放出来，真正实现全面而自由的发展，因为每个人的自由和全面发展是一切社会发展的最终目的。马克思认为，就现实的个人而言，人的全面发展包含人的劳动、人的能力、人的社会关系、人的自由个性和人的需要的全面发展，其中以人的能力的全面发展为核心。就人的本质属性而言，人的全面发展包含人的社会属性和社会关系、社会性需要和精神需要、社会素质和能力素质的全面发展。思想政治教育本科专业人才培养质量评价旨在通过提升思想政治教育本科专业人才培养质量，为思想政治教育本科专业人才创造更多的、有利于个人发展的平台和机会。同时，思想政治教育本科专业人才有了更多的发展平台和机会，就会更好地实现自身的全面发展。

其次，人的发展与社会发展相互促进。思想政治教育本科专业人才作为今后开展思想政治工作的重要力量，其肩负的责任和使命，要求思想政治教育本科专业人才，必须以更加全面的能力和过硬的素质投入全面建设社会主义现代化和实现中华民族伟大复兴的具体实践中。各级教育行政部门、高校要从思想政治教育本科专业人才的思想政治素质、专业知识、专业技能、实践能力、创新能力等方面入手，努力提升其能力和素质，帮助思想政治教育本科专业人才实现全面发展。思想政治教育本科专业人才培

---

[1] 《马克思恩格斯选集》（第1卷），人民出版社，2012，第422页。

养质量评价就是在我国社会主要矛盾转化后，经济社会高质量发展对思想政治教育本科专业人才培养质量提出的新要求、新任务。同时，思想政治教育本科专业人才培养质量的提升，既是满足人民日益增长的美好生活需要在思想政治教育本科专业人才培养质量提升中的客观反映和具体体现，也是协调我国各地区思想政治教育本科专业人才培养不平衡不充分的发展之间的矛盾，在思想政治教育本科专业人才培养质量中的一种反映和体现。

综上所述，马克思主义经典作家提出的人才培养质量评价的相关理论是较为丰富的，这为思想政治教育专业本科人才培养质量评价奠定了坚实的理论基础，提供了积极的启迪，即在为何要开展人才培养质量评价上要立足现实，做到一切从实际出发。同时，探究马克思主义经典作家的人才培养质量评价观，对于我们开展思想政治教育本科专业人才培养质量评价实践具有重要的指导意义。

二 中国共产党领导集体提出的人才培养质量评价的相关理论

中国共产党领导集体在领导中国人民进行革命、建设、改革和社会主义现代化建设过程中提出了人才培养质量评价的相关理论，并且在不同时期和背景下，中国共产党领导集体提出的人才培养质量评价的相关理论呈现不同的时代特点。把握中国共产党领导集体提出的人才培养质量评价的相关理论，对于推进思想政治教育本科专业人才培养质量评价研究、构建具有中国特色的思想政治教育本科专业人才培养质量评价体系、助推思想政治教育本科专业人才培养质量评价的创新发展等具有重要的意义。

（一）毛泽东提出的人才培养质量评价的相关理论

毛泽东创作的系列经典著作中，蕴含着人才培养质量评价的相关理论。关于人才培养质量评价目标，毛泽东认为，人才的培养是要唤醒群众的主体意识，宣传党的政治主张、根本宗旨，然后动员一切力量参加革命事业。毛泽东指出，在革命年代，红军宣传工作的任务就是扩大政治影响，争取广大群众。在和平年代，毛泽东在论述红与专、政治与业务的辩证关系时，提出了对培养又红又专的一代新人的价值判断，要求政治家要懂业务，经济家和技术家要懂政治。关于人才培养质量评价标准，毛泽东认为，"我们的教育方针，应该使受教育者在德育、智育、体育几个方面都得到发展，成为有社会主义觉悟的有文化的劳动者"①。关于人才培养质量评价方法，毛泽东一是注重讨论辨别的评价法，在《中共中央军事委员会关于整理抗大问题的指示》中提出，"用适当的方式组织学生中的思想上的争论和辩论"②。二是强调榜样标准参照评价法，榜样的力量是无穷的，张思德、白求恩、雷锋、焦裕禄等是毛泽东树立的榜样。三是既要读有字之书，又要读无字之书的社会实践评价法，毛泽东十分重视社会实践，强调理论要联系实际，认为亲自实践才能获得真知。

（二）邓小平提出的人才培养质量评价的相关理论

邓小平理论中蕴含着一些有关人才培养质量评价的理论。关于人才培养质量评价目标，邓小平提出了"三个面向"和"四有新人"的评价标准，即教育要面向现代化、面向世界、面向未来，培养有理想、有文化、有道德、有纪律的社会主义新人。"三个面向"和"四有新人"既是社会主义精神文明建设的根本任务，也是思想政治教育本科专业人才培养的要求和目标。1985年，邓小平在全国科技工作会议上强调，加强物质文明和精神文明建设的统一，就要坚持"五讲四美三热爱"的标准。"五讲四美三热爱"和"四有新人"成为当时提高人民群众道德水平，促进社会主义精神文明建设的评价导向。关于人才培养质量评价标准，邓小平在1978年全国教育大会上提出，"我们的学校是为社会主义建设培养人才的地方。培养人才有没有质量标准？有的"。③ 关于人才培养质量评价方法，邓小平坚持"实践是检验真理的唯一标准"的实践法，他强调，一切从实际出发是最根本的思想方法和工作方法。

（三）江泽民提出的人才培养质量评价的相关理论

江泽民的相关著作和讲话中蕴含着人才培养质量评价的理论。针对人才培养质量评价，江泽民提出了不同的目标和要求。对广大干部，他要求

---

① 人民教育出版社编《毛泽东论教育》，人民教育出版社，2008，第272页。
② 人民教育出版社编《毛泽东论教育》，人民教育出版社，2008，第76页。
③ 中共中央文献研究室编《邓小平论教育》，人民教育出版社，1995，第65页。

"讲政治、讲学习、讲正气";对大学生,他要求以"四个统一"和"五点希望"为追求目标。1998年5月4日,在北京大学建校一百周年庆典大会上,江泽民对当代大学生提出了坚持学习科学文化与加强思想修养的统一,坚持学习书本知识与投身社会实践的统一,坚持实现自身价值与服务祖国人民的统一,坚持树立远大理想与进行艰苦奋斗的统一的成才目标。[①] 2001年4月29日,在庆祝清华大学建校九十周年大会上,江泽民对当代大学生又提出了"五点希望",即希望大学生成为理想远大、热爱祖国的人,成为追求真理、勇于创新的人,成为德才兼备、全面发展的人,成为视野开阔、胸怀宽广的人,成为知行统一、脚踏实地的人。[②] 关于人才培养质量评价的内容,江泽民提出,要培养有理想、有道德、有文化、有纪律的"四有"公民。关于人才培养质量评价的方法,江泽民强调,"互联网已经成为思想政治工作的一个新的重要阵地……我们要研究其特点,采取有力措施应对这种挑战"[③]。这意味着,在人才培养质量评价中要学会借助互联网的优势发挥评价的作用、提升评价的效果。

(四) 胡锦涛提出的人才培养质量评价的相关理论

胡锦涛提出的科学发展观蕴含了人才培养质量评价的理论。科学发展观强调以人为本,要求促进人的全面发展。关于人才培养质量评价价值,胡锦涛认为,培养什么人、如何培养人,这是我们必须解决好的根本问题。当代大学生是国家宝贵的人才资源,是中国特色社会主义事业的建设者和接班人,培养具有高尚品质、具备现代化建设本领的优秀人才,具有十分重要的意义。关于人才培养质量评价目标,胡锦涛认为,评价我国高校办得怎么样?质量怎么样?首先要看培养出来的大学生是不是合格,特别是大学生的思想政治素质是不是合格。胡锦涛强调,在大学生德、智、体、美全面素质教育中,要坚持育人为本、德育为先,教育的根本任务是要立德树人。同时强调,"要从赢得青年、赢得未来的高度,抓好大学生

[①] 江泽民:《在庆祝北京大学建校一百周年大会上的讲话》,《人民日报》1998年5月4日。

[②] 江泽民:《在庆祝清华大学建校九十周年大会上的讲话》,《人民日报》2001年4月29日。

[③] 《江泽民文选》(第3卷),人民出版社,2006,第94页。

的理论学习,深入推进马克思主义中国化最新成果进教材、进课堂、进头脑,让青年知识分子了解和相信党的理论,在广大青年中培养一大批坚定的马克思主义者"①。2007 年"五四"青年节,胡锦涛提出了"四个新一代"的成才标准,鼓励青年成为"理想远大、信念坚定的新一代";在道德意志方面鼓励青年成为"品德高尚、意志顽强的新一代";在知识视野方面鼓励青年成为"视野开阔、知识丰富的新一代";在态度作风方面鼓励青年成为"开拓进取、艰苦创业的新一代"。

(五) 习近平提出的人才培养质量评价的相关理论

习近平新时代中国特色社会主义思想中蕴含着丰富的人才培养质量评价的理论。党的十八大以来,习近平总书记在高校师生座谈会等会议上多次提到人才培养质量评价问题。关于人才培养质量评价的标准,习近平总书记在 2018 年全国教育大会上强调,"把培养社会主义建设者和接班人作为根本任务,培养一代又一代拥护中国共产党领导和我国社会主义制度、立志为中国特色社会主义奋斗终身的有用人才"②。在 2018 年北京大学师生座谈会上提出,培养人才的标准"就是培养社会发展、知识积累、文化传承、国家存续、制度运行所要求的人"③。关于人才培养质量评价的重要性,习近平总书记在 2021 年中央人才工作会议上指出:"必须破除人才培养、使用、评价、服务、支持、激励等方面的体制机制障碍,破除'四唯'现象,向用人主体授权,为人才松绑。"④ 习近平总书记强调:"实现中华民族伟大复兴是一项光荣而艰巨的事业,需要一代又一代中国人共同为之努力。"⑤ 这里的一代又一代中国人既指所有中华儿女,也指国家培养的人才。其中"为之努力"就是为了实现中华民族伟大复兴而努力。这是从侧面对所要培养人才提出的希望,更是对人才培养质量的评价。习近平

---

① 《胡锦涛文选》(第 2 卷),人民出版社,2016,第 529 页。
② 《培养德智体美劳全面发展的社会主义建设者和接班人》,《人民日报》2018 年 9 月 29 日。
③ 习近平:《在北京大学师生座谈会上的讲话》,人民出版社,2018,第 5 页。
④ 习近平:《深入实施新时代人才强国战略 加快建设世界重要人才中心和创新高地》,《求是》2021 年第 24 期。
⑤ 《承前启后继往开来 继续朝着中华民族伟大复兴目标奋勇前进》,《人民日报》2012 年 11 月 30 日。

总书记提出的人才培养质量评价的相关理论,进一步深化了中国共产党对人才培养质量评价的认识和把握,定义了思想政治教育专业本科人才培养质量评价的目标,强调了思想政治教育专业本科人才培养质量评价的重要性,更为思想政治教育专业本科人才培养质量评价指明了方向,提供了根本遵循。

综上所述,中国共产党领导集体虽然没有针对人才培养质量评价这个具体问题进行阐述,但在相关著作和讲话中蕴含着人才培养质量评价的内容和思想。新中国成立以来,我国在人才培养中取得的成绩、积累的经验和做法,都凝结着中国共产党领导集体的智慧。因为在不同历史时期,会不同程度地反映出评价人才培养质量的建议,这为思想政治教育专业本科人才培养质量评价起到了思想指引作用,奠定了理论基础。

第三节 人才培养质量评价的相关理论

关于人才培养质量评价的研究,目前,虽然在思想政治教育学科中的研究成果不多,但是在教育学、管理学等学科中,已形成了较为丰富的成果。这些学科中蕴含的有关人才培养质量评价的理论方法,可以充分吸收和运用到思想政治教育本科专业人才培养质量评价之中。这既符合思想政治教育专业成长、发展的规律,也是现代高等教育学科实现创新发展的趋势和要求。

一 教育评价理论

"教育评价不但能检查教育结果,即学生学习质量和发展水平,而且能考察整个教育过程的其他方面。"[①] 思想政治教育本科专业人才培养质量评价注重学习成果评价,教育评价理论对思想政治教育本科专业人才培养质量评价能够起到理论指导的作用。教育评价理论起源于西方,美国在教育评价理论研究上取得了丰硕的成果。20世纪30~40年代,美国著名学者泰勒在"八年研究"中首次提出了以教育目标为核心的教育评价理论。他

---

① 吴钢:《现代教育评价教程》(第2版),北京大学出版社,2015,第4页。

认为，教育评价首先必须分析教育活动应达到的目标，并把这个目标作为标准来评价教育的效果，以引导教育活动向理想的目标靠近。目前，西方学者将教育评价理论划分为"四代教育评价理论"。

第一代教育评价理论产生于评价测验时期。1923 年，美国开始应用"斯坦福成绩测验"监测学校教育和教育测验等，这种测量使用李克特量表，通过设置不同程度的答案让学生做出相应选择。第二代教育评价理论产生于评价描述时期。1933～1940 年，美国为了建立适合中学生成长和继续升学的课程方案开展了"八年研究"。泰勒认为，教育评价可以分为四个步骤，第一步是确定教育目标，第二步是设计评价内容，第三步是选择和编制评价工具，第四步是分析评价结果。需要指出的是，分析评价结果就是要按照既定的目标来分析学生达到的程度。[1] 可见，评价不只是测量，更重要的是通过评价努力接近目标的过程。因为在描述的过程中，最重要的是能够发现问题，并针对问题改进教育方案，进而促进教育质量的发展。第三代教育评价理论除了描述，还对教育教学方法的优点和价值进行了判断，主要评价模式有决策模式、CIPP 模式和目标游离模式。美国教育评价专家斯塔弗尔比姆在决策模式的基础上提出了一种新的评价模式——CIPP 模式，他认为，评价最重要的目的不在于证明，而在于改进；评价是一个提供信息的过程，这个过程分为四个阶段，即背景、输入、过程、成果。美国教育学家斯克里文针对泰勒模式提出了目标游离模式，他认为，教育活动的效应分为预期效应和非预期效应，评价者应该注意的是课程计划的非预期效应，而不是预期效应。第四代教育评价理论由美国学者古巴、林肯等创立，主要内容包括回应、建构、协商。回应是第四代教育评价理论的起点，回应的内容包括主张、焦虑和争议。建构是第四代教育评价理论的本质，认为评价活动是一个共同建构的过程。协商是第四代教育评价理论的方法，认为评价需要相关者通过交流、学习和听取不同的意见，协调分歧、缩小差距，最终达成一致的评价结果。

---

[1] 瞿葆奎主编《教育评价》，人民教育出版社，1988，第 257 页。

二 教育需求与供给理论

教育需求与供给理论是研究教育的必不可少的重要理论。按需求主体划分，教育需求包括教育社会需求和教育个人（家庭）需求两大类。教育社会需求是指，在一定时期内国民经济各部门以及社会各方面对各类专门人才和受过一定教育的劳动者的数量、质量和结构等方面的要求。教育个人（家庭）需求是指，个人（家庭）为满足某种精神和物质需要，对接受各级各类教育的一种要求。通常来说，教育社会需求由一定社会的科技和经济发展水平、规模、速度等决定，反映社会经济发展对人才培养的客观需要。相关研究表明，教育个人（家庭）需求会受到个人精神充实的欲望、就业与收入的选择等因素的影响。教育供给是指，在一定的社会历史条件下培养能够满足社会所需要的各种劳动力和专业人才，体现为在一定时期内由一国或某一地区各级各类教育机构提供给受教育者的机会。通常来说，教育供给有狭义和广义之分，狭义的教育供给是指正规教育机构（诸如普通大、中、小学等）提供的教育机会。广义的教育供给除正规教育机构外，还包括非正规教育机构所提供的教育机会，例如成人教育、各类培训和学习等。教育资源的有限性和教育需求的无限性现象的普遍存在，往往会导致教育供给与教育需求之间产生矛盾。同时，教育供给与教育需求之间的矛盾又是客观的、普遍存在的，并且正是因为这种矛盾的存在，所以才不断推动教育向前发展。但是，当这种矛盾无法调和和控制时，就会影响社会和教育的发展趋势。在高等教育阶段，这种矛盾具体表现为：在科技不断进步的条件下，对高等教育的需求往往变化较快，但高等教育受到自身发展规律的限制，大学生难以及时掌握社会和受众对高等教育的实际需求，从而使高等教育供给和需求之间产生一定的矛盾。如果把思想政治教育本科专业人才培养看作教育供给，把社会对人才的需求和人才想要得到的发展看作教育需求，通过评价思想政治教育本科专业人才培养质量，不断推动教育供给满足教育需求，从而培养出更多满足社会需要和得到社会更多认可的高素质人才。

三 全面质量管理理论

全面质量管理是指一个组织以质量为中心，以全员参与为基础，建立科学、严密、高效的质量体系，从而提供满足用户需要的产品或服务的活动。全面质量管理理论的核心内容有四个方面。一是为用户服务。为用户服务的根本目的在于提高产品的质量。思想政治教育本科专业人才培养质量评价的目的，在于着力提高思想政治教育本科专业人才培养质量，使思想政治教育本科专业更好地为经济社会发展和个人成长成才服务。因此，将这一观点放在思想政治教育本科专业人才培养质量评价中是合理的。二是全面管理。全面管理是指，对企业所有人员以及企业运行的全过程进行全面综合的管理。对思想政治教育本科专业人才培养质量而言，就是对思想政治教育本科专业人才的整个培养过程进行全面的管理与监督。这就要求思想政治教育本科专业人才培养质量评价要重新审视现有评价中存在的短板，使用人单位和培养对象都参与评价，并从培养结果的视角对人才培养的整个过程进行监管，促使学校结合社会用人单位、毕业生等评价反馈，逐步改进人才培养质量评价中存在的问题。三是以预防为主。以预防为主是指，通过对产品的质量进行前期把握，达到预防的目的。针对思想政治教育本科专业人才培养质量，需要对高校人才培养正式开始之前的招生质量进行严格把关，做到从源头上选择高质量的生源，然后通过提高培养的技术和水平，做到内外结合、主客观共同发力，从而实现提升思想政治教育本科专业人才培养质量的目的。四是用数据说话。用数据说话是指，科学有效的质量管理必须以数据为支撑。在对相关数据进行分析、整理的过程中，要及时发现问题，并根据存在的问题采取相应的解决措施。因此，对思想政治教育本科专业人才培养质量进行评价时，要注重将有关大数据的方法正确、合理的应用于评价之中，起到为教育行政部门、社会、高校、用人单位和所培养人才之间建立更加便捷的交流、反馈平台的作用，获得更多的、有价值的关于人才培养质量评价的信息、数据等，从而更好地对思想政治教育本科专业人才培养质量进行及时、有效的跟踪和监控。

通过对教育评价理论、教育需求与供给理论和全面质量管理理论的梳理，从中可以发现和挖掘有益于人才培养质量评价的相关理论。这对于丰富和完善人才培养质量评价的基本理论，夯实人才培养质量评价的理论基础，指导人才培养质量评价的实践发展具有积极的作用。同时，在了解和掌握其他学科有关人才培养质量评价的相关理论时，要做到同人才、人才培养、人才培养质量等内容的有机结合，从而在立足人才培养质量评价基本内容、要求的基础上，实现学科间的互补和共同发展。

第三章　思想政治教育本科专业人才培养质量及其评价的基本内容

第一节　思想政治教育本科专业的发展现状及新使命

进入新时代后，我国思想政治教育本科专业呈现新的发展趋向，主要表现为：在党和国家的高度重视下，开办思想政治教育专业的高校数量不断增长、开办思想政治教育专业高校的办学层次不断提升。思想政治教育专业在依托新时代马克思主义学院建设过程中，不论是在学科建设，还是在人才支撑上，都得到了突飞猛进的发展。面对新时代提出的新要求，思想政治教育本科专业作为思想政治教育专业的基础，将肩负越来越多的新任务、新使命。为此，这就需要在认识思想政治教育专业理论特点、实践特点、知识特点、时代特点的基础上，通过梳理和认识思想政治教育本科专业发展的现状，进一步认清思想政治教育本科专业肩负的新使命。

一　思想政治教育专业的特点

众所周知，思想政治教育专业是一门极具中国特色的高等教育专业。"专业特色是高等教育多样化的具体体现，知识的丰富性，以及社会发展的区域化特征构成了专业特色的源泉。"[1] 思想政治教育专业作为培养开展

---

[1] 何琼：《专业·专业目标·专业特色与专业建设》，《赣南师范学院学报》2006年第5期。

思想政治教育工作专门人才的一门高等教育专业，具有高等教育专业的一般功能和属性，即思想政治教育专业是培养该专业本科、硕士、博士人才的载体和平台。同时，思想政治教育专业是以马克思主义理论为指导，主要研究人的思想意识形成、发展规律和如何实施思想政治教育的一门学科，具有很强的理论特点、实践特点、知识特点和时代特点。

（一）思想政治教育专业的理论特点

思想政治教育专业在发展、演变的过程中，依托相关学科形成了满足自身需要的理论特点。一是思想政治教育专业有深厚的理论支撑。1993年，国家教委下发的《关于高等学校思想政治教育专业办学的意见》指出，思想政治教育学是以马克思主义理论为基础的，研究人的思想意识产生、发展规律和践行思想政治教育规律的实践性学科，具有较强的思想性、政治性、综合性和实践性。同时，该意见还明确提出，作为哲学社会科学研究的重要组成部分的思想政治教育学科（专业），要以中国特色社会主义理论为指导，运用马克思主义的理论和方法，理论结合实际，探究社会主义现代化建设和改革开放中的重大理论问题和实际问题。2005年，国务院学位委员会下发的《关于调整增设马克思主义理论一级学科及所属二级学科的通知》指出，思想政治教育是坚持马克思主义立场，运用马克思主义观点和方法，探索人们思想品德的养成、发展和思想政治教育规律，培养人们科学的价值观、人生观和世界观的学科。因此，"马克思主义是思想政治教育学的理论基础，是其建立和发展的根本条件，更是突出和把握这门学科特色的法宝"[①]。这就要求思想政治教育专业在人才培养中要进行深入的理论研究，特别是要加强对主流意识形态、人的思想政治素质的生成和发展的理论研究等。二是思想政治教育专业呈现一定的杂糅性。思想政治教育专业设置于20世纪80年代，其建立基础是新中国成立后设立的政治教育专业。从思想政治教育专业的名称来看，该专业主要关注人的思想道德、政治素质等，并且是通过教育的路径达成目标和实现目的。因此，为了实现思想政治教育学科建设，思想政治教育专业在人才

---

① 李月玲、张莉：《思想政治教育学科定位再审视》，《安徽工业大学学报》（社会科学版）2010年第4期。

培养、服务国家建设和发展等方面的目标，就要综合运用政治学、教育学、心理学、管理学等学科知识，实现从理论上充实、丰富思想政治教育专业的内涵，并使其成为极具中国特色的一门高等教育专业。这就使得思想政治教育专业成为吸收、借鉴了政治学、教育学、心理学、管理学等学科精髓的一门高等教育专业。

（二）思想政治教育专业的实践特点

思想政治教育专业不仅具有丰厚的理论特点，而且具有鲜明的实践特点。思想政治教育专业的实践特点体现为："将思想政治教育方法和规律应用于现实生活中的具体人，以达到思想政治教育的应有效果。因此，该专业是强调理论联系实际的，是一门实实在在的应用性学科。思想政治教育要走到生活中去，深入人群中去，才能在社会生活实践中获得真知。"[①]从思想政治教育专业人才培养的角度来看，高校思想政治教育专业教师不仅要对受教育者进行理论教育，还要通过各种实践活动让受教育者接受实践教育。同时，作为该专业师范类方向的学生还要到学校去实习，到实践中去检验学习效果，从而更好地掌握开展思想政治教育工作的基本技能。作为思想政治教育专业非师范类方向的学生，要到企事业单位去实习和锻炼，达到提升自身思想政治工作能力和水平的目的。此外，随着经济全球化的不断深入，各种社会思潮、非主流思想泛滥，思想政治工作者在做好理论宣传的同时，还要深入人们的实际生活中，为人民群众解决现实存在的问题和困惑，帮助人民群众摆脱思想认识上的束缚和羁绊。从而让人民群众更深刻地认识思想政治教育的重要性，让思想政治教育专业人才在全社会得到充分认可和展示自我的更多平台，也让思想政治教育专业得到全社会更多的关注和重视，并得到更好、更快的建设和发展。下面通过具有代表性的高校的思想政治教育（师范）本科专业人才毕业要求指标点分解表，来更加直观地认识思想政治教育专业的实践特点。以 QH 大学马克思

---

① 石玉平等：《思想政治教育专业创新型人才培养模式探索与实践》，中国社会科学出版社，2017，第 9~10 页。

主义学院①为例，具体来看该校2021级思想政治教育（师范）本科专业人才毕业要求指标点分解表（见表3-1）。

表3-1　QH大学2021级思想政治教育（师范）本科专业人才毕业要求指标点分解

1. 具有良好的思想政治素质和师德师风素养。较好熟悉和领悟习近平新时代中国特色社会主义思想，具备过硬的思想政治素质。熟悉党的教育方针、教育法规和教师职业道德规范。能够以立德树人为己任，树立依法执教的意识，具备中等教育实践所必须的职业操守、价值观和心理素质	1-1 通过政治理论学习和"思政"课程，能够坚定"四个自信"，增强"四个意识"，践行社会主义核心价值观，掌握习近平新时代中国特色社会主义思想
	1-2 通过对党和国家有关基础教育的政策、法规的学习，熟悉教师职业道德规范，能够以立德树人为己任，树立依法执教的理念。尊重中学生的人格和权益，遵循教育工作者的行为准则
	1-3 通过师德养成教育书目阅读、思想政治教育专业课程学习和实践锻炼，具备中等教育所必须的职业操守，养成良好的心理素质，树立正确的育人价值观，能够以"四有好老师"标准严格要求自己
2. 热爱教育事业。具有基本的人文底蕴和科学精神，热爱教育事业，热爱中学思想政治课教学，树立先进的中学思想政治课程教育理念，遵循教育规律，尊重学生人格，对独立完成中学思想政治课程教育教学有一定的自信，愿做学生全面发展的引路人	2-1 通过教育理论学习、各类教育见习和实习以及有关的职业生活体验，能够清晰认识和认同教师职业，并热爱中学思想政治课教学，对独立完成中学思想政治课程教育教学有一定的自信
	2-2 通过教育理论学习和思想政治课程教学实践体验，树立先进的教育理念，并学会尊重学生人格，对学生有耐心、有爱心和责任心
	2-3 通过各类通识教育，拥有自身积极的情感、端正的态度和正确的价值观，从而能够引导中学生树立积极、健康、正确的价值观
3. 具备较好的马克思主义理论学科和教育学科素养。能够掌握现代教育理论和教育技术。较好掌握马克思主义理论和思想政治教育、法学、政治学与教育学等学科所必须的基本理论、基本知识、基本技能与方法并形成体系。具有运用马克思主义的立场、观点和方法分析和解决有关问题的能力，较强的理论宣传和实际工作能力以及从事马克思主义理论研究的能力。初步掌握基于核心素养的中学思想政治课指导方法和策略	3-1 通过思想政治教育专业课程的学习，初步掌握马克思主义理论和思想政治教育、法学、政治学与教育学等学科所必须的基本理论、基本知识、基本技能与方法并形成体系。具有运用马克思主义的立场、观点和方法分析和解决有关问题的能力，较强的理论宣传和实际工作能力以及从事马克思主义理论研究的能力
	3-2 通过教育学、心理学、马克思主义理论等主干学科课程的学习，基本掌握现代教育理论和教育技术，能够运用相关理论技术分析和解决问题
	3-3 通过学习中学教师教育课程，能够掌握中学思想政治教育教学的基本知识，理解并认同政治核心素养的重要性
	3-4 通过专业课程学习和中学思想政治课教学设计等，基本具有将学科知识进行整合的意识及能力，能够掌握指导中学思想政治课学习的方法和策略

---

① QH大学是西部地区综合性省属重点大学，是教育部"卓越教师培养项目单位"、教育部"深化创新创业教育改革示范高校"。

续表

4. 具有较强的教学能力。较好具备中学思想政治课程的综合教学能力，特别是具有较强的教师教学技能。能够从中学思想政治课程标准出发，以学生为中心，通过将丰富的课堂教学与实践教学结合，培养学生具备从事教育教学及相关科研工作的能力，教育引导学生树立正确的世界观、人生观和价值观	4-1 通过教学理论、教学设计、教师专业能力实践训练以及实习实践，掌握基本教学技能，特别是良好的教学设计、课堂教学实施、教学评价、班级管理等技能
	4-2 熟悉最新的中学思想政治课程标准，具有开展完整教学活动的能力，并通过教学实践促进学生学习和发展
	4-3 通过思想政治教育专业课程学习和实践，能够系统地设计课程教学方案，有效开展教学活动，并能够实施教学评价
5. 具备信息技术与课程融合的能力。掌握运用数字化和网络教学设备进行编辑和制作教学媒体和课件的能力，并具备信息化应用能力	5-1 通过计算机基础、信息化教学、信息化教学环境应用等课程的学习，初步掌握应用现代信息技术手段优化课堂教学的方法和技能
	5-2 通过多媒体课件制作、信息化教学等教师专业实践能力训练、中学思想政治课程"微格"教学实践，具有借助信息技术开展教学活动的能力
6. 具有班级管理和综合育人的能力。掌握教育心理学的基本理论和中学德育原理与方法。掌握中学班级工作要点，具备良好的沟通技能和心理辅导能力。树立思想政治教育、品德素质教育、科学素质养成、学业发展指导的全方位育人意识	6-1 通过学习中学生学习发展及教育规律，了解中学生学习与成长特点及教育需求，树立德育为先的理念
	6-2 通过班级管理与班主任工作课程学习，掌握管理班级的规律和方法。通过班级管理训练，具有良好的活动组织能力、语言表达能力、沟通合作能力、处理突发事件的应变能力等
	6-3 通过班主任实习，初步掌握促进中学生健康成长和提高学习效果的策略方法。包括心理健康教育指导方法、学业发展指导方法、综合素质评价方法等
	6-4 树立全程育人和立体育人的意识。能够在日常学科教学中有意识地进行品德养成教育。积极参与组织主题教育和课外活动
7. 具备自主学习和团队合作解决问题能力。具有自我管理能力。能够制定个人发展规划，养成制订学习计划并开展自主学习的习惯，树立终身学习的信念。善于交流沟通，通过课程内容和项目体验等，开展互助学习和团队协作，掌握合作沟通交流的技能，树立团队意识	7-1 了解基础教育改革的趋势以及对教师提出的新要求，了解中学思想政治课教师专业发展的目标和方向。能够结合实际，制定自身学习和专业发展规划
	7-2 树立终身学习的意识。通过读书、文献阅读、SPOC 课程、"慕课"等，养成自主学习的习惯。能紧跟马克思主义理论学科和教育理念的发展，不断提升教学水平
	7-3 在课程内容、项目体验、教育实习和教研活动中，能够与项目组或课程组和同行进行有效合作，懂得分享学习心得

续表

8. 具备国际视野和沟通反思研究的能力。具有良好的外语听说读写能力和国际在线学习与交流能力。具有了解国内外教育改革发展的趋势和借鉴先进教育理念的能力。善于在学习和教学中进行自主反思和归纳总结，善于尝试先进教学理念，善于掌握教育教学的新技能和新方法，并具备开展中学思想政治教育教学改革的研究和创新能力。	8-1 英文达到大学毕业规定的评测成绩。通过专业双语课程、英文科技文献导读等课程学习，能够自主查阅外文文献，能够熟练利用外语进行沟通交流
	8-2 通过参加各类讲座，了解国内外教育改革发展的趋势，能够借鉴国际先进教育理念和经验开展教育教学实践
	8-3 通过各类教学技能竞赛和实践作业促进创新意识。通过各类教学实训、比赛、教学设计作业提升自身的教学能力以及在教学方法、学生指导、学科理解等方面不断反思总结的能力
	8-4 通过专业和教育课程学习和毕业论文（设计），初步具有一定的教育教学研究能力。掌握教育实践研究的方法和指导学生进行创新的能力

从表3-1可见，QH大学思想政治教育本科专业对所培养的2021级（师范）人才的实践要求，主要体现为：一是在职业操守、价值观和心理素质方面提出了要求；二是通过教学实践体验，要树立先进的教育理念；三是强调在实践中能够运用相关理论技术分析和解决问题；四是能够将实践的收获反馈到教学及教学评价之中；五是注重在实践中提升组织能力、语言表达能力、沟通合作能力等；六是通过各类教学实训、比赛、教学设计等实践活动提升2021级思想政治教育（师范）本科专业人才的教学能力。QH大学2021级思想政治教育（师范）本科专业人才毕业要求指标点分解表虽然是某一高校针对某个年级思想政治教育（师范）本科专业人才提出的有关毕业要求的具体指标点，但在一定程度上可以反映出思想政治教育专业的主要实践特点。

（三）思想政治教育专业的知识特点

思想政治教育专业的知识体系具有一定的独特性，这个独特性同人才培养紧密联系。下面通过介绍某高校思想政治教育本科专业师范和非师范两个培养方向的课程设置，来具体认识思想政治教育专业的知识特色。以SX大学马克思主义学院①为例，具体来看该校2019级思想政治教育（非师范、师范）本科专业的课程类别和课程设置（见表3-2、表3-3、

---

① SX大学是国家一流学科建设高校，其马克思主义学院入选全国重点马克思主义学院。

表 3-4、表 3-5)①。

表 3-2　SX 大学 2019 级思想政治教育（非师范）本科专业的课程类别、学分及比例

单位：分，%

课程类别		学分及比例			
		学分	小计	占总学分比例	小计
通识教育模块	通识教育必修课	24	32	16.44	21.92
	通识教育选修课	8		5.48	
学科基础模块	相关学科基础课	11	29	7.53	19.86
	本学科基础课	18		12.33	
专业课程模块	专业核心课程	38	60	26.03	41.10
	专业方向课程	16		10.96	
	专业拓展课程	6		4.11	
专业技能模块	必修课	8	14	5.48	9.59
	选修课	6		4.11	
实践教学模块	必修课	10	11	6.85	7.53
	选修课	1		0.68	
合计			146		100

表 3-3　SX 大学 2019 级思想政治教育（非师范）本科专业的课程设置

课程类别		课程名称
通识教育模块	通识教育必修课	形势与政策、数学思维与方法（文科）、计算机基础（文、艺、体）、Access 数据库应用技术（文科）、大学外语、大学体育
	通识教育选修课	略
学科基础模块	相关学科基础课	大学语文（文）、逻辑学、社会学概论（双语）、法学概论
	本学科基础课	中国近代史、政治学原理、管理学原理、毛泽东思想概论、中国特色社会主义理论体系概论、伦理学原理
专业课程模块	专业核心课程	专业导引、中华人民共和国史、当代世界经济政治与国际关系、思想政治教育学原理、世界社会主义理论与实践、马克思主义哲学原理、马克思主义政治经济学原理、马克思主义经典著作选读、中国化马克思主义理论著作选读、西方经济学

---

① 表 3-2 至表 3-5 的具体内容借助 SX 大学马克思主义学院网站发布的相关信息整理得出。

续表

课程类别		课程名称
专业课程模块	专业方向课程	思想政治教育方法论、中国共产党思想政治教育史、西方政治思想史、经济学说史、文化哲学概论、西方哲学史、中国哲学史
	专业拓展课程	略
专业技能模块	必修课	学术训练系列（方向）课程：社会调查研究与方法、专业英语、专业学术论文写作、学科前沿专题
	选修课	专业应用能力系列（方向）课程：社会科学信息检索与利用、思想政治教育案例分析、公务员制度、公共关系学
实践教学模块	必修课	军事理论与训练、必读书籍阅读、专业见习、专业实习、专业实践与社会调查、科研训练、大学生就业指导、毕业论文（设计）
	选修课	大学生职业生涯规划

表3-4　SX大学2019级思想政治教育（师范）本科专业的课程类别、学分及比例

单位：分，%

课程类别		学分及比例			
		学分	小计	占总学分比例	小计
通识教育模块	通识教育必修课	24	32	16.44	21.92
	通识教育选修课	8		5.48	
学科基础模块	相关学科基础课	11	26	7.53	17.81
	本学科基础课	15		10.27	
专业课程模块	专业核心课程	35	55	23.97	37.67
	专业方向课程	14		9.59	
	专业拓展课程	6		4.11	
教师教育模块	公共核心课程	8	16	5.48	10.96
	学科核心课程	6		4.11	
	公共拓展课程	2		1.37	
实践教学模块	必修课	16	17	10.96	11.64
	选修课	1		0.68	
合计		146		100.00	

表 3-5　SX 大学 2019 级思想政治教育（师范）本科专业的课程设置

课程类别		课程名称
通识教育模块	通识教育必修课	形势与政策、数学思维与方法（文科）、计算机基础（文、艺、体）、多媒体应用技术与网页设计（文科）、大学外语、大学体育
	通识教育选修课	略
学科基础模块	相关学科基础课	大学语文（文）、逻辑学、社会学概论、法学概论
	本学科基础课	毛泽东思想概论、中国特色社会主义理论体系概论、伦理学原理
专业课程模块	专业核心课程	专业导引、中华人民共和国史、当代世界经济政治与国际关系、思想政治教育学原理、马克思主义哲学原理、马克思主义政治经济学原理、马克思主义经典著作选读、中国化马克思主义理论著作选读、西方经济学、专业学术论文写作
	专业方向课程	思想政治教育方法论、青年学、中国共产党思想政治教育史、公共关系学、西方政治思想史、西方哲学史、中国哲学史
	专业拓展课程	略
教师教育模块	公共核心课程	心理学、教育学、教育心理学、现代教育技术（网络教学）、基础教育课程改革专题、教师职业道德、教育政策法规
	学科核心课程	思想政治教育学科教学论、思想政治教育学科中学教材分析与教学设计
	公共拓展课程	略
实践教学模块	必修课	军事理论与训练、普通话水平培训与测试、粉笔字技能培训与测试、钢笔字技能培训与测试、思想政治教育学科教学技能训练、必读书籍阅读、教育见习、教育实习、毕业论文
	选修课	大学生职业生涯规划

从表 3-2 至表 3-5 可见，思想政治教育专业的知识特色主要表现为以下三点。一是注重理论与实践相结合。不论是本科专业的师范类培养方向，还是非师范类培养方向，在课程设置中都有通识教育模块、学科基础模块、专业课程模块和实践教学模块。二是除了要掌握专业课的基本知识外，非师范类培养方向的学生还要掌握逻辑学、社会学、法学、政治学、管理学、伦理学、中国近现代史、西方经济学、西方哲学、中国哲学、公

共关系学等知识。师范类培养方向的学生还要掌握逻辑学、社会学、法学、政治学、伦理学、中国近现代史、青年学、西方哲学、中国哲学、公共关系学、心理学、教育学、教育心理学等知识。可见，思想政治教育专业是包含多种学科知识的一门高等教育专业。三是强调实践的重要性。师范类和非师范类培养方向的学生都要求具备专业实践与社会调查的能力，特别是对师范类培养方向学生的普通话、粉笔字、钢笔字等基本教学技能提出了较高的要求，并且实践教学模块所占总学分的比例要高于非师范类培养方向学生的要求。

（四）思想政治教育专业的时代特点

思想政治教育专业的时代特点是指，该专业的发展必须与时代发展相契合，随着时代的发展而不断丰富、完善，并能鲜明地反映不同时代的要求和特征。思想政治教育专业在发展过程中不断被注入新的思想和理论、新的方法和新的内容，这些新的思想和理论、新的方法和新的内容不断推动思想政治教育专业的创新发展。新的思想和理论是指，在马克思主义中国化的过程中会不断产生新的思想和理论。中国特色社会主义理论体系中的新思想、新理论是推动思想政治教育专业创新发展的指导思想和理论基础。新的方法是指，在社会发展和时代变迁的过程中，新事物、新技术的出现会不断改变思想政治教育专业人才培养的方式和路径，比如，网络时代和信息化时代，思想政治教育专业人才的培养要注重运用新媒体、新技术。新的内容是指，在经济全球化不断深入和百年未有之大变局中，思想政治教育专业要根据国内外形势的发展和变化，不断调整人才培养的内容和要求，其目的是，"培育和凝练思想政治教育专业特色，就是要主动回应社会、经济发展对高素质人才的期盼……凝练和彰显专业特质，使专业建设、人才培养适应社会需求"[①]。因此，思想政治教育专业的建设和发展要在党和国家的宏观指导下，不断适应我国社会经济的发展，同时还要结合地区高校办学的水平和特点，增强和凸显思想政治教育专业人才培养的特色，从而以鲜明的特色推进思想政治教育专业人才培养质量的不断

---

① 贾廷秀：《思想政治教育专业特色之师范性建设探究》，《长江大学学报》（社会科学版）2015年第12期。

提升。

二 思想政治教育本科专业发展现状

（一）开设思想政治教育本科专业院校的地区分布情况

根据"阳光高考——教育部高校招生阳光工程指定平台"网站"专业知识库"（https://gaokao.chsi.com.cn/zyk/zybk/）数据和相关高校官方网站公布的信息，截至2021年12月31日，全国开设思想政治教育本科专业的院校共有283所（见图3-1）。其中北京市7所，占开设思想政治教育本科专业院校总数的2.47%（该类统计的数据均精确到小数点后两位）；河北省13所，占开设思想政治教育本科专业院校总数的4.59%；山西省12所，占开设思想政治教育本科专业院校总数的4.24%；内蒙古自治区7所，占开设思想政治教育本科专业院校总数的2.47%；黑龙江省7所，占开设思想政治教育本科专业院校总数的2.47%；辽宁省6所，占开设思想政治教育本科专业院校总数的2.12%；吉林省9所，占开设思想政治教育本科专业院校总数的3.18%；上海市4所，占开设思想政治教育本科专业院校总数的1.41%；江苏省13所，占开设思想政治教育本科专业院校总数的4.59%；山东省17所，占开设思想政治教育本科专业院校总数的6.01%；浙江省8所，占开设思想政治教育本科专业院校总数的2.83%；安徽省8所，占开设思想政治教育本科专业院校总数的2.83%；江西省10所，占开设思想政治教育本科专业院校总数的3.53%；福建省3所，占开设思想政治教育本科专业院校总数的1.06%；广东省11所，占开设思想政治教育本科专业院校总数的3.89%；广西壮族自治区9所，占开设思想政治教育本科专业院校总数的3.18%；海南省4所，占开设思想政治教育本科专业院校总数的1.41%；河南省15所，占开设思想政治教育本科专业院校总数的5.30%；湖北省14所，占开设思想政治教育本科专业院校总数的4.95%；湖南省17所，占开设思想政治教育本科专业院校总数的6.01%；四川省18所，占开设思想政治教育本科专业院校总数的6.36%；重庆市7所，占开设思想政治教育本科专业院校总数的2.47%；云南省13所，占开设思想政治教育本科专业院校总数的4.59%；贵州省14所，占开设思想政治教育本科专业院校总数的 4.95%；西藏自治区 2 所，占开设思想政治教育本科专业院校总数的 0.71%；陕西省 13 所，占开设思想政治教育本科专业院校总数的 4.59%；甘肃省 9 所，占开设思想政治教育本科专业院校总数的 3.18%；宁夏回族自治区 3 所，占开设思想政治教育本科专业院校总数的 1.06%；青海省 2 所，占开设思想政治教育本科专业院校总数的 0.71%；新疆维吾尔自治区 5 所，占开设思想政治教育本科专业院校总数的 1.77%。

开设思想政治教育本科专业院校的地区分布情况反映出，一是开设思想政治教育本科专业的院校数量在全国本科院校已占有一定的比重。二是开设思想政治教育本科专业的院校主要分布在我国的东部和中部地区，这同我国地区经济社会发展水平、人口数量、高校数量基本上呈正比例关系。

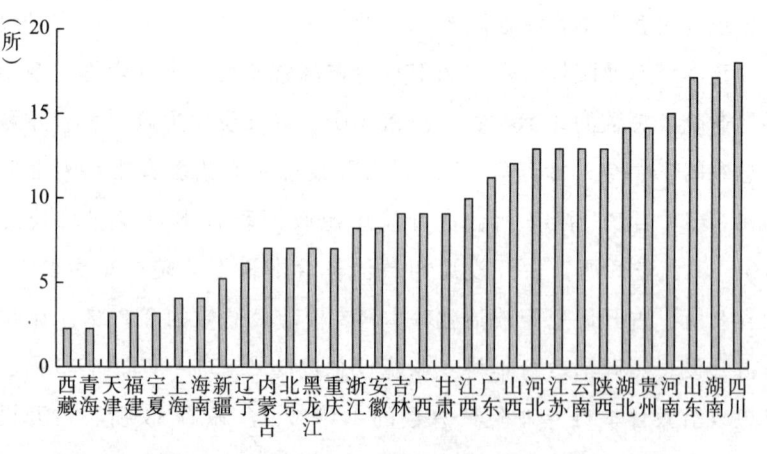

图 3-1　全国开设思想政治教育本科专业院校的地区分布情况

（二）开设思想政治教育本科专业院校的办学层次与类型

一是开设思想政治教育本科专业院校的层次分布情况（见图 3-2）。"双一流"建设高校 33 所，占开设思想政治教育本科专业院校总数的 11.66%，分别为：北京师范大学、中国政法大学、南开大学、东北大学、吉林大学、华东师范大学、武汉大学、西安交通大学、兰州大学、中国石油大学（北京）、太原理工大学、东北师范大学、延边大学、哈尔滨工程大学、上海大学、苏州大学、河海大学、安徽大学、合肥工业大学、郑州大学、中国地质大学（武汉）、武汉理工大学、华中师范大学、广西大学、海南大学、西南大学、西南交通大学、贵州大学、西藏大学、长安大学、陕西师范大学、宁夏大学、新疆大学。其他本科高校250所，占开设思想政治教育本科专业院校总数的88.34%。开设思想政治教育本科专业院校的办学层次与类型情况反映出，开设思想政治教育本科专业的"双一流"建设高校的数量较少，为推进新时代思想政治教育本科专业建设，需要增加开设思想政治教育本科专业的"双一流"建设高校的数量。

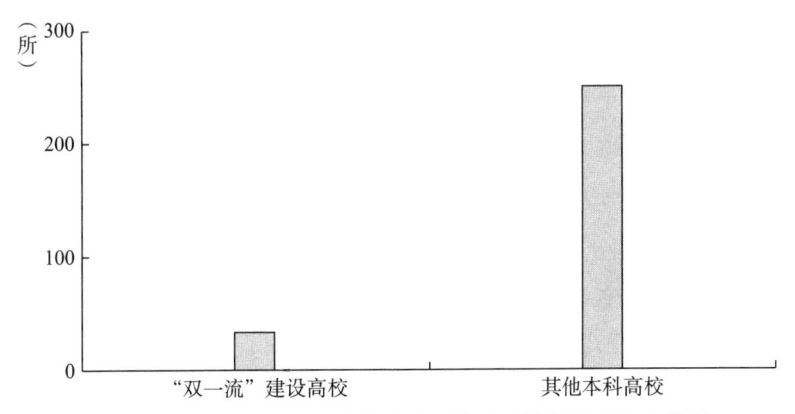

图 3-2　全国开设思想政治教育本科专业院校的层次分布情况

二是开设思想政治教育本科专业院校的办学层次分布情况。全国开设思想政治教育本科专业院校的办学层次分布情况（见图3-3）如下：大学120所，占开设思想政治教育本科专业院校总数的42.40%；学院153所，占开设思想政治教育本科专业院校总数的54.06%；独立学院10所，占开设思想政治教育本科专业院校总数的3.53%。开设思想政治教育本科专业院校的办学层次分布情况反映出，开设思想政治教育本科专业的大学数量的比重低于开设思想政治教育本科专业的学院数量的比重，这就要求开设思想政治教育本科专业的高校加快提质增效的步伐。

三是开设思想政治教育本科专业院校的类型分布情况。"全国高等学校主办思想政治教育专业大致分为三类：一是综合性大学办思想政治教育专业；二是师范类院校办思想政治教育专业；三是理工科院校、职业技术

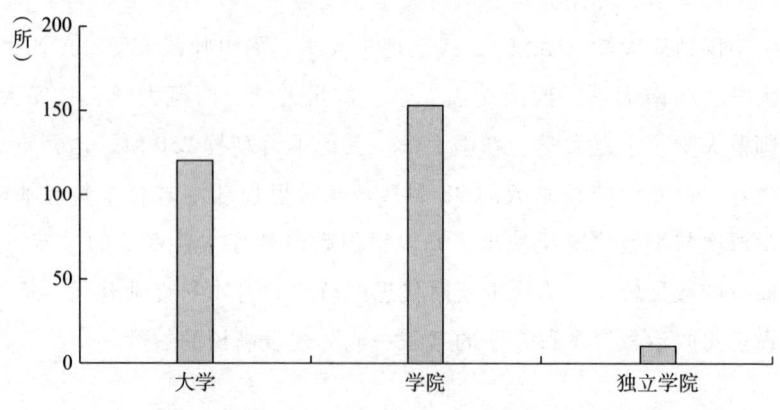

图 3-3　全国开设思想政治教育本科专业院校的办学层次分布情况

学院等其他院校办思想政治教育专业。"① 全国开设思想政治教育本科专业的院校中，院校类型分布情况（见图 3-4）如下：综合性院校 105 所，占开设思想政治教育本科专业院校总数的 37.10%；师范类院校 113 所，占开设思想政治教育本科专业院校总数的 39.93%；理工类院校 24 所，占开设思想政治教育本科专业院校总数的 8.48%；政法类、民族类等其他院校 41 所，占开设思想政治教育本科专业院校总数的 14.49%。开设思想政治教育本科专业院校的类型分布情况反映出，结合当前综合性院校具有的相对较高的办学质量和水平，应鼓励和支持更多综合性院校开设思想政治教育本科专业，从而弥补当前思想政治教育本科专业建设和发展过程中存在的短板。

思想政治教育本科专业的发展现状，一方面体现了思想政治教育本科专业取得的长足发展，另一方面也反映出发展过程中存在的一些问题。这就需要在推进思想政治教育本科专业建设过程中，不仅要关注思想政治教育本科专业取得的成绩，还要正视其存在的问题。总之，梳理和认识思想政治教育本科专业的发展现状的目的是加强思想政治教育本科专业建设，助力思想政治教育本科专业更好地适应新时代提出的新要求。

---

① 李斌雄：《思想政治教育专业人才培养和学科建设发展的主要经验——以武汉大学思想政治教育专业 1984-2004 年的发展为例》，《学校党建与思想政治教育》2016 年第 6 期。

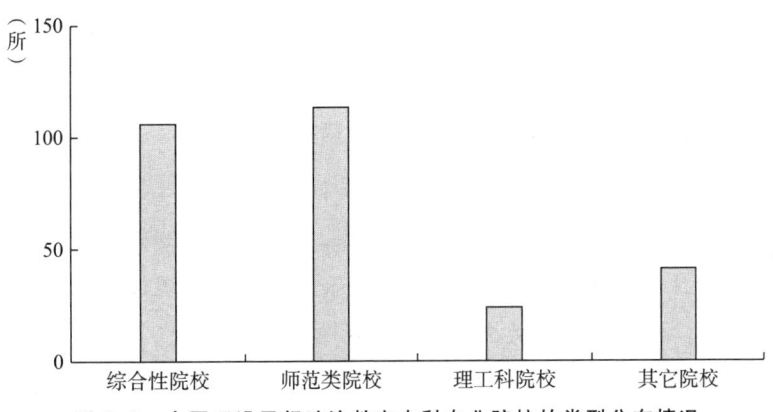

图 3-4　全国开设思想政治教育本科专业院校的类型分布情况

三　思想政治教育本科专业的新使命

（一）对思想政治教育本科专业的新认识

从 1983 年中共中央批转的《国营企业职工思想政治工作纲要（试行）》提出要让有条件的高校"都要增设政治工作专业"，到 1984 年思想政治教育专业开始正式招生；从 1988 年思想政治教育专业开始招收硕士研究生，到 1996 年中国人民大学、清华大学、武汉大学获得"马克思主义理论与思想政治教育"学科博士学位授予权。思想政治教育专业已经形成了一个培养层次完备的学科体系。余双好和邢鹏飞认为，"思想政治教育专业地位已经得到社会广泛认可，拥有同我国其他人文社会科学一样平等的发展地位……但是在思想政治教育专业建设中也存在发展过程的曲折，存在发展的不平衡、不协调、不相衔接的问题"[①]。孙其昂和王臻认为，"思想政治教育本科专业建设要主动跟上新时代，更加坚定地培养以马克思主义为根本素质的思想政治教育人才；着力培养学生具有马克思主义世界观方法论，点面结合系统思维……以思想政治教育本科专业为载体行动起来，争取思想政治教育本科专业实现新发展"[②]。可见，思想政治教育本

[①] 余双好、邢鹏飞：《关于思想政治教育专业建设和人才培养的综合研究》，《思想政治教育研究》2014 年第 6 期。
[②] 孙其昂、王臻：《新时代思想政治教育本科专业建设的几点思考》，《学校党建与思想教育》2018 年第 7 期。

科专业虽然在已有的基础上取得了丰硕的成果，实现了跨越式发展，但是，在某些方面还存在一些问题和短板。

（二）思想政治教育本科专业的发展趋势

一是思想政治教育本科专业将同科学社会主义、中国共产党历史、马克思主义理论等专业协同发展、共同成长。根据"阳光高考——教育部高校招生阳光工程指定平台"网站"专业知识库"数据统计，截至2021年12月31日，科学社会主义本科毕业生规模为50人以下，中国共产党历史本科毕业生规模为100~150人，马克思主义理论本科专业暂无相关数据。随着党和国家对思想政治教育的不断重视，将会改变思想政治教育专业一枝独秀的现状，科学社会主义、中国共产党历史、马克思主义理论等专业将同思想政治教育专业一起协同发展、共同成长，这将为培养马克思主义理论后备人才提供和开辟更多新道路，从而保障马克思主义理论高层次人才的涌现。二是开设思想政治教育本科专业的高校数量和办学规模将不断扩大。人才培养作为马克思主义学院建设和发展的核心任务，伴随马克思主义学院的不断发展，开设思想政治教育本科专业的高校数量和办学规模也将不断扩大，思想政治教育本科专业招生的人数随之不断增多。《关于加强新时代马克思主义学院建设的意见》指出，"与新时代新要求相比，马克思主义学院在教育教学、研究宣传、队伍建设、人才培养等方面还存在差距，马克思主义理论学科建设亟待加强"。可见，从人才培养的角度来说，加强思想政治教育本科专业建设、提高思想政治教育本科专业人才培养质量是推动新时代马克思主义学院高质量发展的应有之义。

（三）新时代思想政治教育本科专业的重要性

目前，思想政治教育专业已经形成从学士到硕士、博士层次完备的培养专门人才的专业体系。思想政治教育专业之所以能够在30多年的时间迅速发展壮大，首先是因为我国经济社会发展需要思想政治教育学科，其次是因为思想政治教育学科越来越适应我国经济社会的发展。这主要表现在以下四个方面。一是"思想政治教育专业、学科的设置、建设与发展，为改革发展稳定、市场经济与和谐社会的'生命线'工程提供了理论、学理和人才支持，对加强大学生思想政治教育，促进大学生思想政治教育的科学性和有效性、完善中国特色社会主义高等教育学科体系，做出了自己的贡献"①。二是思想政治教育专业承担着培养专门人才责任的同时，还肩负着为马克思主义理论学科培养高层次人才的重任，其地位无可替代。三是"在当今社会，国家的政治建设不仅受到来自国内的经济改革和文化的影响，还受到国外各种多元文化思想的影响，国家主流意识受到侵蚀。因此，思想政治教育专业要为我国培养更多适应时代发展需求的思想政治工作人才，其触角应延伸到社会各行各业，为社会各界培养思想政治工作人才"②。四是思想政治教育专业得到了党中央始终如一的高度重视和重点扶持。主要表现为："从1984年设立思想政治教育本科专业……到2005年设置马克思主义理论一级学科……都是中央高度重视思想政治教育学科的具体举措。"③ 党的十八大以来，党和国家更加重视思想政治教育工作和思想政治教育学科建设，这为思想政治教育专业的发展拓宽了空间、指明了方向。"目前，全国高校设思想政治教育本科专业的有200多个，由于该专业的重要性及特殊性，又由于它是文科专业中招生人数最多的专业之一，注重和提高思想政治教育专业建设质量便有着特殊的战略意义。"④ 因此，在新的时代背景和社会发展要求下，思想政治教育本科专业要肩负起更重要的责任和使命，发挥更重要的作用，贡献更大的力量。同时，要在顺应时代发展的前提下，结合专业特点和本科人才培养的特色及要求，注重专业的内涵式发展，强调专业的创新性发展，推进思想政治教育本科专业在新时代实现新发展。

新时代赋予了思想政治教育本科专业新使命，思想政治教育本科专业要在新的时代背景下，用更高的标准和要求实现跨越式发展。同时，思想政治教育本科专业肩负的新使命，也是思想政治教育专业学科肩负的新使

---

① 宋锡辉等：《现代思想政治教育专业建设研究——以师范类本科专业为对象》，人民出版社，2010，序第3页。
② 石玉平等：《思想政治教育专业创新型人才培养模式探索与实践》，中国社会科学出版社，2017，第5页。
③ 王树荫：《思想政治教育学科发展的主要原因和重要意义》，《思想教育研究》2008年第11期。
④ 王树荫主编《中国共产党思想政治教育史》（第2版），中国人民大学出版社，2016，总序。

命。在新使命的实现过程中，必将推动思想政治教育学科和马克思主义学科的创新发展。

第二节　思想政治教育本科专业人才培养质量的重要性及提升实践

一　思想政治教育本科专业人才培养的特点

梳理思想政治教育本科专业人才培养特点是认识思想政治教育本科专业人才培养质量及其重要性的基础。思想政治教育本科专业在人才培养中形成了具有思想政治教育学科要求的、独有的特点，主要体现为：强调要服务国家的思想建设和政治建设、注重社会主义意识形态。同时，就思想政治教育专业不同层次的人才培养来说，思想政治教育专业本科人才培养特点是不同于思想政治教育专业硕士和博士人才培养特点的。

（一）思想政治教育本科专业人才培养强调要服务国家的思想建设和政治建设

思想政治教育专业的特点决定了思想政治教育本科专业人才的使命是服务国家的思想建设和政治建设。因为，"从思想政治教育的概念中不难发现，这项育人实践活动从诞生起就天然和国家发展紧密结合在了一起"[①]。首先，思想建设层面主要体现为：构筑人们的思想灵魂。马克思曾经在《路易·波拿巴的雾月十八日》中，从三个本质向度出发揭示了构筑人们思想灵魂的三重世界。一是由"希望、信念、信条"等因素构成的，以"信仰"为核心的意义世界发挥着统摄和主宰作用。二是由"原则、人生观"等规范性因素构成的，以"价值"为核心的观念世界发挥着基础作用。三是由"旧日的回忆、忧虑和希望、独特的情感、同情和反感"等基础性因素构成的，以"精神"为核心的情感世界发挥着支撑作用。其次，政治建设层面主要体现为：服务国家的政治需要。因为中国特色社会主义

---

① 冯刚等：《高校思想政治教育工作质量评价研究》，人民出版社，2020，第2页。

最本质的特征是中国共产党领导，中国特色社会主义制度的最大优势是中国共产党领导。所以，党和国家所培养的思想政治教育本科专业人才要为党和国家所用，要尽心竭力地为中国共产党治国理政服务，为中国特色社会主义现代化建设服务。

（二）思想政治教育本科专业人才培养要注重社会主义意识形态

"意识形态是国家运行的重要组成部分，为国家的存在和发展提供思想基础。"① 因此，在思想政治教育本科专业人才培养过程中，要强调注重社会主义意识形态性。一是认清我国意识形态工作的重要性。埃蒂耶纳·博诺·德·孔狄亚克（Etienne Bonnot de Condillac）② 的学生德斯蒂·德·特拉西（Antoine Distutt de Tracy）③ 创制了"意识形态"这一新概念，试图为一切观念的产生提供一个真正科学的哲学基础。意识形态通常是指一种观念的集合，也指对事物的理解、认知，是人的观念、思想、价值观等要素的总和。同时，意识形态是与一定社会的经济和政治直接相联系的。自1917年第一个社会主义国家——苏俄建立之后，世界上从此就有了资本主义和社会主义两种国家制度。二战后，随着波兰、民主德国、捷克斯洛伐克、匈牙利、罗马尼亚、保加利亚、阿尔巴尼亚、南斯拉夫社会主义联邦共和国和中华人民共和国、蒙古人民共和国、朝鲜民主主义人民共和国、越南社会主义共和国的成立，世界上形成了资本主义和社会主义两大阵营。于是，资本主义国家和社会主义国家之间便有了以国家制度为区别的意识形态。在我国，"意识形态决定文化前进方向和发展道路，对一个政党、一个国家、一个民族的生存发展至关重要……意识形态工作是党和国家工作的重要组成部分，在中国特色社会主义事业全局中具有重要地位"。④

二是明确意识形态在思想政治教育本科专业人才培养中的体现和指

---

① 沈壮海主编《新编思想政治教育学原理》，中国人民大学出版社，2022，第46页。
② 埃蒂耶纳·博诺·德·孔狄亚克，法国作家、哲学家，主要哲学著作有《论人类知识的起源》（1746年）、《论缺点和优点毕露的诸体系》（1949年）、《感觉论》（1754年）等。
③ 德斯蒂·德·特拉西，法国哲学家、政治家，特拉西最早在其著作《意识形态的要素》中首先提出"意识形态"的概念。
④ 中共中央宣传部编《习近平新时代中国特色社会主义思想三十讲》，学习出版社，2018，第212页。

向。思想政治教育专业所培养的人才主要是开展有关思想引导、宣传教育等的思想政治工作,这是由思想政治教育学所具有的意识形态属性决定的。所以,思想政治教育本科专业人才培养应以马克思主义理论为指导,强调对马克思主义世界观、方法论的理解、掌握和运用。这就要求对思想政治教育本科专业人才的培养要突出社会主义的意识形态性。习近平总书记指出:"古今中外,每个国家都是按照自己的政治要求来培养人的,世界一流大学都是在服务自己国家发展中成长起来的。"[1] 这是党和国家对我国高校培养什么人、如何培养人、为谁培养人的基本定位,也是思想政治教育专业首先必须明确的人才培养方向。因此,所培养的思想政治教育本科专业人才要具有坚定的政治立场和政治方向。

政治立场是人们对待社会政治生活、社会政治制度和社会意识形态的根本态度。思想政治工作的特殊性要求思想政治教育本科专业人才必须站在无产阶级和广大人民群众的立场上,坚定"四个自信",做到"两个维护",坚决同一切颠覆社会主义的行为做斗争。只有具备坚定不移的政治立场,思想政治教育本科专业人才才能经受住各种诱惑和考验,才能完成党和国家赋予的使命。政治方向是一定阶级、派别、政治集团利益要求的目标,"它体现着培养人才的质的规定性,是由我们的社会主义制度和党的奋斗目标所决定的"[2]。正确的政治方向是思想政治教育本科专业人才培养质量评价的根本原则和依据,这是由思想政治教育本科专业人才培养质量的特殊性决定的。

(三)思想政治教育专业本科人才培养特点是不同于思想政治教育专业硕士和博士人才培养特点的

从高校人才培养的层次来看,本科生以吸取学习人类积累的知识为主,同时兼顾科学研究和技能训练,研究生则是通过研究来发掘和创造新知识。思想政治教育专业本科人才培养关注的是人才对思想政治教育专业

---

[1] 《抓住培养社会主义建设者和接班人根本任务 努力建设中国特色世界一流大学》,《人民日报》2018年5月3日。
[2] 石玉平等:《思想政治教育专业创新型人才培养模式探索与实践》,中国社会科学出版社,2017,第63页。

基本知识的学习和吸收,并要求兼顾科学研究和具有一定的思想政治教育的基本技能。可见,思想政治教育专业本科人才培养相较于思想政治教育专业硕士和博士人才培养,不论是培养标准、培养要求,还是培养内容、培养方式等都是不同的。从思想政治教育专业本科人才培养到思想政治教育专业硕士人才培养,再到思想政治教育专业博士人才培养,在专业性、掌握的理论知识、从事研究的深度上都呈现不断上升的趋势。

二 提升思想政治教育本科专业人才培养质量的重要性

2017年,国务院印发的《国家教育事业发展"十三五"规划》中提出:"从国际看,世界多极化、经济全球化、文化多样化、社会信息化深入发展……国际竞争日趋激烈,人才培养与争夺成为焦点。"2018年召开的全国教育大会强调,"党的十八大以来,我们围绕培养什么人、怎样培养人、为谁培养人这一根本问题,全面加强党对教育工作的领导,坚持立德树人"①。其中"培养什么人"包括两个方面的内容:一是培养的人才规格,是人才培养的方向性问题;二是人才培养的质量,即所培养人才的素质、能力等是否达到国家、社会所需要人才的标准。可见,提升思想政治教育本科专业人才培养质量对于人才培养有着重要的价值。

(一)关系新时代思想政治教育本科专业人才的就业

思想政治教育本科专业主要培养从事思想政治基础工作的人才,随着社会的发展和对人才素质要求的不断提高,本科毕业生的就业和发展空间越来越小,越来越多的本科毕业生毕业后选择继续深造,即通过攻读硕士、博士学位提升自身素质和竞争力。没有选择深造的本科毕业生,只能面向就业和发展空间较小的基层。面对当前严峻的就业形势和巨大的社会竞争压力,作为思想政治教育本科专业人才管理和培养主体的教育行政部门和高校,应该思考如何通过提升人才培养质量推动思想政治教育专业本科毕业生更好就业、更好适应经济社会发展要求,让所培养的人才通过掌握更多的专业知识、技能,在社会竞争中拥有更多的立足之地。

---

① 《培养德智体美劳全面发展的社会主义建设者和接班人》,《人民日报》2018年9月29日。

(二) 关系马克思主义理论类研究生的生源质量

"本科教育作为本科院校的最基本的教育层次,其人才培养质量如何,对研究生教育的影响也是至关重要的。"① 选拔和培养高层次、高学历人才的主要群体是本科毕业生。因此,本科人才的培养质量将直接影响研究生的培养质量。思想政治教育本科专业是当前马克思主义理论学科下培养本科人才最多的专业②,思想政治教育学科是马克思主义理论学科下唯一接续培养本科生、硕士研究生和博士研究生的二级学科。也就是说,当前马克思主义理论一级学科下设的六个二级学科,只有思想政治教育学科设置了相应的本科专业。这就意味着,其他五个二级学科研究生的生源主要是思想政治教育本科专业所培养的人才。因此,思想政治教育本科专业肩负的为马克思主义理论类研究生输送生源的重任,要求思想政治教育专业必须确保本科人才的培养质量,从而使所培养的人才实现更好发展、贡献更多力量。

(三) 关系新时代马克思主义学院的建设与发展

《关于加强新时代马克思主义学院建设的意见》指出,党的十八大以来,马克思主义学院建设取得了长足进展,但是,与新时代新要求相比,马克思主义学院在教育教学、人才培养等方面还存在差距,这就要求马克思主义学院必须立足培养合格的、高质量的本科人才来推动马克思主义学院的发展。因为"高等教育质量首要的是人才培养质量,必须抓住这一主线不放松,凭借质量在未来高等教育的激烈竞争中求得生存和发展"③。同时,也只有培养出合格的思想政治教育本科专业人才,马克思主义学院才能得到更好的发展。另外,该意见对马克思主义学院建设中人才培养质量

---

① 熊志翔等:《本科院校质量保障体系研究》,广东高等教育出版社,2008,第6页。
② 马克思主义理论学科下虽然还设有科学社会主义、中国共产党历史、马克思主义理论三个本科专业,但毕业生人数很少,根据"阳光高考——教育部高校招生阳光工程指定平台"网站"专业知识库"数据统计,截至2021年12月31日,全国普通高校中马克思主义理论本科专业还没有毕业生,科学社会主义本科毕业生规模为不到50人,中国共产党历史本科毕业生规模100~150人。
③ 孔英等主编《高等教育质量保障体系的理论研究与实践——基于辽宁的案例研究》,辽宁教育出版社,2017,第40页。

的提升也提出了明确要求，即"提高专业人才培养质量，源源不断培养马克思主义理论后备人才"。这同新时代思想政治教育本科专业所承担的本科人才培养的责任和使命是一致的。

（四）关系我国思想政治工作水平的提升

思想政治教育本科专业不仅培养师范类方向的人才，也培养非师范类方向的人才，这是由思想政治教育本科专业人才培养的属性和功能决定的。1998年颁布的《普通高等学校本科专业目录和专业介绍》规定，思想政治教育专业非师范类的培养目标是："能在党政机关、学校、企事业单位从事思想政治工作的专门人才。"《普通高等学校本科专业目录和专业介绍（2012年）》明确规定，思想政治教育本科专业要"培养……既能在学校和科研机构从事本专业的教学、研究工作，又能在党政机关和企事业单位从事以本专业为基础的宣传、组织、管理、思想政治工作的复合型人才"。可见，人才培养质量的高低会直接或间接地反映到人才的专业知识水平、能力及素质等方面，具备扎实专业知识、较高能力和素质的人才能够高效率地完成工作，能够创造更多的社会价值。因此，思想政治教育本科专业人才培养质量，切实关系我国思想政治工作水平的提升。

三 新时代思想政治教育本科专业人才培养质量提升的实践

习近平总书记指出："人才培养首先要聚焦解决基础研究人才数量不足、质量不高的问题。"[1] 同时，"要深化教育改革，推进素质教育，创新教育方法，提高人才培养质量"[2]。人才培养质量是人才培养的中心环节和根本任务，是人才强国的抓手和基石。保证人才培养质量，事关人才竞争力的提高和高校的生存、发展问题。思想政治教育本科专业人才是开展思想政治教育工作的重要力量，在新的时代条件下，提升思想政治教育本科专业人才培养质量，成为摆在我们面前的一个现实而紧迫的任务。结合新

---

[1] 习近平：《深入实施新时代人才强国战略　加快建设世界重要人才中心和创新高地》，《求是》2021年第24期。

[2] 习近平：《敏锐把握世界科技创新发展趋势　切实把创新驱动发展战略实施好》，《人民日报》2013年10月2日。

时代提出的高质量发展的要求和任务,相关管理机构颁布和出台了同思想政治教育本科专业人才培养质量提升紧密相关的政策、文件;相关参与者用付诸实践的方式,竭力帮助思想政治教育本科专业人才更好地成长和发展;相关研究者用丰富的理论和缜密的思维,力图在思想政治教育本科专业人才培养质量提升中创造出更多有价值的知识和理论。

(一)相关文件的出台

2012年,教育部出台的《教育部关于全面提高高等教育质量的若干意见》提出,高等教育要"牢固确立人才培养的中心地位……走以质量提升为核心的内涵式发展道路"。2017年下发的《关于加强和改进新形势下高校思想政治工作的意见》是新时代高校思想政治教育的纲领性文件,要求"培养又红又专、德才兼备、全面发展的中国特色社会主义合格建设者和可靠接班人"。2017年,中共中央办公厅、国务院办公厅印发的《关于深化教育体制机制改革的意见》提出,"高等学校应该将人才培养作为工作中心,全面提高学校的人才培养能力""不同类型的高校要努力探索出适合自身发展特点的培养模式,重点培育出适应社会需要的应用型、复合型、创新型人才"。2019年,《教育部关于深化本科教育教学改革 全面提高人才培养质量的意见》出台,这是我国进入新时代以来,教育部为深入贯彻全国教育大会和《中国教育现代化2035》精神,为了深化本科教育教学改革,提升本科人才培养质量出台的,较为完善、翔实的文件,吹响了提升新时代本科人才培养质量的"集结号"。该文件在新时代人才培养质量应注重的内容方面做了强调,主要包括以下两点。一是立德树人。坚持用习近平新时代中国特色社会主义思想铸魂育人,必须把立德树人作为检验高校一切工作的根本标准。二是将质量意识、质量标准、质量评价、质量管理等落实到教育教学各环节,内化为师生的共同价值追求和自觉行动。①

(二)相关实践活动

一是师范类专业认证。近年来,我国通过开展师范类专业认证工作,

---

① 孔英等主编《高等教育质量保障体系的理论研究与实践——基于辽宁的案例研究》,辽宁教育出版社,2017,第74页。

高校人才培养机制不断得到完善。就人才培养质量来说，通过专业认证，人才培养质量与学生就业可以实现直接挂钩。二是专业人才培养质量评价。2014年，教育部高等教育教学评估中心主任吴岩指出："党的十八届三中全会后，教育领域其中一项重点任务就是要推进管、办、评分离，积极构建五位一体的高等教育质量评价监测制度。让教育质量接受社会评价，教育成果接受社会检验，教育接受社会监督。2014年，首次把质量检测重心进一步下延到专业人才培养层面。"① 三是"双一流"建设。"双一流"建设是我国高等教育领域实施"211工程""985工程"之后的又一项重大国家战略。"双一流"建设的目标虽然是提升中国高等教育综合实力和国际竞争力，但其实质是以不断提高人才培养质量为抓手，着力培养堪当民族复兴大任的时代新人，打造一流人才方阵。

（三）其他相关要求及实践

"思想政治教育专业从无到有、从小到大，随着学生规模、师资结构、学科建设的发展，专业人才培养的专业性、层次性、影响力也不断提升。"② 而专业性、层次性、影响力的不断提升都会映射到人才培养质量上，并体现为人才培养质量的不断提升。首先，思想政治教育本科专业的生源不断扩大、办学类型不断多样化、办学层次不断提升，为思想政治教育本科专业人才培养质量的提升奠定了坚实的基础。其次，党和国家加强新时代马克思主义学院建设的重要举措，间接地对思想政治教育本科专业人才培养质量的提升提出了新要求。

综上所述，通过对新时代思想政治教育本科专业人才培养质量提升实践的梳理，本书认为我国社会进入新时代后，国家、社会和高校对思想政治教育本科专业人才培养质量的重视程度更高，并通过包括加强制度建设、丰富实践路径等着力提升思想政治教育本科专业人才培养质量，在一定程度上对思想政治教育本科专业人才培养质量的提升起到了积极

---

① 袁东敏：《高校本科专业综合评价模式的选择与构建》，北京理工大学出版社，2017，第4页。
② 佘双好、邢鹏飞：《关于思想政治教育专业建设和人才培养的综合研究》，《思想政治教育研究》2014年第6期。

的推动作用。但是，相关政策、文件的出台和颁布，具体实践活动的开展，都是面向高等教育这个宏观领域的，针对思想政治教育本科专业人才培养质量提升的专项政策、专门措施还没有颁布和出台，相关体制机制还不完善。因此，新时代思想政治教育本科专业人才培养质量的提升虽有效果，但不明显。所以，在今后的实践中，要进一步加强对思想政治教育本科专业人才培养质量提升的重视程度，要开展具有针对性、专门性的相关实践活动，并以此为抓手，推动新时代马克思主义学院更好、更快的发展。

第三节　思想政治教育本科专业人才培养质量评价的发展脉络、特点及功能

一　思想政治教育本科专业人才培养质量评价的发展脉络

思想政治教育本科专业人才培养质量评价是伴随思想政治教育专业的发展而不断发展的。首先，任何高等教育专业，只要涉及人才培养，必然就会有人才培养质量和人才培养质量评价。目前，虽然没有形成完善的思想政治教育专业本科人才培养质量评价体系、评价机制等，但并不意味着没有思想政治教育专业本科人才培养质量评价，而是被嵌入在了我国人才培养质量评价的宏观内容中。我国高等教育领域开展的人才培养质量评价或多或少会涉及思想政治教育本科专业人才培养质量评价，下面主要以国家出台和颁布的有关人才培养质量评价的相关文件为例，梳理思想政治教育本科专业人才培养质量评价的发展脉络。

1985年，中共中央颁布的《关于教育体制改革的决定》提出，"教育管理部门还要组织教育界、知识界和用人部门定期对高等学校的办学水平进行评估"。该文件的颁布开启了我国高等教育评价研究的大门，也引起了社会各界对人才培养质量评价的关注和重视。1999年，中共中央、国务院颁布的《关于深化教育改革全面推进素质教育的决定》（以下简称《决定》）明确指出，"建立符合素质教育要求的对学校、教师和学生的评价

机制",要"建立自上而下的素质教育评估检查体系"。《决定》的颁布和实施推动了我国人才培养质量评价的科学化、规范化发展。1994年,中共中央颁布的《关于进一步加强和改进学校德育工作的若干意见》明确指出:"要建立德育工作的评估制度。"这一要求的提出,成为推进人才培养质量评价制度化的开端。1999年,《中华人民共和国高等教育法》施行,其中要求,"高等学校的办学水平、教育质量,接受教育行政部门的监督和由其组织的评估"。可见,当时我国已经以法律的形式规定了人才培养质量评价的任务。

2004年,中共中央、国务院颁布的《关于进一步加强和改进大学生思想政治教育的意见》提出:"要把大学生思想政治教育工作作为对高等学校办学质量和水平评估考核的重要指标,纳入高等学校党的建设和教育教学评估体系。"在这一文件精神的指引下,人才培养质量评价研究进入了全面推进的新时期。2012年,教育部出台的《教育部关于全面提高高等教育质量的若干意见》明确指出:"建立健全符合国情的人才培养质量标准体系……鼓励行业部门依据国家标准制订相关专业人才培养评价标准。"[①]由此可见,随着高等教育的发展,人才培养质量越来越成为高等教育领域的核心内容。同时也反映出,人才培养质量评价不仅是工作评定和价值判断的任务,更是提升人才培养质量的重要途径。

思想政治教育本科专业人才培养质量评价的发展脉络,在一定程度上反映了思想政治教育本科专业人才培养质量评价的进度和效果,同时也折射出其存在的问题。通过对思想政治教育本科专业人才培养质量评价发展脉络的简要梳理,不难看出,评价在思想政治教育本科专业人才培养质量提升中的针对性不强,不够具体,扮演的角色不够凸显。以史为镜,在新时代思想政治教育本科专业人才培养中,要不断增加评价在人才培养质量提升中的分量,增强评价在思想政治教育本科专业人才培养质量提升中的实效性。

---

① 教育部思想政治工作司组编《加强和改进大学生思想政治教育重要文献选编(1978—2014)》,知识产权出版社,2015,第532页。

二 思想政治教育本科专业人才培养质量评价的特点

思想政治教育本科专业人才培养质量评价特点，是在思想政治教育专业特点、思想政治教育本科专业人才培养特点的基础上而呈现的具有自身属性的相关特点，主要包括：思想政治教育本科专业人才培养质量评价有其特有的内在逻辑关系、有一定的时空性。

（一）思想政治教育本科专业人才培养质量评价的内在逻辑关系

思想政治教育本科专业人才培养质量评价是由思想政治教育本科专业人才、人才培养质量、人才培养质量评价几个词语共同组成的复合概念，是随着时代的发展形成的一个新概念。本书提出这一概念和命题之前，关于"思想政治教育本科专业人才培养质量评价"还没有系统、完整的表述，但是已有对相关内容的研究。比如，思想政治教育专业、本科人才培养质量、质量评价等在相关著作、学术论文中被频繁提及并被深入研究。"思想政治教育本科专业人才培养质量评价"是在总结已有研究的基础上，因时代发展而提出的一个需要被国家、社会共同关注的现实问题。从"质量"到"人才培养质量""人才培养质量评价"，再到"本科人才培养质量评价"，思想政治教育本科专业究竟如何同这些概念建立关系，体现自身价值，这是研究"思想政治教育本科专业人才培养质量评价"特征的重要内容。

首先，来看质量。"质量"被视为高等教育的生命线，提高教育质量，既是科教兴国的必然选择，也是人才强国的应然要求，更是立德树人的本真要义。其次，来看人才培养质量。千秋基业、人才为先。人才是推动经济社会可持续发展的源泉和动力，人才是国家富强与民族复兴最持久、最有力的支撑。高校存在的意义和价值重在人才培养，可以说，无论高校今后发展到什么程度、理念如何演变、职能如何定位，都离不开"人才培养"这个核心命题。那么，人才培养质量的高低、好坏等就成为评价高校办学质量的重要内容和标准。我国的"211工程""985工程""双一流战略""双万计划"等的实施，充分彰显了我国高等教育人才培养的"质量"已成为提升国家综合实力的重要抓手。再次，来看人才培养质量评价。人才培养质量如何，不是自己说了算，更不是大家众说纷纭简单讨论一番就可以决定的。人才培养质量如何，需要通过客观、科学的评价才能得出结论，并得到公众的认可。而客观、科学的评价需要通过一定的方式，将相关评价内容和要素有机地组合起来，并进行合理的运行，才能产生和得出有理有据、普遍认同的评价结果。因此，为何要评价，评价的目的是什么，是思想政治教育本科专业人才培养质量评价首先需要解决的问题。因为，评价不是目的而是方式，具体体现为：通过评价发现的问题实现提升人才培养质量的目的。最后，来看本科人才培养质量评价。人才培养质量评价针对不同的对象有不同的标准、要求等。本科人才培养质量评价是针对本科人才进行的人才培养质量评价，因此，评价就要依据本科人才所具有的特点开展。比如，国家对本科专业人才的要求是：具有健全人格和较好的人文与科学素养，掌握本专业的基本理论、基本知识和基本实践技能等。同时，不同专业的本科人才评价，要求也是不同的。比如，思想政治教育本科专业人才要具备能够在中学、党政机关、企事业单位和其他专门机构从事思想政治教育教学、教研及管理等相关工作的能力。因此，本科人才培养质量评价要注重同本科人才本身特点、专业特点紧密结合，从而更好地体现和发挥评价应有的价值和作用。

（二）思想政治教育本科专业人才培养质量评价的时空性

1984年，思想政治教育专业设置之时，也是我国教育评价恢复和兴起之时。关于思想政治教育本科专业人才培养质量评价的探索，是伴随我国教育领域的评价一同成长和进步的。进入新时代，作为培养思想政治教育专业人才载体之一的思想政治教育本科专业来说，面对新形势、新环境和新要求，思想政治教育本科专业发展必须做到顺应时代发展要求，着力提升专业人才培养质量。思想政治教育本科专业人才培养质量评价立足新时代，其中的"新时代"，在时间、空间上同党的十九大报告中提出的"新时代"具有一致性，在内容上指思想政治教育本科专业人才培养质量评价进入新时代这个新的时空领域后发展、变化的状态，其具体体现在以下几个方面。

一是从时间上看，思想政治教育本科专业人才培养质量评价是中国特色社会主义进入新时代后,思想政治教育本科专业人才培养在习近平新时代中国特色社会主义思想指导下与时俱进的体现,这是对马克思主义中国化最新理论成果的遵循和实践。二是从空间上看,思想政治教育本科专业人才培养质量评价是中国特色社会主义进入新时代后,思想政治教育本科专业人才培养立足我国经济社会发展,由注重数量向注重质量转变的时代顺应。三是从内容上看,思想政治教育本科专业人才培养质量评价是中国特色社会主义进入新时代后,思想政治教育本科专业人才培养针对我国社会主要矛盾转化做出的反应和调整,其中既有对原有评价内容的继承,也有对原有评价内容的优化。总之,思想政治教育本科专业人才培养质量评价立足"新时代",既体现了新时代产生的历史节点,也反映了新时代独特的历史背景。思想政治教育本科专业人才培养质量评价,既有国家渗透意识形态的政治倾向,也有更好服务新时代发展,提升思想政治教育本科专业人才培养质量的目的,还有落实立德树人根本任务的目的。因此,立足新时代研究思想政治教育本科专业人才培养质量评价,是提升思想政治教育本科专业人才培养质量的新探索,是为建设社会主义现代化强国和实现中华民族伟大复兴,培养合格思想政治教育本科专业人才的新实践。

可见,思想政治教育本科专业人才培养质量评价是不同于其他本科专业人才培养质量评价的。思想政治教育本科专业人才培养质量评价具有的个性化特点,要求我们在加强思想政治教育本科专业人才培养质量评价体系建设,推进思想政治教育本科专业人才培养质量评价科学化发展的过程中,不断总结和凝练思想政治教育本科专业人才培养质量评价具有的特色和特点,从而帮助我们更深入地认识评价在思想政治教育本科专业人才培养中的角色、作用、地位等。

三 思想政治教育本科专业人才培养质量评价的功能

随着我国教育事业的不断发展,人才培养质量逐渐成为教育界普遍关注的内容,广大教育工作者越来越强烈地意识到,人才培养质量评价同人才培养之间存在十分紧密的联系。这种联系主要体现为人才培养质量评价对人才培养的功能和作用。思想政治教育本科专业人才培养质量评价的功能主要包括：导向功能、鉴定功能、调控功能和激励功能。

（一）导向功能

思想政治教育本科专业人才培养质量评价起到"指挥棒"的作用，具有一定的导向性，可以为上级主管部门、高校管理者提供决策方向，为教育教学工作者改进教育教学方法、提高教育教学效率提供参考。思想政治教育本科专业人才肩负着推动大中小学"思政课"一体化建设、充实马克思主义理论研究后备队伍，以及全面建成社会主义现代化强国和实现中华民族伟大复兴中国梦的重要历史使命。思想政治教育本科专业人才培养，是根据党和国家的总体要求做好人才培养工作，解决好培养什么人、怎样培养人、为谁培养人这些根本问题，是贯彻党的教育方针、落实立德树人根本任务的一项重要工作。我们通过思想政治教育本科专业人才培养质量评价要做到：一是为上级主管部门和管理者提供系统的、全面的人才培养质量数据，为他们今后做出有关思想政治教育本科专业人才培养质量正确的决策和部署提供依据；二是通过评价和评价结果的反馈促使思想政治教育本科专业人才的培养者、管理者、研究者等发现更多问题，并对所存在的问题进行及时的纠正，从而能够明确改进的具体措施和今后努力的方向。

（二）鉴定功能

鉴定功能是指，思想政治教育本科专业人才培养质量评价根据评价指标体系、评价方法和评价的先后步骤，对思想政治教育本科专业人才从"质量"的维度进行效果认可和价值判断，以鉴定人才培养质量的高低、价值的大小。思想政治教育本科专业人才培养质量的目标是：思想政治教育本科专业人才培养在未来一定时期内达到预期。因此，人才培养活动要围绕质量目标，以及依据质量目标制订的计划来开展。人才培养内容的筛选、人才培养过程的运行、人才培养方法的整合、人才培养方案的设计等都要围绕人才培养质量目标展开。这些环节只有与人才培养质量目标保持一致并为之服务，才能保证思想政治教育本科专业人才培养的质量。

（三）调控功能

思想政治教育本科专业人才培养是针对思想政治教育本科专业人才开展的系统工作，不仅要面向人才培养可量化的内容，还要面向人才培养不可量化的内容，比如，摸不着、看不见的内心情感和精神世界以及无法用数据、标准衡量的思想品德、道德素质等，这就给人才培养质量评价增加了难度，需要根据人才培养目标及时进行调控，通过调控尽量做到教育教学体系更加完善、教育教学手段更加科学合理、日常教育管理更加人性化、社会实践活动更加具有实效性等。如果评价结果与既定的人才培养质量目标存在较大差距，就要思考人才培养过程中哪些环节出了问题，或者是反思人才培养质量是否存在定位不准的情况。如果人才培养质量目标已经实现，就要思考对人才培养质量目标做出调整，即要制定更高和更具有前瞻性的目标，做到最大限度上使人才培养质量目标与思想政治教育本科专业人才培养的具体工作和要求相适应。此外，思想政治教育本科专业人才培养质量评价为上级主管部门和管理者提供的评价数据，可以起到及时调控决策的目的，调控一些需要优化的过程与环节，使思想政治教育本科专业人才培养体系更加科学、合理，人才培养质量得到切实、有效的提升。

（四）激励功能

评价会形成相应的评价结论，评价结论通常会以肯定、否定或是既有肯定又有否定的形式反馈给人才培养主体的高校和上级主管部门。思想政治教育本科专业人才培养质量评价的出发点不是为评价而评价，而是通过评价发现人才培养过程中的优缺点，从而更好地提升人才培养质量。因此，评价结论具有激励功能。一是思想政治教育本科专业人才培养质量评价具有正向激励功能。如果评价结论是以肯定成绩和效果为主，无形中会形成一种自信的力量，激励思想政治教育本科专业人才培养主体以更加积极、主动的姿态投入思想政治教育本科专业人才的培养工作中，推动思想政治教育本科专业人才培养质量向着更高目标前行。二是思想政治教育本科专业人才培养质量评价具有负向激励功能。如果评价结论是以否定为主，可以让思想政治教育本科专业人才的培养主体自上而下地进行自我反思，深刻认识到人才培养中存在的问题，做到查缺补漏、自我革新，找到今后奋斗的目标和努力的方向。同时，将评价结论中的问题带来的压力转化为奋起直追的动力，激励思想政治教育本科专业人才培养主体以更加科学的方式、更加团结的凝聚力开展工作，着力提升思想政治教育本科专业人才培养质量，并以更加务实的精神源源不断地培养出高质量的、让用人单位和全社会都满意的思想政治教育本科专业人才。

第四章 思想政治教育本科专业人才培养质量评价的现实审视

自1984年思想政治教育本科专业设置以来，就有了思想政治教育本科专业人才培养质量评价的相关实践活动。为了更加清晰地了解和掌握思想政治教育本科专业人才培养质量评价的基本现状，本书以新时代为视角，审视思想政治教育本科专业人才培养质量评价的具体实践。

第一节 新时代思想政治教育本科专业人才培养质量评价满意度调查

满意通常是指人的心理状态，也指对事物的主观评价。如果某种产品或服务能够符合自己的要求、满足自己的愿望，就会实现"满意"。通常来说，人"满意"的程度越高，就意味着满意度越高，反之，满意度越低。满意度调查是我国近年来兴起的一种调查方式，被广泛应用于社会各领域、各行业。满意度在推广和发展的过程中，不断与多种理念、技术相结合，演变和呈现了不同需求的满意度调查内容。人才培养质量评价满意度是相关利益主体对人才培养质量高低的一种心理状态和感受。人才培养质量评价满意度调查是当前人才培养中常用的一种调查方式，这种调查方式对于了解和掌握人才培养的程度，发现和解决人才培养过程中存在的问题具有积极的作用。因此，本书选择了满意度调查的方式。

一 调查问卷的设计

首先通过相关文献的阅读，做到对新时代思想政治教育本科专业人才培养质量评价的一般理解。然后综合学界对当前思想政治教育本科专业人才培养质量评价的研究，加上笔者学习、工作中对思想政治教育本科专业人才培养质量评价的掌握和了解，以及与思想政治教育领域专家学者的深入访谈，在与大学生深入交流的基础上，对"思想政治教育本科专业人才培养质量评价"有了更加全面、翔实的认识。本问卷主要借鉴了何美子的《新时代大学生社会主义核心价值观认同研究》、卯青叶的《基于效用理论的高校人才培养质量评价研究》等。在此基础上，本书以教育行政部门、用人单位、2016~2020届毕业生、2021届毕业生为主要评价主体，编制出"新时代思想政治教育本科专业人才培养质量评价满意度"调查问卷。

（一）问卷调查的对象及来源

"新时代思想政治教育本科专业人才培养质量评价满意度调查问卷（教育行政部门卷）"（见附录A）的调查对象为，主管思想政治教育本科专业人才培养的省（区、市）教育厅、高校教务处的工作人员。"新时代思想政治教育本科专业人才培养质量评价满意度调查问卷（用人单位卷）"（见附录B）的调查对象为，接收2016~2020届思想政治教育专业本科毕业生就业的用人单位。"新时代思想政治教育本科专业人才培养质量评价满意度调查问卷（2016~2020届毕业生卷）"（见附录C）的调查对象为，2016~2020届思想政治教育专业本科毕业生。"新时代思想政治教育本科专业人才培养质量评价满意度调查问卷（2021届毕业生卷）"（见附录D）的调查对象为，2021年毕业的思想政治教育专业本科生。

考虑到样本的代表性，兼顾地区差异，教育行政部门选取我国东部、中部、西部地区的教育厅、高校教务处的工作人员为样本。选取东部、中部、西部地区的教育厅、高校教务处的工作人员各30名，对180名教育行政部门的工作人员进行了问卷调查。从被调查对象地区分布情况来看，符合教育行政部门的总体情况，调查对象具有较好的广泛性与代表性。用人单位选取我国东部、中部、西部地区的企事业单位，并且在每个地区选取省会城市、非省会城市（地级）、县级城市、乡镇（村）四种类型的用人单位为样本。选取东部、中部、西部地区用人单位样本各80家，对240家用人单位进行了问卷调查。从被调查对象地区分布情况来看，基本符合用人单位的总体情况，调查对象具有较好的广泛性与代表性。毕业生选取我国东部、中部、西部地区的高校，并且在每个省份选取"双一流"建设高校、其他普通本科类高校两种类型的2016~2020届思想政治教育专业本科毕业生、2021届思想政治教育专业本科毕业生为样本。选取我国东部、中部、西部地区"双一流"建设高校、其他普通本科类高校各2所，共计12所有代表性高校，各抽取样本100名，对1200名2016~2020届思想政治教育专业本科毕业生、1200名2021届思想政治教育专业本科毕业生进行了问卷调查。从被调查对象地区分布、高校办学层次分布等情况来看，基本符合当前全国开设思想政治教育本科专业高校的总体情况，调查对象具有较好的广泛性与代表性。

（二）调查问卷的内容及选取

"新时代思想政治教育本科专业人才培养质量评价满意度调查问卷"的内容主要包括人才培养质量、人才培养质量评价两部分，其中以人才培养质量评价为主要内容。关于问卷具体内容的选取，首先必须弄清楚所调查对象对"新时代思想政治教育本科专业人才培养质量评价"的认识和了解程度，其次才能通过相关问题的设计得出"新时代思想政治教育本科专业人才培养质量评价"的基本数据，最后才能实现对数据的评价，并得出评价结果。因此，在设计正式调查问卷之前，选取调查对象中的部分教育行政部门的工作人员、用人单位、2016~2020届毕业生、2021届毕业生，围绕"新时代思想政治教育本科专业人才培养质量评价满意度"进行访谈，获取调查问卷的基本内容。

（三）调查问卷的审核与确定

问卷的设计以调查对象为中心，针对不同的调查对象设计问卷内容。问卷既有文字表述的选择性的题目，也有自由表述的题目。因问卷涉及的调查对象较多，所以针对不同的调查人群，问卷从内容到形式都有所区别。问卷内容通过两次施测后得以确定。第一次施测后，对各个题目进行相关分析，剔除质量不高的题目，形成问卷的雏形。第二次施测后，对有关新时代思想政治教育本科专业人才培养质量评价进行验证性因子分析①，以检验问卷的结构以及各个题目测量其所属因素的程度，并在此基础上，对"新时代思想政治教育本科专业人才培养质量评价问卷"进行信度和效度分析。同时，为了确保调查问卷的科学性，邀请若干位思想政治教育专业教授对访谈的资料进行分析、审核，对有疑问的题目加以纠正、剔除，对意义相近、重复的题目进行合并。统计访谈对象在每个题目上的频次，保留题目频次②在2个以上的题目。然后结合相关文件精神、政策解读、国内外研究成果等编制涉及"培养质量"各个因素、各项指标的调查问卷。问卷成型后，为了保证问卷的实用性和适用性，请教相关专业领域的专家进行审查，并根据反馈结果进行修改，形成最终的调查问卷。

（四）问卷调查的方式

调查问卷在"问卷星"③进行设计。问卷调查的步骤依次为：在线设计问卷、发布问卷并设置属性、发送问卷、查看调查结果、下载调查数据。依托该软件计算各调查题目与其所属因素问卷总分的相关系数，通过分析得出相应的结果。调查后，笔者回收教育行政部门问卷176份、用人单位问卷235份、2016~2020届思想政治教育专业本科毕业生问卷1184份、2021届思想政治教育专业本科毕业生问卷1192份。删除答题时间过短、填答不完整、同一性答案以及答案呈明显规律性等无效问卷，最终获得有效问卷分别为：教育行政部门问卷173份，问卷有效回收率为98.30%；用人单位问卷230份，问卷有效回收率为97.87%；2016~2020届思想政治教育专业本科毕业生问卷1171份，问卷有效回收率为98.90%；2021届思想政治教育专业本科毕业生问卷1180份，问卷有效回收率为

---

① 验证性因子分析是对社会调查数据进行的一种统计分析，它测试一个因子与相对应的测度项之间的关系是否符合研究者所设计的理论关系。
② 频率和次数。
③ "问卷星"是一个专业的在线问卷调查、考试、测评、投票平台。

98.99%。对调查得到的有效问卷选用 SPSS 21.0① 统计软件进行分析，依托该软件计算各调查题目与其所属因素问卷总分的相关系数，通过分析，得出相应的结果。此外，在统计软件分析的基础上，通过梳理、对比对相关分析结果进行补充和完善。

二 调查问卷的信度和效度

（一）样本特征分析

表 4-1 为新时代思想政治教育本科专业人才培养质量调查问卷受访者类型。

表 4-1 新时代思想政治教育本科专业人才培养质量调查问卷受访者类型

单位：人，%

受访者	样本数量	占比
教育行政部门	180	6.38
用人单位	240	8.52
2016~2020 届毕业生	1200	42.55
2021 届毕业生	1200	42.55
合计	2820	100.00

（二）调查问卷的信度和效度检验

1. 信度分析

本书运用克朗巴哈系数（Cronbach's α）进行信度检验，需要说明的是，Cronbach's α 是一个统计量，也是常用的信度测量方法。学术界普遍认为，如果 α>0.9，表明样本信度很高；如果 0.8<α<0.9，表明其信度是可以接受的；如果 0.7<α<0.8，说明量表有一定的问题，需要进行修改；如果 α<0.7，表明量表存在较大问题，应重新设计。② 从以上各调查问卷的信度分析结果来看，调查问卷的 α 系数分别为 0.825、0.813、0.827、

---

① SPSS（Statistical Product Service Solutions）是一种统计分析软件，SPSS 21.0 是 SPSS 的一种版本。
② 余家林、肖枝洪编著《多元统计及 SAS 应用》，武汉大学出版社，2008，第 57 页。

0.834，均高于学界研究的标准值 0.7，表明此次研究所采用调查问卷的内部一致性较高，测量结果是可信的。新时代思想政治教育本科专业人才培养质量调查问卷信度分析结果如表 4-2 所示。

表 4-2　新时代思想政治教育本科专业人才培养质量调查问卷信度分析结果

调查问卷	题项数（个）	Cronbach's α
新时代思想政治教育本科专业人才培养质量评价满意度调查问卷（教育行政部门卷）	19	0.825
新时代思想政治教育本科专业人才培养质量评价满意度调查问卷（用人单位卷）	17	0.813
新时代思想政治教育本科专业人才培养质量评价满意度调查问卷（2016~2020 届毕业生卷）	26	0.827
新时代思想政治教育本科专业人才培养质量评价满意度调查问卷（2021 届毕业生卷）	26	0.834

2. 效度分析

效度即有效性，是指测量在多大程度上反映了我们所期望的概念，表示测量工具（如问卷）在多大程度上测量了它所要测量的内容。测量结果与要考察的内容越吻合，则效度越高；反之，则效度越低。此外，调查问卷确定后征询了相关专家的建议，确保问卷中设置的问题更加科学、合理；为了确保问卷的准确性、客观性，问卷回答时间基本控制在 15 分钟之内，使调查者感觉到轻松愉快。通过对以上环节的设置与把控，本书确保了调查问卷具有较好的内容效度。学术界普遍认为，KMO 值>0.6、显著性水平<0.01 的样本才可以做因子分析①；反之，则不可以做因子分析。"新时代思想政治教育本科专业人才培养质量评价满意度调查问卷（教育行政部门卷）"的 KMO 值为 0.841，"新时代思想政治教育本科专业人才培养质量评价满意度调查问卷（用人单位卷）"的 KMO 值为 0.823，"新时代思想政治教育本科专业人才培养质量调查问卷（2016~2020 届毕业生卷）"

---

① 因子分析是指研究从变量群中提取共性因子的统计技术。

的 KMO 值为 0.814，"新时代思想政治教育本科专业人才培养质量调查问卷（2021 届毕业生卷）"的 KMO 值为 0.856，均大于学界认定的较为适合做因子分析的标准值 0.7，且 Bartlett's 球形检验显著性水平为 0.000，小于 0.001，达到显著，代表变量间的共同因素存在，适合做因子分析。新时代思想政治教育本科专业人才培养质量调查问卷 KMO 检验和 Bartlett's 球形检验结果如表 4-3 至表 4-6 所示。

表 4-3 "新时代思想政治教育本科专业人才培养质量评价满意度调查问卷（教育行政部门卷）"
KMO 检验和 Bartlett's 球形检验结果

KMO 检验值		0.841
Bartlett's 球形检验	近似卡方	18364.050
	df	406
	sig.	0.000

表 4-4 "新时代思想政治教育本科专业人才培养质量评价满意度调查问卷（用人单位卷）"
KMO 检验和 Bartlett's 球形检验结果

KMO 检验值		0.823
Bartlett's 球形检验	近似卡方	18364.050
	df	406
	sig.	0.000

表 4-5 "新时代思想政治教育本科专业人才培养质量评价满意度调查问卷（2016~2020 届毕业生卷）"
KMO 检验和 Bartlett's 球形检验结果

KMO 检验值		0.814
Bartlett's 球形检验	近似卡方	18364.050
	df	406
	sig.	0.000

表 4-6 "新时代思想政治教育本科专业人才培养质量评价满意度调查问卷
（2021 届毕业生卷）"
KMO 检验和 Bartlett's 球形检验结果

KMO 检验值		0.856
Bartlett's 球形检验	近似卡方	18364.050
	df	406
	sig.	0.000

三 问卷调查及访谈的结果

一是在新时代思想政治教育本科专业人才培养质量评价满意度问卷调查中，通过对教育行政部门工作人员"作为教育行政部门是否对高校的人才培养质量评价提出相关要求""作为教育行政部门对人才培养质量评价的要求是笼统的还是具体的""作为教育行政部门对人才培养质量评价的要求是显性的还是隐性的""作为教育行政部门是否开展过人才培养质量评价"的调查，以及对教育行政部门的访谈（见附录E），可以得出以下结果。教育行政部门对新时代思想政治教育本科专业人才培养质量评价的满意度具体体现为：思想政治教育本科专业人才培养质量评价主要由教育部等代表国家的相关部门主导，地方教育行政部门和高校教务处的主要责任是对国家相关部门要求的执行、落实和监督。主管部门对高校的人才培养质量评价提出的相关要求，主要结合国家出台的相关政策、文件来执行和落实，但是针对性不强，涉及的相关内容较少。同时，作为地方教育主管部门的教育厅，间接地对思想政治教育本科专业人才培养质量也有相关评价，主要体现为：就业率、考研率、创新创业情况、参与相关活动的获奖情况等。这样的评价虽然能够触及人才培养质量的"神经"。但是，因缺乏系统性，无法得出客观的评价结论。因此，总的来说，教育行政部门针对新时代思想政治教育本科专业人才培养质量开展的评价局限性较大。

二是在新时代思想政治教育本科专业人才培养质量评价满意度问卷调查中，通过对用人单位"您所在单位是否对高校的人才培养质量评价提出相关要求""您所在单位对人才培养质量评价的要求是笼统的还是具体的""您所在单位对人才培养质量评价的要求是显性的还是隐性的""您所在单位是否开展过人才培养质量评价"的调查,以及对用人单位的访谈(见附录E),可以得出以下结果。用人单位对新时代思想政治教育本科专业人才培养质量评价的满意度具体体现为:所在单位对高校的人才培养质量评价提出过相关要求,但是效果不明显;所在单位很少开展人才培养质量评价,高校人才培养的质量如何主要通过员工的工作效率、工作能力来体现;国家和社会对用人单位参与和开展的人才培养质量评价不够重视,作为用人单位很少能够参与到国家组织的人才培养质量活动中;作为人才培养主体的高校同用人单位的沟通、交流很有限,仅有的沟通、交流大多在毕业生就业时,高校会主动邀请用人单位参加毕业生招聘会;高校有时也会到用人单位了解毕业生的工作情况,但是这种了解对于解决人才培养质量中存在的实际问题起不到有效的作用;作为接收毕业生的用人单位建议能够参与更多的人才培养质量评价活动,从而为培养更高质量的、更受欢迎的人才贡献一份力量。

三是在新时代思想政治教育本科专业人才培养质量评价满意度问卷调查中,通过对思想政治教育专业2016~2020届本科毕业生"您曾就读的高校重视人才培养质量评价吗""您曾就读高校如果对人才培养质量评价提出要求,相关要求是笼统的还是具体的""您曾就读高校如果对人才培养质量评价提出要求,相关要求是显性的还是隐性的""您曾就读的高校开展过人才培养质量评价吗""如果您曾就读高校开展过人才培养质量评价,您认为包含以下哪些内容"的调查,以及对思想政治教育专业2016~2020届本科毕业生的访谈(见附录E),可以得出以下结果。思想政治教育专业2016~2020届本科毕业生对新时代思想政治教育本科专业人才培养质量评价的满意度具体体现为:在大学四年的学习过程中,就读高校对人才培养质量评价的要求不是很明确;开展的人才培养质量评价活动较少;自己知道和了解的有关人才培养质量评价的内容有理论考试、相关实践活动的评定、毕业论文答辩等;离开学校走上工作岗位后,才意识到人才培养质量评价的重要性,建议从地方教育主管部门到高校,应该深入贯彻落实国家的相关政策，更加重视人才培养质量评价，并做到深入、广泛地开展人才培养质量评价。

四是在新时代思想政治教育本科专业人才培养质量评价满意度问卷调查中，通过对思想政治教育专业 2021 届本科毕业生"您就读的高校重视人才培养质量评价吗""您就读高校如果对人才培养质量评价提出要求，相关要求是笼统的还是具体的""您就读高校如果对人才培养质量评价提出要求，相关要求是显性的还是隐性的""您就读的高校开展过人才培养质量评价吗""如果您就读高校开展过人才培养质量评价，您认为包含以下哪些内容"的调查，以及对思想政治教育专业 2021 届本科毕业生的访谈（见附录 E），可以得出以下结果。思想政治教育专业 2021 届本科毕业生对新时代思想政治教育本科专业人才培养质量评价的满意度具体体现为：在大学四年的学习过程中，就读高校对人才培养质量评价的要求不是很明确；开展的人才培养质量评价活动较少；自己知道和了解的有关人才培养质量评价的内容有理论考试、相关实践活动的评定、毕业论文答辩等；作为应届毕业生，在大学学习四年后，认为所学的知识最终都应体现在人才培养质量中，因为只有培养出高质量的学生，才能更加受到社会和用人单位的认可和欢迎；在毕业实习过程中，发现自己在大学学习的知识还远远不够，同时，认为自己所在的大学在人才培养中过多地关注人才培养任务的完成，对于所培养的人才质量如何没有引起足够的重视；结合自己的实习和见习经历，认为国家和地方教育主管部门应该加强对高校人才培养质量的监管和考核，并通过建立对高校的相关约束机制，使教育行政部门、高校对人才培养质量评价更加重视。

第二节　新时代思想政治教育本科专业人才培养质量评价的具体实践

我国进入新时代后，思想政治教育本科专业人才培养质量在各个层面受到不同程度的重视，各个层面也不断探索通过评价的方式提升人才培养质量的路径。下面主要从国家、社会、地方三个层面对新时代开展的有关思想政治教育本科专业人才培养质量评价的实践进行梳理和分析。

一 国家层面：逐步开展思想政治教育本科专业人才培养质量评价

"党的十八大以来，我们在改革人才培养、使用、评价、服务、支持、激励等机制方面下了很大功夫，取得了积极成效。"① 这是党和国家对新时代人才评价工作取得成绩的肯定。教育部原部长陈宝生在 2019 年全国教育工作会议上指出："把教育评价改革作为'最硬的一仗'来推进。"② 他认为，"唯分数、唯升学、唯文凭、唯论文、唯帽子"，这"五唯"是当前教育评价指挥棒方面存在的根本问题，是当前教育改革中最难啃的"硬骨头"。③ 高等教育在整个教育体系中处于将国家所培养人才送入社会的位置。因此，要以具有高校特点的显性、隐性评价方式，通过全面梳理、分析人才培养质量评价的现状、问题与原因，分层分类研究提出改进的思路和举措。国家"十四五"规划提出，"完善人才评价和激励机制，健全以创新能力、质量、实效、贡献为导向的科技人才评价体系"④。

（一）相关文件的出台

近年来，国家出台的有关思想政治教育本科专业人才培养质量评价的文件主要有如下几个。一是为进一步加强和改进大学生思想政治教育，教育部于 2012 年出台的《教育部关于全面提高高等教育质量的若干意见》提出："建立健全符合国情的人才培养质量标准体系……鼓励行业部门依据国家标准制订相关专业人才培养评价标准。"⑤ 二是 2018 年，教育部教师工作司、教育部高等教育教学评估中心颁布的《培养新时代大国良

---

① 习近平：《深入实施新时代人才强国战略 加快建设世界重要人才中心和创新高地》，《求是》2021 年第 24 期。
② 《2019 年全国教育工作会议召开》，人民网，http://edu.people.com.cn/n1/2019/0118/c1053-30577047.html，最后访问日期：2024 年 8 月 6 日。
③ 《2019 年全国教育工作会议召开》，人民网，http://edu.people.com.cn/n1/2019/0118/c1053-30577047.html，最后访问日期：2024 年 8 月 6 日。
④ 《中华人民共和国国民经济和社会发展第十四个五年规划和 2035 年远景目标纲要》。
⑤ 教育部思想政治工作司组编《加强和改进大学生思想政治教育重要文献选编（1978—2014）》，知识产权出版社，2015，第 532 页。

师——普通高等学校师范类专业认证工作指南（试行）》提出，"认证强调以师范生为中心配置教育资源、组织课程和实施教学，对照师范毕业生核心能力素质要求评价师范类专业人才培养质量，并将评价结果应用于教学改进，推动师范类专业人才培养质量的持续提升"。三是中共中央宣传部、教育部出台的《关于开展〈全国大学生思想政治教育工作测评体系（试行）〉贯彻执行情况自测自评工作的通知》（2013年）；教育部出台的《关于印发〈高等学校马克思主义学院建设标准（2017年本）〉的通知》（2017年）；中共中央办公厅、国务院办公厅印发的《加快推进教育现代化实施方案（2018—2022）》（2019年）；中共中央、国务院印发的《深化新时代教育评价改革总体方案》（2020年）；等等。以上文件的出台，为新时代思想政治教育本科专业人才培养质量评价提供了指导性意见。同时，这些文件的出台，是我国高等教育领域对人才培养深化的体现，也是通过评价方式提升人才培养质量的体现。

（二）相关评价活动的开展

一是以学生为对象的评价。主要有考试成绩、毕业实习、毕业论文。考试成绩是指，学习者在某一阶段通过学习所取得的成就、收获。考试成绩通常反映的是学习者通过学习所获得的理论知识的多少。毕业论文是对高校学生集中进行科学研究训练后，要求学生在毕业前独立撰写的论文。二是以高校为对象的评价。主要有学历、大学排名。学历教育包括小学教育、初中教育、高中教育、专科教育、本科教育、研究生教育等。大学排名是根据各项科学研究和教学等标准，对相关大学在数据、报告、成就、声望等方面进行数量化评价，最后形成的对大学的排序。三是以能力素质为对象的评价。能力素质包括工作能力、组织能力、决策能力、创新能力等。

（三）评价的目标、指标体系及依据

1. 评价的目标

国家层面出台的有关思想政治教育本科专业人才培养质量评价的目标，除了思想政治教育本科专业培养目标中规定的内容之外，还有《中华人民共和国学位条例》和《中华人民共和国学位条例暂行实施办法》。根据《中华人民共和国学位条例》和《中华人民共和国学位条例暂行实施办法》规定，高校本科生要取得学位，必须达到相应的要求（见表4-7）。

表4-7　高校本科生取得学位的要求

学生类别	本科生
知识要求	较好地掌握本门学科的基础理论、专门知识和基本技能
能力要求	具有从事科学研究工作或担负专门技术工作的初步能力

2. 评价的指标体系

通过梳理新时代思想政治教育本科专业人才培养质量评价的相关内容，目前还没有形成较为具体的新时代思想政治教育本科专业人才培养质量评价指标体系。通过对相关内容的梳理，本书呈现了简单的新时代思想政治教育本科专业人才培养质量评价指标体系，具体内容如表4-8所示。

表4-8　国家层面：思想政治教育本科专业人才培养质量评价指标体系

评价指标	评价标准	评价方式
政治理论素养	好、较好、差	材料鉴定
思想道德素质	好、较好、差	材料鉴定
科学文化素质	好、较好、差	考试成绩、材料鉴定
基本工作能力	好、较好、差	工作业绩
	好、较好、差	工作业绩
	好、较好、差	工作业绩
	好、较好、差	工作业绩
	好、较好、差	工作业绩

3. 评价的依据

评价的依据主要有：党和国家提出的培养"四有"人才的要求、《中华人民共和国学位条例》和《中华人民共和国学位条例暂行实施办法》中规定的高校本科生取得学位的相关要求、《普通高等学校本科专业目录》中规定的思想政治教育本科专业人才培养目标、《普通高等学校本科专业目录和专业介绍（2012年）》中的具体要求等。

二 社会层面：积极参与思想政治教育本科专业人才培养质量评价

（一）相关评价内容

1. 社会第三方机构对新时代思想政治教育本科专业人才培养质量的评价

以麦可思数据有限公司提供的《青海师范大学 2018 届毕业生培养质量评价报告》（以下简称《报告》）为例。一是《报告》制作的目的。科学地评估本校人才培养质量、完善质量监控与评估体系、提升毕业生的就业竞争力和培养质量。二是《报告》的内容。这主要有四个部分，其中第一部分是"重要发现"，包括主要成效、改进方向；第二部分是"总述"，包括办学定位和培养目标、学生发展、培养过程；第三部分是"总体分析"，包括就业质量、社会需求、创新创业教育达成情况、教学对人才培养的支撑情况、能力/知识/素养培养达成情况、学生服务落实情况。第四部分是人才培养质量评价指标，包括就业率、月收入、专业相关度、就业现状满意度、就业稳定性、教学满意度、校友满意度。[①]

2. 用人单位对培养单位提出的反馈意见和建议

用人单位对培养单位也提出了相关反馈意见和建议，比如，淮南师范学院在 2021 年举办的人才培养质量用人单位反馈座谈会上，安徽文峰教育集团、皖西当代中学等 11 家省内外用人单位，对思想政治教育本科专业人才培养质量的评价为："对我院学生的师德表现、专业素养、发展韧劲等给予高度评价，同时也指出与同类院校学生相比所存在的一些具体问题，并提出相关意见和建议。"[②] 又如，青岛大学马克思主义学院 2021 年发布的《思想政治教育专业 2020—2021 学年人才培养状况报告》，就用人单位对人才培养质量的评价总结为："毕业生在工作岗位上认真奉献、勤奋钻研，在专业水平和工作能力方面获得了用人单位肯

---

① 麦可思数据有限公司：《青海师范大学 2018 届毕业生培养质量评价报告》。
② 《举办人才培养质量用人单位反馈座谈会》，淮南师范学院，http://jyw.hnnu.edu.cn/_t272/2021/1103/c1085a97201/page.htm，最后访问日期：2021 年 10 月 25 日。

定。"① 针对人才培养质量存在的具体问题用人单位会通过其他方式向培养单位进行反馈。

3. 相关理论研究

著作方面主要有：谢树平著的《思想政治课学习评价研究》（上海三联书店，2016 年）、冯刚等著的《高校思想政治教育工作质量评价研究》（人民出版社，2020 年）、张春秀著的《马克思主义实践观视域下的思想政治教育评价论》（光明日报出版社，2021 年）、权麟春著的《新时代高校思想政治教育工作质量评价研究》（中国社会科学出版社，2021 年）等。学术论文方面主要有：2012~2021 年发表的思想政治教育评价的学术论文数量呈波浪式前进态势，其中 2018 年和 2021 年发表的文章数量达到高点（见图 4-1）。

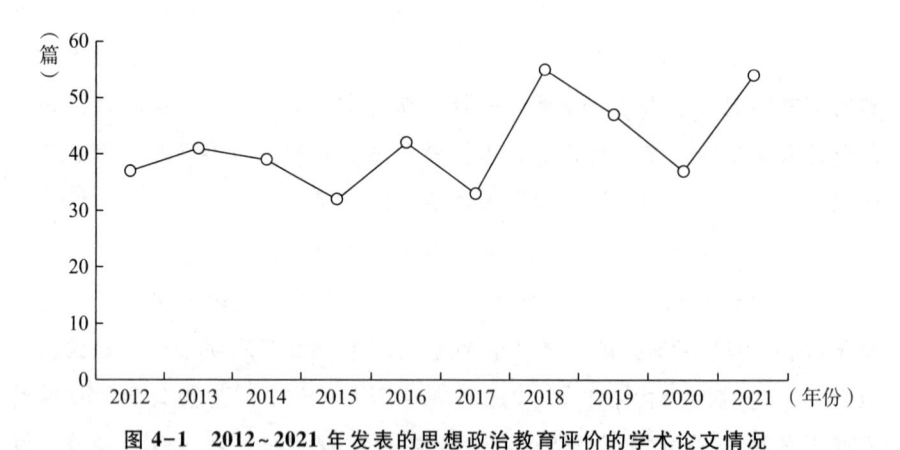

图 4-1 2012~2021 年发表的思想政治教育评价的学术论文情况

资料来源：相关数据借助知网、万方等数据库整理得出。

4. 其他评价

新时代思想政治教育专业本科毕业生家长十分关心自己的孩子在大学期间的学习成绩、成长成才等情况，也十分关注自己的孩子毕业后在工作单位的发展状况。新时代思想政治教育专业本科毕业生家长通常会以自己孩子的就业质量、在就业单位的工作业绩、他人对自己孩子素质和能力等

---

① 《思想政治教育专业 2020—2021 学年人才培养状况报告》，青岛大学马克思主义学院，http://szhb.qdu.edu.cn/info/1023/1593.htm，最后访问日期：2021 年 10 月 20 日。

的评价来评价人才培养质量。但是，这种评价较为笼统，主要是通过就业质量、工作业绩对人才培养质量做出的一种间接评价。

（二）评价的目标及依据

1. 评价的目标

麦可思数据有限公司的评价目标为：以第三方的身份客观、公正地对思想政治教育本科专业人才培养质量做出评价。用人单位的评价目标为：从单位的工作需要出发，要求人才培养主体能够结合用人单位的需求培养具备相应能力和素质的人才。研究人员的评价目标为：针对人才培养质量从不同角度做出科学、合理的判断和解释，并针对相关问题提出建议。毕业生家长的评价目标为：就业质量、工作业绩等。

2. 评价的依据

麦可思数据有限公司依据调查的相关数据。用人单位依据单位实际需要、社会发展趋势和要求。研究人员依据人才培养质量基本现状、相关研究成果。毕业生家长依据职业的社会地位和相关的职业发展前景。

三 地方层面：逐步落实思想政治教育本科专业人才培养质量评价

（一）相关文件和评价报告

近年来，地方教育行政部门和相关高校也陆续出台了有关思想政治教育本科专业人才培养质量评价的相关文件，还有部分高校依据国家和地方教育行政部门的相关要求，制定了思想政治教育本科专业人才培养质量评价管理办法、形成了人才培养质量评价的年度报告等。比如，河南师范大学、中北大学结合专业认证，在2021年分别制定了《河南师范大学本科人才培养质量达成情况评价管理办法（试行）》《中北大学本科人才培养质量评价管理办法（试行）》。两所高校主要从组织分工、人才培养目标达成度评价、毕业要求达成度评价、课程体系合理性评价、课程目标达成度评价等方面提出了评价要求。绍兴文理学院在2022年4月出台了《绍兴文理学院本科专业人才培养质量评价实施意见》，该校马克思主义学院，在 2020 年已出台了《思想政治教育（师范）专业人才培养质量达成度评价实施办法（试行）》。① 该办法在评价内容中规定："人才培养质量达成度评价围绕'三目标、三支撑'开展评价和改进，主要包括课程目标达成度评价、毕业要求达成度评价和人才培养目标达成度评价。通过建立'评价—反馈—改进'闭环体系，将教学质量落实到每一门课程、每一个专业、每一位毕业生。同时，开展培养目标合理性评价，每四年开展一次，在人才培养方案修订时开展。"青岛大学马克思主义学院《思想政治教育专业 2020—2021 学年人才培养状况报告》于 2021 年 10 月发布。其中针对人才培养质量的评价内容为，毕业生就业率：2021 届思想政治教育专业毕业生就业率达 92.5%。就业专业对口率：2021 届思想政治教育专业毕业生就业对口率为 80%。毕业生发展情况：2021 届思想政治教育专业毕业生 45%考取了研究生；45%的毕业生在各级各类学校担任教师。就业单位满意率：毕业生在工作岗位上认真奉献、勤奋钻研，在专业水平和工作能力方面获得了用人单位肯定。社会对专业的评价：学生因理论基础扎实，实践能力强，不少学生毕业之后几年内迅速成为单位的业务骨干，有的甚至成为部门领导或者是中小学校的校长。为青岛市基础教育做出了巨大贡献，受到了社会的好评。在其他行业，由于综合素质高，也取得了很大的进步与成绩。②

（二）相关评价活动

一是地方教育行政部门开展的各类考核考评工作。比如，我国各地区教育行政部门每年都会在年终时，对高校一年来的工作进行目标责任考核，教育行政部门在考核工作中往往会涉及人才培养质量评价的相关内容。二是高校内部开展的人才培养质量评价。比如，2012 年，辽宁省率先启动普通高校本科专业评价，紧接着湖北省于 2014 年开始开展本科专业专项评估。之后，江西省、广东省、重庆市、海南省、河南省也陆续开展了

---

① 《思想政治教育（师范）专业人才培养质量达成度评价实施办法（试行）》，绍兴文理学院马克思主义学院，https://mks.usx.edu.cn/info/1026/2798.htm，最后访问日期：2024 年 8 月 6 日。

② 《思想政治教育专业 2020—2021 学年人才培养状况报告》，青岛大学马克思主义学院，http://szhb.qdu.edu.cn/info/1023/1593.htm，最后访问日期：2021 年 10 月 20 日。

本科专业评估。2016年颁布的《国务院教育督导委员会办公室关于组织开展普通高等学校本科专业评估试点工作的通知》明确要求各省开展普通高校本科专业评价。这意味着，本科专业评价工作从此成为我国本科专业质量保障的重要手段。三是还有一些高校也会以实地走访的形式，深入用人单位了解人才培养质量的相关情况。同时，也会不定期与用人单位合作开展人才培养质量评价的问卷调查、座谈会等，从而获得人才培养质量的实际情况。深入用人单位进行实地走访，与用人单位合作开展有关人才培养质量的问卷调查、座谈会等，虽然不是以评价的思路获取信息，但是在整个过程中用人单位对毕业生的基本看法，实际上就是对人才培养质量的一种评价。

（三）评价的目标及依据

1. 评价的目标

地方教育行政部门要求培养国家需要、能够服务地方经济社会发展的思想政治教育本科专业人才。学校要求培养用人单位看得上、用得上的思想政治教育本科专业人才。同时，十分重视所培养的人才能够反映和体现培养高校的办学理念、办学特点、办学水平等。

2. 评价的依据

一是地方教育行政部门和高校目前都把毕业生就业率作为评价人才培养质量的一项重要指标。就业率高则意味着人才培养质量较高，反之则意味着人才培养质量较低。需要说明的是，就业率不仅同人才培养质量有关系，还同就业环境、地方经济社会发展水平等有直接或间接的关系。因此，就业率不是人才培养质量高低的唯一判断依据，只能作为衡量人才培养质量高低的参考内容之一。二是相关高校制定了本校的评价依据。以绍兴文理学院为例，绍兴文理学院马克思主义学院思想政治教育（师范）专业人才培养质量达成度评价中，对"建立课程教学目标达成度评价及课程教学持续改进机制"的评价依据是专业人才培养目标和毕业要求；对"建立毕业要求达成度评价和持续改进机制"的评价依据是党的教育方针和国家教育政策、《普通高等学校本科专业类教学质量国家标准》及"认证标准"、专业培养方案；对"建立培养目标达成度评价和持续改进机制"的评价依据是党的教育方针和国家教育政策、《普通高等学校本科专业类教学质量国家标准》及"认证标准"、学校办学定位、专业发展规划和区域经济社会发展现实需求。

总之，思想政治教育本科专业人才培养质量评价作为提升思想政治教育本科专业人才培养质量的内容之一，需要从不同的层面、视角入手开展评价活动。但是，思想政治教育本科专业人才培养质量评价不论是理论研究还是具体实践，目前没有形成体系，还处于起步阶段。我国现有的人才培养质量评价中，不论是国家（宏观）层面还是高校（微观）层面，都没有形成系统、完善的思想政治教育本科专业人才培养质量的评价体系，也没有形成较为成熟的评价机制。同时，现有评价在提升人才培养质量中虽有效果，但仍需要通过加强评价提高人才培养质量，这就要求在理论和实践层面都需加强对思想政治教育本科专业人才培养质量评价的探索。此外，思想政治教育本科专业人才作为推进我国经济社会发展的重要力量，完善其人才培养质量评价内容、提升其人才培养质量是有效开展思想政治教育工作的基本前提。这就需要通过审视新时代思想政治教育本科专业人才培养质量评价存在的问题及其产生原因，使之引起相关部门的高度重视，并对具体的评价内容做到查缺补漏，从而推动思想政治教育本科专业人才培养质量评价更好地发挥应有的作用、体现应有的价值。

综上所述，基于国家、社会、地方层面开展的对新时代思想政治教育本科专业人才培养质量评价的实践，结合当前思想政治教育本科专业人才培养现状，本书认为新时代思想政治教育本科专业人才培养质量总体上呈现以下特点。一是在新时代经济社会高质量发展的推动下，新时代思想政治教育本科专业人才培养质量整体上得到了提升。我国社会进入新时代后，从国家到社会，从高校到个人，都充分认识到思想政治教育本科专业人才培养质量的重要性，并通过具体实践着力提升人才培养质量。从整体上来说，各地区、各高校思想政治教育本科专业人才培养质量均得到了不同程度的提升，主要表现为：在立德树人根本任务的指引下，政治立场和理想信念更加坚定；在德智体美劳全面发展的要求下，综合素质得到全面提升；在现代网络资源的充分共享下，知识的增长和更新换代加快；在

"大众创业、万众创新"的推动下,人才成长和发展的空间更加宽广。二是新时代思想政治教育本科专业人才培养质量的提升存在不平衡性。因区域经济发展的不平衡和教育理念的不同,东部地区的人才培养质量提升相对西部地区较快,"双一流"建设高校的人才培养质量提升相对其他普通高校较快。三是新时代思想政治教育本科专业人才培养质量还未得到国家、社会和思想政治教育本科专业人才等的满意评价,还不能完全适应和满足新时代经济社会发展的高要求和高标准。新时代思想政治教育本科专业人才培养质量需要参与思想政治教育本科专业人才培养的管理者、研究者等,通过更新人才培养理念、丰富人才培养内容、完善人才培养机制等方式和路径,实现更好、更快的提升。

第三节 新时代思想政治教育本科专业人才培养质量评价存在的主要问题

通过对新时代思想政治教育本科专业人才培养质量评价满意度调查和对新时代思想政治教育本科专业人才培养质量评价实践内容的梳理发现,新时代思想政治教育本科专业人才培养质量评价在具体实施过程还存在一定的问题。同时,思想政治教育本科专业人才培养质量评价作为我国高校本科专业人才培养质量评价的内容之一,既有高等教育本科专业人才培养质量评价的共性问题,又有思想政治教育本科专业人才培养质量评价的个性问题。归纳起来,新时代思想政治教育本科专业人才培养质量评价存在的问题主要表现为:一是评价指标和地方的实际情况结合度不够;二是评价过程中培养对象的参与度不够;三是国家出台的相关政策在执行过程中出现"走样";四是地方层面存在评价要求落实不到位的现象。

一 评价指标和地方的实际情况结合度不够

评价是人类的认识活动之一,对一个事物的判断往往会涉及多个因素或多个指标。评价就是依据这些指标对一个复杂事物进行的综合判断,而指标选择的优劣会直接影响评价的效果。人才培养质量评价指标由人才培养质量评价内容分解出来，人才培养质量评价指标是反映人才培养质量评价对象某方面本质特征的具体化、行为化的重要因素，是对人才培养质量评价进行价值判断的依据，也是人才培养过程中调节、控制评价对象行为的准则。评价指标力求能全面、完整、多元、真实地反映思想政治教育本科专业人才培养质量的内容，从而确保评价的准确性，得出科学的评价结论。思想政治教育本科专业人才培养质量评价指标不仅要体现人才培养质量评价指标的普遍性，还要体现思想政治教育本科专业人才培养质量评价指标的特殊性，实现评价指标既能反映共性的内容和要求，又能反映个性的内容和要求。目前，有关思想政治教育本科专业人才培养质量评价的指标，主要以国家层面出台的相关文件为参考和依据，但是评价指标相对较为笼统和宏观。具体来说，认为相关评价指标虽然较为全面地考虑了思想政治教育本科专业人才培养质量的基本内容和主要特点，但是，在具体评价过程中仍然存在和地方的实际情况结合度不够的问题，下面以思想政治教育本科专业人才培养目标为例进行具体的分析。

思想政治教育本科专业人才培养目标是"思想政治教育专门人才培养目的的具体化和规范化，是对所要培养的学生在专业才能方面的期望、具体质量规定与总的要求"[①]。自思想政治教育专业设置以来，思想政治教育本科专业人才培养目标共制定过两次，分别在 1984 年和 2012 年。1984 年的思想政治教育本科专业人才培养目标，是为了培养改革开放需要的思想政治教育本科专业人才而制定的。2012 年制定的思想政治教育本科专业人才培养目标，是对 1984 年制定的思想政治教育本科专业人才培养目标的修正和完善，是我国进入 21 世纪后，为了培养符合新世纪要求的思想政治教育本科专业人才制定的新的培养目标。通过前文对 1984 年和 2012 年制定的思想政治教育本科专业人才培养目标具体内容的阐述，不难看出，1984 年和 2012 年制定的培养目标都是从国家（宏观）层面对思想政治教育本科专业人才培养目标进行的相关界定，具体体现为：主要从思想政治教育专业本科生的理想信念、思想道德、知识结构和文化素养等方面出发，对

---

① 宋锡辉等：《现代思想政治教育专业建设研究——以师范类本科专业为对象》，人民出版社，2010，第 76 页。

人才培养目标做出具体界定。

思想政治教育本科专业人才培养目标为思想政治教育本科专业培养预期的、具有什么能力、素质等的人才指明了方向，起到了提纲挈领的作用。但是，对于所培养的人才思想道德素质、政治素质、知识结构、专业技能等要达到什么水平和层次，具备什么能力，胜任什么工作没有提出具体的要求。同时，开设思想政治教育本科专业的高校分布于全国，基本涵盖每个省（区、市）。同时，各个省（区、市）开设思想政治教育本科专业的高校，因为所在区域经济发展水平的不同，其社会知名度、综合实力、办学质量、所培养人才的生源等都存在较大的区别。此外，基于国家对思想政治教育本科专业的定位和思想政治教育本科专业人才培养的要求，各个省（区、市）开设思想政治教育专业的高校，就思想政治教育本科专业培养目标的制定，严格按照国家的相关要求进行，这就导致立足区域发展水平、高校办学定位和生源情况制定的符合地方和高校实际情况的思想政治教育本科专业人才培养目标较少，缺乏特色。就人才培养质量评价来说，评价指标要围绕培养目标来确定，这就容易出现评价指标和地方的实际情况结合度不够的问题。此外，还需要说明的是，人才培养质量评价指标是开展人才培养质量评价的重要依据。不同类别、不同层次的高校，对人才培养质量的标准就会有相应的不同，标准的不同会直接导致评价结果的不同。比如，有些高校人才培养的重点在于理论知识的掌握，而有的高校侧重于知识的应用。在新时代思想政治教育本科专业人才培养质量评价满意度调查中，受访者对"当前开展的思想政治教育专业人才培养质量评价中，相关评价指标是否反映了具有地方特色的内容和要求"这一项的认识是，1.5%的受访者表示有很多，8.7%的受访者表示有一些，85.4%的受访者表示没有，4.4%的受访者表示不清楚。同时，受访者对"当前开展的思想政治教育专业人才培养质量评价中，如果相关评价指标反映了具有地方特色的内容和要求，你认为主要体现在哪些方面"这一项的认识是，10.1%的受访者表示是培养内容，24.6%的受访者表示是培养目标，45.5%的受访者表示是培养方式，19.8%的受访者表示是培养结果。可见，思想政治教育专业人才培养质量评价指标还没有和地区实际、特点有机结合。因此，国家层面确定的评价指标应适当考虑地区实际和特点，并结合高校办学类型、培养层次等的不同，综合统筹，设计具有多样性、个性化的思想政治教育本科专业人才培养质量评价指标。同时，思想政治教育专业人才培养质量评价指标即使反映了地区的实际、特点，也主要是针对培养方式，对于培养内容、培养目标、培养结果等反映人才培养质量的评价指标很少涉及。这就要求，在设置评价指标时，要注重评价指标鲜明地体现人才培养内容、培养目标、培养结果。

二 评价过程中培养对象的参与度不够

人才培养质量评价是以人才为主体的一种评价活动，因此，要充分考虑到所培养的人才在人才培养质量评价中的参与度。当前，我国开展的有关人才培养质量评价的相关活动中，作为培养对象的思想政治教育本科专业人才在人才培养质量评价活动中的参与度不够，主要体现为以下几点。

一是思想政治教育本科专业人才参与人才培养质量评价的过程有限。人才培养质量评价涉及人才培养的诸多方面，从培养结果的视角看，包含有关体现所培养人才获得的隐性成果和显性成果。隐性成果通常是指，人才通过培养在思想道德层面形成的成果，比如，具有高尚的道德情操、乐于帮助他人、孝顺长辈等。显性成果通常是指，人才通过培养已取得的成就、看得见的能力、获得的荣誉和奖励等。这些同所培养人才紧密相关的培养成果，需要人才的参与才能取得良好的评价效果。但是，在实际评价工作中因为所培养的人才步入社会后受时间和空间等因素的影响，一般情况下他们不能参与人才培养质量评价的全过程。通常只有一部分毕业生能够参与到评价的某个环节中，从而体现所培养人才的参与性。但是，这种有限的参与从效果上来说显得十分"单薄"。

二是思想政治教育本科专业人才参与人才培养质量评价的内容和范围有限。人才培养质量评价不是在某个特定的时空领域就可以完成的，人才培养质量评价是一项系统性工程，需要历经多年，经历若干个周期性的、循环往复的评价才能得出相对科学、系统的结论，才会通过评价有效地提升人才培养质量。作为培养对象的思想政治教育本科专业人才，只能参与某次或是某个特定时间开展的人才培养质量评价活动，无法参与历次开展的评价活动。在新时代思想政治教育本科专业人才培养质量评价满意度调查中，受访者对"如果您就读高校开展过人才培养质量评价，您认为包含以下哪些内容"这一项的认识是，68.3%的受访者表示是理论考试、毕业论文撰写及答辩，25.6%的受访者表示是理论考试、社会实践，6.1%的受访者表示是其他。同时，受访者对"您参与的人才培养质量评价是以什么方式开展的"这一项的认识是，65.3%的受访者表示是问卷调查，5.8%的受访者表示是现场访谈，21.7%的受访者表示是座谈会，7.2%的受访者表示是其他形式。此外，受访者对"除了麦可思数据有限公司，您是否参与过其他社会机构的人才培养质量评价"这一项的认识是，8.2%的受访者表示参与过很多；52.8%的受访者表示参与过，但很少；39%的受访者表示没有参与过。可见，思想政治教育本科专业人才参与人才培养质量评价的内容和范围十分有限。

三是虽然评价的指向是人才培养质量，但是作为培养对象的在校生和毕业生在面对学校和教师时，更多地体现为一种服从。加之，受传统评价理念和思维的影响，作为培养主体的高校，在人才培养质量评价过程中往往关注的不是人才本身，而是人才培养的条件和因素。有学者认为，当面对每一轮的普通高等学校本科教学工作水平评估时，高校都显得很紧张，这是因为，普通高等学校本科教学工作水平评估"主要着眼于院校的师生比、设备和设施的资金投入以及课程内容和教学形式等硬件和外在指标"[①]。这反映出，在本科教学工作水平评估中，作为培养对象的思想政治教育本科专业人才参与人才培养质量评价的范围相对有限。

四是我国开展的人才培养质量评价，包括思想政治教育本科专业人才培养质量评价，基本是自上而下的"他评"，思想政治教育本科专业人才处于评价政策、方案制定的"末端"，评价缺乏目标主体——学生的充分参与和反馈，这就导致评价的目标容易偏离思想政治教育本科专业人才本身，评价针对人才的目标性意义得不到充分的体现。在新时代思想政治教育本科专业人才培养质量评价满意度调查中，参与调查者对"您参与过人

---

① 彭森明：《高等教育质的提升：反思与前瞻》，台湾师范大学出版社，2008，第156页。

才培养质量评价吗"这一项的认识是，10.0%的受访者表示参与过很多，62.3%的受访者表示参与过，但很少，27.7%的受访者表示没有参与过。同时，从思想政治教育本科专业人才培养质量评价的相关实践活动可以看出，思想政治教育本科专业人才并未真正参与到人才培养质量评价的核心环节中，即使参与也只能触及评价的"皮毛"，通常是参与调查、访谈，思想政治教育本科专业人才对于自身获得的知识、素质、能力等缺乏充分的"话语权"。实际上，人才培养质量如何，作为培养对象的思想政治教育专业本科人才是深有感触和体会的，也是最有"发言权"的，但现实是，思想政治教育专业本科人才得不到充分的表达，这就容易导致思想政治教育本科专业人才在评价中出现参与度不够的问题。

三 国家出台的相关政策在执行过程中出现"走样"

近年来，国家陆续颁布和出台了《教育部关于全面提高高等教育质量的若干意见》《关于开展普通高等学校本科教学工作审核评估的通知》《培养新时代大国良师——普通高等学校师范类专业认证工作指南（试行）贯彻执行情况自测自评工作的通知》《全国大学生思想政治教育工作测评体系（试行）》等有关思想政治教育本科专业人才培养质量评价的政策、文件。相关政策、文件中国家都以高标准、高规格，严格要求做好人才培养质量评价工作。但是，在具体执行过程中或多或少会出现对相关政策、文件的要求和精神理解不到位的地方，从而出现"走样"的问题，主要表现在以下几个方面。

一是在对相关政策、文件宣传和传达的过程中出现"走样"。国家层面制定了人才培养质量评价的相关政策、文件后，要通过逐级传达的方式，最终到达具体执行者的手中。在传达过程中通常会采用宣传、会议、口头等方式，传达的方式和途径多种多样，并且每种方式和途径都具有一定的局限性。因此，在宣传和传达过程中会出现宣传不到位、传达不具体和不详细等的情况，这就容易造成接收传达内容的对象对政策、文件理解不到位、掌握不全面的现象，从而出现国家出台的相关政策在执行过程中"走样"。二是具体执行部门对相关政策、文件的理解出现"走样"。受受教育水平、实践经验等因素的影响，每个人对事物的认知和理解都会不一样。相关政策、文件在实施的过程中，具体执行者对政策、文件的相关内容和要求会有不同的认知和理解方式；同时，因为个人认知、理解程度的不同，对政策、文件的内容和要求等有理解深浅不同的问题存在。此外，受到环境条件等因素的制约，还存在个人认识和理解偏差，甚至是错误的现象，从而出现国家出台的相关政策在执行过程中"走样"。三是在实施评价活动的具体过程中出现"走样"。经过对政策、文件的宣传和传达，以及经过接收对象对政策、文件的了解和掌握，具体执行者就要通过一定的实践方式开展人才培养质量评价。通常来说，对政策、文件的解读和理解越是深刻、深入，在具体操作过程中就越能抓住关键之处，评价工作就会推进得更顺利，评价效果也会更加显著。但是，在具体实施过程中，往往会受到重视程度、配合程度、基础设施、人力资源等因素的影响和制约，从而出现国家出台的相关政策在执行过程中"走样"。四是形成的评价结果出现"走样"。经过从宣传、组织到具体实施，当人才培养质量评价活动完成之后，相应的评价结果就会以一定的形式呈现。此时，作为评价的执行者、实施者要对评价结果进行分析、整理，形成系统性的内容呈报、传达给相关部门。通常来说，人才培养质量评价的执行者会将评价结果以最合理、完美的方式呈现出来。但是，当受到一些外在条件的制约时，比如，负责人在向上级部门汇报评价结果时没有精准、确切地表达，就会导致原本良好的评价结果不能得到应有的认可，从而出现国家出台的相关政策在执行过程中"走样"。在新时代思想政治教育本科专业人才培养质量评价满意度调查中，受访者对"您认为国家出台的相关政策在执行过程中是否有不一致的现象"这一项的认识是，22.5%的受访者表示有很多，29.3%的受访者表示有一些，38.4%的受访者表示没有，9.8%的受访者表示不清楚。可见，有50%以上的受访者认为国家出台的相关政策在执行过程中或多或少出现了不一致的现象。

以上国家出台的相关政策在执行过程中出现的"走样"问题，带来的后果不只是一些表面问题，其带来的更深层次的问题主要体现在以下几个方面。一是在相关政策、文件宣传和传达的过程中出现的"走样"，会使培养对象对国家行政部门的执行力和工作效率产生怀疑，从而给国家行政部门具体工作的落实带来负面影响。二是具体执行部门对相关政策、文件理解不到位出现的"走样"，会降低相关政策出台的价值，使政策本来需要实现的目标和意图无法有效地达成和实现。同时，也会产生大量公共资源的浪费，导致事倍功半。三是在实施评价活动的具体过程中出现的"走样"，会使组织者、参与者产生消极、抵触的情绪。某项活动的开展意味着其他活动的放缓或停止，在耗费大量时间、精力后，如果出现效率低下、效果不明显的情况，会给集体和个人带来诸多负面的影响。四是形成的评价结果出现的"走样"，会抵消评价的社会价值和现实意义，从而使评价活动无法发挥应有的作用，也会使本来充满能量的评价活动失去其意义和价值。

四　地方层面存在评价要求落实不到位的现象

众所周知，某项政策、文件的出台，最重要的不是政策、文件本身的制定，而是政策、文件的有效实施和落实。国家层面制定的有关思想政治教育本科专业人才培养质量评价的政策、文件在实施过程中，地方层面可能存在落实不到位的现象，主要体现为以下几个方面。一是地方存在对评价重视程度不够的现象。人才培养质量评价对于提升人才培养质量具有重要的推动作用。近年来，在国家的高度重视下，有关思想政治教育本科专业人才培养质量评价以高校本科教学工作水平评估、师范类专业认证等为载体在全国开展和推广，并取得了良好的效果。但是，一些地方教育主管部门、高校对思想政治教育本科专业人才培养质量评价的重视程度不够，包括人才培养质量评价停留在表面，没有从提升高校办学水平、办学质量的长远利益出发，思考提高人才培养质量的重要性；就评价而评价，一些地方的教育主管部门、高校开展人才培养质量评价的动机不是通过评价切实提升人才培养质量，而是以完成任务的态度开展评价活动。这些表现反映出，其没有认识到评价的重要性，更没有以评价为契机，从改革人才培养质量体制机制的角度深入思考人才培养质量评价的重要性，从而出现国家提出的评价要求在地方层面落实不到位的现象。

二是在具体评价过程中仍然存在以支撑材料为依托的现象。当前，思想政治教育本科专业人才培养质量评价仍然存在以支撑材料为依托的现象，而依托支撑材料的人才培养质量评价方式会忽视对人才能力的考察。主要体现为：针对在校生，有关思想政治教育本科专业人才培养质量的评价侧重于对理论知识的评价，缺乏对实践能力的评价。思想政治教育专业人才培养强调理论与实践的结合，作为思想政治教育本科专业人才，不仅要具备基本的理论知识，还要掌握一定的专业技能。但是，在现有的人才培养质量评价中，评价更多关注理论知识的考察，对于实践能力的考察较为不足。比如，思想政治教育专业本科生参加实习、见习活动后，所在单位和指导老师通常以是否完成实践活动的任务为主要评价标准，对于实践者本人在实践中的表现如何，以及通过实践活动是否提升了实践能力，则不是很重视。这就使得所培养的人才在具体实践中，对于如何提升自身能力缺乏认识。因此，从作为培养单位的高校，到作为培养对象的思想政治教育专业本科人才，都不重视在校期间的实践能力培养，从而导致高校在人才培养过程中出现重理论、轻实践的现象和问题。针对已毕业的学生，作为培养主体的高校不再关注他们在工作中的实际能力，认为高校的人才培养任务已完成。作为接收毕业生的用人单位，十分重视人才的能力，因为人才能力的高低直接影响所在单位的效率和效益。但是，用人单位大多以员工取得的成绩、成效评价人才能力的高低，对于人才具有的实际能力缺乏评价。这就导致用人单位不能将人才培养质量及时反馈给作为培养主体的高校，高校也无法真实了解所培养的人才在工作岗位中的实际能力。随着时代的发展，依托支撑材料的评价方式存在很大的局限性，比如，学生的考试成绩"它只能测试思维的结果，而无法测试思维的过程，无法检测学生在多层次思维过程中的差异。它只能考查学生的认知水平而难以检测学生的情意态度、动机等内在因素"[①]。美国学者格朗兰德（Gronland）认为：评价＝量（或质）的记述＋价值判断。显然，这种以事实判断为根本的评价系统，对于思想政治教育本科专业人才培养只能起到消极的作用。因此，以支撑材料为评价依据的最大弊端是，无法落实国家开展

---

① 蔡淑卉：《语文课堂有效教学行为刍议》，《中学语文》2014年第4期。

人才培养质量评价的根本要求。新时代思想政治教育本科专业人才培养质量评价满意度调查中，受访者对"您认为当地开展的人才培养质量评价严格按照国家的要求落实了吗"这一项的认识是，52.6%的受访者表示是的，27.5%的受访者表示有一部分是，19.9%的受访者表示不清楚。可见，思想政治教育本科专业人才培养质量评价中存在对国家政策和要求落实不到位的现象。对思想政治教育本科专业人才培养质量的评价仍以支撑材料为主。

  三是通过评价提升人才培养质量的效果不明显。政策的执行和活动的实施不是最终目的，通过评价提高办学水平和人才培养质量才是评价的根本目的所在。在人才培养质量评价活动中，一些地方的教育行政部门、高校存在"雷声大、雨点小"的现象，其原因是，开展人才培养质量评价的目的是应付评价活动本身，出发点不是提高办学水平和提升人才培养质量。这种现象会导致人才培养质量评价的开展起不到提升人才培养质量的作用，也无法实现提升人才培养质量的根本目的。在新时代思想政治教育本科专业人才培养质量评价满意度调查中，受访者对"您认为当前开展的评价活动在提升思想政治教育本科专业人才培养质量中的作用如何"这一项的认识是，24.7%的受访者表示很大，52.5%的受访者表示有一些，14.6%的受访者表示作用很小，8.2%的受访者表示不清楚。可见，当前开展的有关思想政治教育本科专业人才培养质量评价的作用还未得到充分的认可。同时，关于思想政治教育本科专业人才培养质量评价是否有作用的问题，有些受访者不清楚什么是人才培养质量评价，所以就更不清楚它的作用了。因此，这需要在今后的实施过程中进一步加强人才培养质量评价建设。

第四节　新时代思想政治教育本科专业人才培养质量评价存在问题的原因分析

  新时代思想政治教育本科专业人才培养质量评价之所以存在相关问题，有其深刻的原因。分析新时代思想政治教育本科专业人才培养质量评价问题产生的原因,需要明确的是,首先,新时代思想政治教育本科专业人才培养质量评价是针对思想政治教育本科专业人才培养质量评价的命题;其次,新时代思想政治教育本科专业人才培养质量评价是我国高校本科专业人才培养质量评价内容的组成部分。所以,新时代思想政治教育本科专业人才培养质量评价既是一个关于思想政治教育本科专业人才培养质量的微观问题,也是一个触及高校本科专业人才培养质量和高等教育领域人才培养质量的宏观问题。为此,这就要从微观和宏观两个方面,去探究新时代思想政治教育本科专业人才培养质量评价存在问题的原因所在。

一 思想政治教育本科专业人才培养质量评价机制不健全

"机制是一种组织或机体的内在工作方式,即构成有关组织或机体的有关要素的相互联系、相互作用,从而促使有关组织或机体功能的正常发挥。"[①] 评价机制就是针对评价活动形成的机制,这种机制按照评价活动的要求由相应的要素组成,并构成了按照一定方式和规律运行的系统。人才培养质量评价机制首先是质量评价机制的内容之一,其次是推动人才培养质量评价的内在动力。探究新时代思想政治教育本科专业人才培养质量评价机制,需要明确的一个基本前提是,针对思想政治教育本科专业是否已形成人才培养质量评价的雏形,答案是肯定的。冯刚、郑永廷认为,思想政治教育评价范围包括"对思想政治教育的测评,有论者将其表述为对受教育者、被教育者、人的思想道德素质或者人的思想政治道德素质等的测评"。[②]

通过对思想政治教育本科专业人才培养质量评价内容的相关梳理,可以得出以下结论。一是自思想政治教育本科专业设置以来,就有了思想政治教育本科专业人才培养质量评价,但是从评价内容到评价原则、从评价标准到评价方法、从评价指标到评价指标体系都不完整。同时,因为思想

---

① 韦洪涛:《高等教育质量评价与保证体系研究——审视我国高等教育大众化进程中的质量问题》,吉林人民出版社,2006,第180页。
② 冯刚、郑永廷主编《思想政治教育学科30年发展研究报告》,光明日报出版社,2014,第380页。

政治教育本科专业人才培养质量评价体系的不完整，其评价机制没有得到有效运行，评价从理论到实践没有得到足够的重视，思想政治教育本科专业人才培养质量评价在思想政治教育本科专业发展过程中也没有得到深入发展。二是长期以来，党和政府高度重视人才培养质量。为了提高人才培养质量，从国家到地方教育行政部门、从社会到高校，都通过各种路径和举措着力提升人才培养质量。比如，在全国范围内开展的本科教学工作水平评估、"双一流"建设、师范类专业认证等，这些措施都或多或少、直接或间接地在提升人才培养质量，只是入手的角度和侧重点有所不同。

此外，人才培养质量评价是依据一定的评价目的、评价标准、评价要求、评价指标等，判断、检验思想政治教育本科专业人才培养质量是否达到了预期目标。需要注意的是，以上内容对人才培养质量评价的针对性不强，现有的评价内容没有以"人才培养质量评价"为核心内容，即使有所涉及，指向性也不明确。其中最主要的原因是，思想政治教育领域的质量评价中没有将人才培养质量评价单列。2018年，中央围绕思想政治教育工作的质量多次提出要求和标准，但是，针对人才培养质量评价还没有提出具体的要求、出台相关的政策。目前，思想政治教育本科专业人才培养质量评价虽有相关内容，但其评价机制并不完整，主要体现为：没有从制度上对评价主体、评价目的、评价标准、评价结果的发布与利用进行系统的设计。① 没有健全人才培养质量的内部和外部质量评价的保障体系，没有形成保障人才培养质量评价持续健康发展的良好环境，对人才培养质量评价的监管力度不够，等等。

二 思想政治教育本科专业人才培养质量的外部评价存在不足

首先，评价主体局限于内部评价。通过对国家、社会、地方层面有关新时代思想政治教育本科专业人才培养质量评价的梳理和分析，新时代思想政治教育本科专业人才培养质量评价主要由政府主导，社会层面很少有

---

① 冯刚：《思想政治教育工作质量评价的时代特征》，《思想教育研究》2018年第5期。

相关机构参与思想政治教育本科专业人才培养质量评价。在新时代思想政治教育本科专业人才培养质量评价满意度调查中，受访者对"如果您有参与人才培养质量评价的经历，开展评价的主体是"这一项的认识是，73.3%的受访者表示是教育行政部门，10.5%的受访者表示是学校，6.3%的受访者表示是学院，9.9%的受访者表示是社会机构。可见，新时代思想政治教育本科专业人才培养质量评价是以内部评价为主的。内部评价虽然可以通过专业领域的专家进行细致、准确的评价，但是评价往往是站在人才培养主体的立场认识和思考评价的目的和效果，这种内部"消化"的评价方式和评价结果往往缺乏社会认可度。

其次，社会用人单位参与人才培养质量评价的范围有限。社会用人单位对人才培养质量的评价是检验人才培养质量高低的重要途径。高校所培养的人才质量的高低，不是我们通常认为的，把以高校为主体的办学层次、综合实力、声誉度等作为唯一评判依据。高校所提供的"产品"是否合格、是否满足经济社会发展需要，关键要看其是否能在工作岗位和具体的实践中发挥应有的作用、体现应有的价值。而个人工作能力和社会价值的体现，则需要通过用人单位所提供的具体岗位和平台进行检验。因此，用人单位对于高校所培养的人才的质量有非常重要的发言权，在评价中也更具有公正性与客观性。但是，当前社会用人单位参与人才培养质量评价的范围十分有限，作用也不明显。通过对相关资料的梳理发现，我国曾提出依托社会用人单位评价人才培养质量的建议、政策等，其在20世纪以国家条文的形式出现，比如，1993年我国颁布的《中国教育改革和发展纲要》就明确提出："各类学校都要重视了解用人单位对毕业生质量的评估。"但是，长期以来，我们对通过用人单位评价人才培养质量的重要性认识不够，在人才培养质量评价体系中缺乏用人单位评价人才培养质量的相关机制。同时，在新时代思想政治教育本科专业人才培养质量评价满意度调查中，参与调查的用人单位对"您所在单位是否参与过人才培养质量评价"这一项的认识是，6.7%的受访者表示参与过很多；11.8%的受访者表示参与过，但很少；81.5%的受访者表示没有参与过。可见，用人单位很少被教育行政部门、高校邀请参与人才培养质量评价，即使有所参与，范围也十分有限。

再次，社会第三方评价机构参与人才培养质量评价的范围有限。第三方评价是我国绩效管理的重要形式，常见的第三方评价有：独立的第三方评价和委托第三方评价。当前，关于人才培养质量评价的第三方评价机构主要以麦可思数据有限公司为代表。麦可思数据有限公司是以专业公司评价模式成立的第三方评价机构，也是中国首家高等教育管理数据与咨询的第三方机构。自2006年以来，麦可思数据有限公司每年为教育部、人力资源和社会保障部等国家有关部门和相关地区教育行政部门提供大学生就业报告，为相关高校应届毕业生提供培养质量评价报告。麦可思数据有限公司为高校提供的人才培养质量评价报告主要以高校为单位，针对相关专业的人才培养质量评价内容虽有所涉及，但非常有限。同时，麦可思数据有限公司开展的人才培养质量评价活动，由于在评价指标体系、数据来源等方面颇受争议，其在社会上的影响力比较有限。在新时代思想政治教育本科专业人才培养质量评价满意度调查中，受访者对"麦可思数据有限公司是否向您进行过人才培养质量评价的调查活动"这一项的认识是，5.8%的受访者表示进行过很多；10.6%的受访者表示进行过，但很少；83.6%的受访者表示没有进行过。可见，我国有关人才培养质量评价的社会第三方机构，主要以麦可思数据有限公司为代表，其他性质的社会第三方评价机构很少参与高校人才培养质量评价。

三 思想政治教育本科专业人才培养质量及其评价的局限性

"思想政治教育学是以马克思主义理论为基础的、研究人们社会主义思想意识形成、发展规律和实施思想政治教育的规律的一门应用学科，具有很强的政治性、思想性、实践性和综合性……思想政治教育专业的性质以及它的培养目标，决定了这个专业必须把学生思想政治素质的培养放在首位。"[①] 思想政治教育专业经过30多年的人才培养实践，其具有的特点和特色非常鲜明。首先，思想政治教育专业人才培养强调意识形态性的同

---

① 教育部思想政治工作司组编《加强和改进大学生思想政治教育重要文献选编（1978—2014）》，知识产权出版社，2015，第133、135页。

时，对所培养人才的思想道德素质、政治素质也十分重视。但是，属于人的思想、道德层面的相关素质是无法用具体的标准和相关的数据衡量的。在新时代思想政治教育本科专业人才培养质量评价满意度调查中，受访者对"您认为思想政治教育专业人才的思想道德素质、政治素质是否可以评价"这一项的认识是，15.3%的受访者表示完全可以，48.6%的受访者表示基本可以，25.4%的受访者表示不可以，10.7%的受访者表示不清楚。可见，有近40%的受访者认为，思想政治教育专业人才的思想道德素质、政治素质难以评价或者说不知如何评价。受访者对"如果思想政治教育专业人才的思想道德素质、政治素质可以评价，您认为是否有量化的标准"这一项的认识是，14.8%的受访者表示有很多，35.9%的受访者表示有一些，42.4%的受访者表示没有，6.9%的受访者表示不清楚。可见，有超过40%的受访者认为，思想政治教育专业人才的思想道德素质、政治素质即使可以评价，也没具体的量化标准。由以上分析可知，在思想政治教育本科专业人才培养质量评价中，对思想政治教育本科专业人才的政治素质、能体现该专业政治性要求的内容等方面，在认识程度、方法运用上还存在一定的局限性。

其次，思想政治教育专业本科人才经过系统培养后形成的政治素质、思想道德素质是隐形的，是看不见、摸不着的。因此，对思想政治教育专业本科人才培养质量进行评价，在评价方法、评价手段、如何使用评价工具，以及评价的时间和空间上都具有一定的局限性。同时，政治素质、思想道德素质不一定在大学期间有明显表现，需要通过自我的沉淀在一定的环境下才能表现出来。因此，对政治素质、思想道德素质的跟踪评价存在一定的难度。加之思想政治教育专业本科毕业生步入社会后，高校没有足够的人力、物力对毕业生进行跟踪。同时，高校在人才培养过程中，没有建立和形成系统、完善的思想政治教育专业本科人才培养质量反馈体系，从而导致思想政治教育本科专业人才培养质量评价存在一定的局限性。

最后，目前，我国对高校的思想政治教育专业本科生的培养虽然具有系统性、完整性，但是，中小学阶段的思想政治教育相对薄弱，主要体现在以下几个方面。一是中小学的《道德与法治》课被边缘化，通常是以副课的形式被安排在日常教学中。同时，课程量较少，在日常教学中教学内容十分有限，学生获得的思想教育、道德教育也十分有限。二是在中小学担任《道德与法治》课的教师大部分是其他学科的教师。具体来说，中学阶段的任课教师相对较为专业，具有丰富的专业知识，能够教授学生更为具体、丰富的思想道德方面的知识。小学阶段普遍存在任课教师专业构成复杂的现象，基本上没有专业的教师为学生授课。因此，在中小学阶段，中学生的思想道德教育较为成熟，小学生的思想道德教育相对薄弱。同时，目前，在大中小学"思政课"一体化的推动下，各方虽然努力将大中小学的思想政治课进行有效衔接，但仍处于起步阶段。这是思想道德教育、思想政治教育发展过程中存在局限性的体现，也是思想政治教育本科专业人才培养质量及其评价存在局限性的体现。

四　我国的人才培养质量评价建设与发展相对缓慢

评价作为高等教育管理中的一个重要环节，对于保障人才培养质量具有重要的意义。然而，传统评价方式存在一些误区，如重结果轻过程的评价倾向、评价形式单一等。这些问题映射在高等教育人才培养质量评价中，主要表现在以下几个方面。

首先，高校缺乏加强质量管理的内在动力。对影响高等教育质量的所有因素进行控制是高校自身的责任，这种质量控制活动是通过不断地自我评价、改进和提高的过程来实现的。但是，高校现行的质量保障体系中，因过于重视政府组织的评价，忽视了高校内部的自我评价，这就导致高校缺乏加强质量管理的内在动力。其原因为：在我国现行评价中，部分高校存在片面迎合评估需求的现象。评估的目的本是"以评促改、以评促管、以评促建"，但有些高校抱着"要我评"而非"我要评"的侥幸过关思想，自评结果往往水分较大，达不到自我诊断和提高的目的。

其次，人才培养质量评价重结果轻过程、重形式轻内容的现象普遍存在。吕达认为："千百年来形成的偏执一端的结果性评价制度，对我国大学生来说，已成为抑制他们创新思维萌发、创造能力发展的障碍，成为高校人才培养、质量提升的羁绊。"① 我国传统的人才培养观念和效果不显著的评价结合后，考评、评估、评价在人才培养质量提升中应发挥的作用往往就被消减。究其原因，一是当下各类考评、评估、评价等名目繁多，在影响正常教育教学活动的同时，带来了负担和压力。二是考评、评估、评价能够带来的实惠并不多。当评价理念得不到转变和革新时，通过评价推动事物发展的动力就不足，评价的作用也就得不到有效发挥。三是受传统教育的影响，人们对人才培养质量的评价往往以精英教育阶段的标准为参照，这就导致高等教育大众化背景下的人才培养质量究竟如何，不能得到客观的评价。这种单一的人才培养质量标准，必定会束缚人们的思维，阻碍人才培养质量评价的与时俱进。

再次，我国教育评价起步较晚，给高等教育领域人才培养质量评价带来负面影响。从古代到现代，我国也注重对教育的评价，但是评价理论发展得不够成熟。我国教育评价起步较晚的现状，给高等教育领域人才培养质量评价带来一定的负面影响，主要体现为，从评价在教育领域的运行现状来看，评价的作用和效果没有达到预期的目的，其深层次的原因有以下两点。一是我国评价的实践滞后于理论发展。理论成果的应用需要符合现实的需求，这种需求主要依托人们对其认知的程度和理论转化为实践的可操作性，但评价作为一种舶来品还没有完全融入我国社会，特别是没有融入老百姓的思想观念之中。二是在传统儒家文化的影响下，中国人不习惯用具体数字去评价，但也具有刚中有柔、柔中有刚的包容性。

---

① 牛亏环：《大学生学习过程评价研究》，人民日报出版社，2018，序一第 2 页。

第五章　思想政治教育本科专业人才培养质量评价优化

第一节　思想政治教育本科专业人才培养质量评价优化的前提

思想政治教育本科专业人才培养质量评价，需要通过解决存在的问题并对其进行优化才能发挥更好的作用、体现更大的价值。思想政治教育本科专业人才培养质量评价的优化，首先要认识到思想政治教育本科专业人才培养质量评价优化的必要性、依据和原则，从而明确优化的意义和价值，选择合理的优化路径。因此，梳理和明确思想政治教育本科专业人才培养质量评价优化的前提，将为保障优化的效果起到基础性作用。

一　思想政治教育本科专业人才培养质量评价优化的必要性

通过对新时代思想政治教育本科专业人才培养质量评价现状的梳理和认识，可以得出这样的结论：新时代思想政治教育本科专业人才培养质量评价逐渐受到党和国家、社会、高校的重视。在宏观方面，"新时代思想政治教育工作质量评价形成了坚持正确政治方向、遵循内在规律、体现人本价值取向、注重整体建构、突出长效运行等鲜明特征"[①]。但是，目前在理论和实践领域还存在一些问题，这就需要对思想政治教育本科专业人才

---

① 冯刚：《思想政治教育工作质量评价的时代特征》，《思想教育研究》2018 年第 5 期。

培养质量评价进行优化。所谓"优化",就是采取一定措施使事物变得优异。思想政治教育本科专业人才培养质量评价优化是指,将思想政治教育本科专业人才培养质量评价存在欠缺和不足的地方进行补充和完善,从而使其更好地运行和发展,并发挥应有的作用、体现应有的价值。思想政治教育本科专业人才培养质量评价优化的视角有以下三个方面。一是对思想政治教育本科专业人才培养质量评价理论层面的优化。理论是实践的先导,思想政治教育本科专业人才培养质量评价优化首先需要加强理论层面的研究,然后通过科学理论的指导推进评价实践的开展。二是对思想政治教育本科专业人才培养质量评价实践层面的优化。实践既是理论的来源,也是理论发展的根本动力。加强和推进思想政治教育本科专业人才培养质量评价的理论建设,既需要依托实践,也需要通过实践检验理论。同时,因为具体评价工作需要结合不同类型、不同层次的高校,以及不同特点的培养对象进行优化。所以需要参与评价活动的组织者、评价主体在开展具体评价工作时,在实践过程中进行具体的调整和优化。三是注重对思想政治教育本科专业人才培养质量评价机制的优化。通过思想政治教育本科专业人才培养质量评价优化所要实现的目标为:使相关利益主体更加清晰地认识到思想政治教育本科专业人才培养质量评价的组成部分、运行机制及重要性,并在此基础上推动思想政治教育本科专业人才培养质量评价理论与实践的发展;通过完善评价的实践机制发挥人才培养质量评价的作用;提高国家、社会、教育行政部门、高校对思想政治教育本科专业人才培养质量评价的重视程度,推动思想政治教育本科专业人才培养质量评价的要求、任务和目标等落到实处。

二 思想政治教育本科专业人才培养质量评价优化的依据

(一) 国家颁布的专业人才培养目标是根本依据

《普通高等学校本科专业设置管理规定》第一章第三条规定:"高校设置和调整专业,应主动适应国家和区域经济社会发展需要,适应知识创新、科技进步以及学科发展需要,更好地满足人民群众接受高质量高等教育需求。"可见,专业人才培养目标的意义在于,要通过自身变化使专业不断适应外部要求,从而更好地完善人才培养体系,提升人才培养质量。此外,"专业还需定期检查自己的人才培养目标,看它是否与大学使命、专业需求和评估标准的精神相一致"①。不难看出,《普通高等学校本科专业设置管理规定》在宏观上提出了人才培养质量的重要性。为此,思想政治教育本科专业人才培养质量评价优化,要依据《普通高等学校本科专业设置管理规定》的相关内容和要求,做到与国家层面提出的人才培养目标呼应和有机结合。

(二)思想政治教育本科专业人才培养目标是内容依据

本科专业人才培养目标是本科专业人才培养中的核心概念,也是本科专业人才培养工作的出发点与归宿。《普通高等学校本科专业目录和专业介绍(2012年)》明确规定,思想政治教育本科专业要"培养具备良好的政治理论素养、思想道德素质和科学文化素质,既能在学校和科研机构从事本专业的教学、研究工作,又能在党政机关和企事业单位从事以本专业为基础的宣传、组织、管理、思想政治工作的复合型人才"。我国社会主义进入新时代后,对思想政治教育本科专业人才培养提出了更高的要求,即在促进人的自由和全面发展的同时,积极推动人与人、人与社会的协调发展,从而使其成为担当中华民族伟大复兴大任的时代新人。这就为思想政治教育本科专业人才培养质量评价优化提供了根本遵循。

(三)思想政治教育本科专业人才成长规律是现实依据

思想政治教育本科专业人才培养质量评价不是为了评价而评价,其目的是提升人才培养质量,实现立德树人的根本任务。在优化人才培养质量评价时,要充分观照所培养人才的要求,遵循人才成长的规律。同时,既要研究人才成长的外部环境,也要研究内部环境,明确人才成长发展的正确方向和价值导向,满足所培养人才的成长发展需求。加之不同时代、不同环境和不同境遇中的人才,对于成长成才的发展有着不同的需求。因此,思想政治教育本科专业人才培养质量评价要充分考虑国家、社会对人

---

① 迈克尔·密里根:《服务公众 保障质量 激励创新——ABET工程教育认证概述》,乔伟峰整理,王孙禹审校,《清华大学教育研究》2015年第1期。

才的基本要求，把社会主义核心价值观的要求内化为日常行为准则，并形成自觉奉行的信念，承担起党和人民赋予的历史重任。① 此外，要充分考虑思想政治教育本科专业人才的特点。当前，正在培养的思想政治教育本科专业人才以"00后"为主体。"00后"有其自身的特点，比如，"00后"开放、自信和国际化；"00后"既高度认同主流价值观，又具有强烈的自我意识。同时，"00后"合作精神不足，吃苦耐劳品质缺乏。因此，认清"00后"的特点和成长规律，竭力为他们提供良好的成长、成才环境，满足他们多层次的需求，是思想政治教育本科专业人才培养质量评价优化的内在要求。

三 思想政治教育本科专业人才培养质量评价优化的原则

（一）体现以人为本的价值导向

"教育作为一种唤醒人的生命意识，启迪人的精神世界，建构人的生活方式，实现人的生命价值的活动，其产生和发展的合理性本身就是由个体和人类的生活需要决定的。"② 思想政治教育本科专业人才培养质量评价属于价值评价活动范畴，这就要求必须指向人本身。思想政治教育本科专业人才培养质量评价的主体、客体是人，评价内容、指标、标准等和人有着密切的联系。思想政治教育本科专业人才培养质量评价不仅具有工具性价值，而且更具有提升思想政治教育专业人才培养质量、满足思想政治教育专业本科生全面发展的目的性价值取向。因此，在思想政治教育本科专业人才培养质量评价中，应摒弃错误的"为了评价而评价"的一些简单认识，做到深化评价工作的人本属性，深入挖掘评价蕴含的人文精神，给予评价更多的人文关怀。为此，就要将以人为本的理念始终贯穿思想政治教育本科专业人才培养质量评价的全过程。这就要做到以下几点。一是进一步促进评价目的与以人为本相契合，努力将以人为本的理念同思想政治教育本科专业人才培养质量评价紧密结合，从而充分调动评价的积极性和主动性，发挥评价的创造性作用。二是在评价标准中体现以人为本。思想政

---

① 《习近平谈治国理政》（第1卷），外文出版社，2018，第172~176页。
② 邬大光：《重视本科教育：一流大学成熟的标志》，《中国高教研究》2016年第6期。

治教育本科专业人才培养质量评价标准，应立足思想政治教育本科专业人才思想实际，关注思想政治教育本科专业人才的精神需要。三是评价内容要具有丰富的人文精神内涵。思想政治教育本科专业人才培养质量评价，要特别注重评价内容和人文精神内涵的丰富和发展。因为人文精神反映的是人类普遍的自我关怀，通常表现为：对人的尊严、价值、命运的维护、追求和关切。因此，要十分重视对思想政治教育本科专业人才世界观、人生观和价值观的评价。

（二）关注个性化与可操作性

一是个性化。在当今社会发展的历程和实践中，现代化赋予了人特定的内容与特征，比如，富有个性、创造性等。思想政治教育本科专业人才作为接受过高等教育，并且以开展思想政治教育工作为己任的群体，对新时代充满了期望。为了更好地提升自身的能力和素质，实现更好、更快的发展，他们需要社会提供多样化的教育内容来满足培养主体、培养对象的个性化要求。培养主体的个性化表现为：中国特色的个性化、各省（区、市）[①] 社情的个性化、不同高校[②]的个性化。培养对象的个性化表现为：随着社会的不断发展，培养对象在不同时期有着不同的特征，培养对象对于知识的认知、需要和应用都有不同的看法。同时，因为不同年代人的价值观不同，在人才培养过程中要不断关注培养对象的需求，关注青年一代的特点，并结合人才培养需要形成富有时代气息的、个性化的培养内容与模式。二是可操作性。人才培养质量评价指标体系作为人才培养质量的衡量依据，既要对人才的各个方面进行实际客观的度量，又要便于评价人员在评价过程中进行操作。这就要求选定的评价指标要满足两个方面的要求：指标条目简明扼要、各指标要求收集的信息应较容易被观察和了解。如果评价指标体系中设定的各项指标都能够进行实际观察、测定或测评，就可以得出明确的结论，反之，就无法得出明确的结论。

---

① 各省（区、市）是人才的间接培养主体，更是不同培养特点、培养水平的重要体现。
② 高校是人才的直接培养主体，人才培养质量的高低主要取决于高校的办学水平和办学质量。

第二节　思想政治教育本科专业人才培养质量评价优化的经验借鉴

一　国内人才培养质量评价的经验借鉴

自古以来，我国就有人才培养质量评价的相关内容。就古代而言，虽然没有具体的人才培养质量评价一说，但是在人才培养过程中通过各种各样的方式在进行人才培养质量评价。到了现代社会，人才培养质量评价的理论、模式等从国外逐步的、越来越多的输入我国，对我国人才培养质量评价起到积极的推进作用。随之，我国开始关注和重视人才培养质量评价问题，并在不同的专业领域、不同的人才培养层次、不同的高校逐渐形成了具有中国特色的人才培养质量评价内容、体系等。从我国古代到当下所积淀的人才培养质量评价内容，都有益于思想政治教育本科专业人才培养质量评价的完善和发展。因此，要对国内人才培养质量评价的先进经验做到充分的借鉴和吸收。

（一）我国古代的人才培养质量评价

我国古代十分重视人才培养质量及其评价，主要表现在两个方面。一是对道德质量的评价。我国传统的儒家文化十分注重人的品德，因此，针对"德"产生了诸多评价思想。春秋战国时期的管仲提出了"文、武、威、德"的概念。孔子非常重视德育，也注重对品德的评价，提出了"不患人之不己知，患不知人也"[①]。孔子在《中庸》一书中提出了"不可以不知人"的主张。孟子认为，对人的品德评价既必要又重要，将人的品德分为善、信、美、大、圣、神。孟子认为，"权，然后知轻重；度，然后知长短。物皆然，心为甚"[②]。南北朝时期著名的思想家颜之推认为，品德是可以评价的，认为"人之虚实真伪在乎心，无不见乎迹，但察之未熟耳。一为察之所鉴，巧伪不如拙诚，承之以羞大矣"。这句话可以理解为，

---

① 孔子：《论语》，北京工业大学出版社，2014，第8页。
② 王世朝编注《〈孟子〉导读》，广东高等教育出版社，2011，第13页。

人的品德都会在其行为表现中留下痕迹，只要我们"察之未熟"就能以"一"鉴"大"。① 朱熹曾言："品德在内有得于心，在外则持之以行。"这句话的意思是，品德评价是必要的，也是可行的。

二是人才培养质量评价的标准。春秋战国时期的《礼记·学记》记载："比年入学，中年考校。一年视离经辨志，三年视敬业乐群，五年视博习亲师，七年视论学取友，谓之小成。九年知类通达，强立而不反，谓之大成。"这说明春秋战国时期，我国已经有了简单的人才评价标准和理念。《国语·齐语》中述及齐桓公的用人标准，"有居处好学，慈孝于父母，聪慧贤仁，发闻于乡里者"，意在倡导把这样的人推荐出来。唐代李翱提出了7条人才评价标准："盖行己莫如恭，自责莫如厚，接众莫如宏，用心莫如直，进道莫如勇，受益莫如择友，好学莫如改过，此闻之於师者也。"② 宋代思想家朱熹曾言："品藻人物，须先看他大规模，然后看他好处与不好处，好处多与少，不好处多与少。又看某长某短，某有某无，所长所有底是紧要与不紧要，所短所无底是紧要与不紧要。如此互将来品藻，方定得他分数优劣。"③

（二）我国当前的人才培养质量评价

近年来，我国开展了一系列有关人才培养质量评价的理论与实践研究。在理论研究方面主要有以专业为类别的人才培养质量评价研究、以培养层次为类别的人才培养质量评价研究、以高校性质为类别的人才培养质量评价研究。在实践方面主要有师范类专业认证等。我国当前开展的人才培养质量评价，为思想政治教育本科专业人才培养质量评价优化提供了重要的经验借鉴。

1. 以专业为类别的人才培养质量评价

一是安全工程专业应用型人才培养质量评价。安全工程专业应用型人才培养质量评价，关注人才培养质量的结构、内涵及其评价体系等问题，努力实现人才培养质量评价的系统化、科学化和深入化。同时，安全工程

---

① 梁满仓译注《人物志》，中华书局，2014，第25页。
② （唐）李翱撰《李文公集》，上海古籍出版社，1993，第56页。
③ （宋）黎靖德编《朱子语类（卷13）》，中华书局，1986，第18页。

专业在借鉴国内外应用型人才培养质量评价理论和方法的基础上，构建安全工程专业应用型人才培养质量评价体系，并采用科学、合理的评价标准及多样化的评价方法，全面度量安全工程专业应用型人才培养的质量。二是高职类社区药学服务人才培养质量评价。高职类社区药学服务人才培养质量评价以问卷调查的方式，对毕业生和实习生相对集中的社区医院和社会药房开展问卷调查，分析用人单位对社区药学服务人才培养质量的评价。同时，依据第三方发布的本地区高校社会需求与培养质量年度报告，对药学专业若干届毕业生毕业半年后的就业指标数据进行动态比较分析，检验社区药学服务人才培养的质量和效果。

2. 以培养层次为类别的人才培养质量评价

一是博士研究生培养质量评价。针对我国博士研究生培养质量现状，运用 DEA 方法对博士研究生培养质量进行评价分析。二是硕士研究生培养质量评价。针对各研究生培养单位的硕士研究生培养现状，运用层次分析法——模糊综合评价方法，对硕士研究生培养质量进行评价分析。基于科学性原则与导向性原则相结合、全面性原则与综合指标优先原则相结合等，建构了科学、有效的硕士研究生培养质量评价指标体系。三是高职人才培养质量评价。从毕业生和用人单位信息反馈的角度，开展高职人才培养质量评价，学生作为教育质量评价的主体，是新时代高职教育质量保障体系的重要组成部分。相关用人单位作为高职教育服务的对象，对人才培养质量的高低具有重要的发言权，并创建了基于毕业生信息反馈的包含 4 个层级 169 个指标的高职人才培养质量指标体系。一级指标有 2 个，即毕业生对母校的总体满意度与推荐度；二级指标有 3 个，分别是就业落实与就业质量信息反馈、毕业生自身知识能力素养提升评价、对母校的服务质量评价；三级指标有 14 个，四级指标有 150 个。各指标间有机联系，共同构成了评价整体。

3. 以高校性质为类别的人才培养质量评价

一是理工类院校本科人才培养质量评价。在发放调查问卷的基础上，分析某地区理工类院校的学生、教师、专家学者以及用人单位对本科人才培养质量评价指标的重要程度的认知。通过 SPSS 21.0 数据统计软件对数据进行分析,去掉了重要程度认知较低的指标,最终确定了理工类院校本科人才培养质量评价指标,包括基本素质、知识结构、从业竞争力、创新能力、就业质量5个一级指标和21个二级指标。二是高等农业院校人才培养质量动态综合评价。高等农业院校人才培养质量动态综合评价,利用综合评价结果对人才培养质量按序差进行了后续分析等研究,并对动态综合评价模型的评价结果进行分析。

最后,需要指出的是,从21世纪初开始,我国在全国高校开展的本科教育质量评估中的相关做法和经验,以及目前正在高校开展的师范类专业认证中的"学生中心、产出导向、持续改进"等理念,在思想政治教育本科专业人才培养质量评价优化过程中,都需要积极借鉴和吸收。

二 国外人才培养质量评价的经验借鉴

国外对人才培养质量评价问题的关注相对较早,特别在一些发达国家,比如美国、英国等国家已经有了较为成熟的做法。虽然国与国之间因国情不同,在人才培养质量评价方面有不同的特点、标准和价值观。但是,知识作为人类共有的财富并没有界限,因为知识往往通过融通与借鉴才会变得更为丰富、更有价值。对于人才培养质量评价来说,无论在哪个国度、何种文化背景下,只要有利于人才培养质量提升、有利于人才的发展,都应该大胆地借鉴和吸收,并结合实际做到创新发展。

(一)美国人才培养质量评价

1. 具体技能的评价

对具体技能的评价是美国人才培养质量评价中非常具有特点的一种评价方法,主要包含三个方面。一是对交流能力的评价,主要包括口试、论文写作等。口试是指,通过问答方式进行的评价,涉及学生自评、学生互评、教师评价等。论文写作是指,展示自身所掌握的相关知识,表达对某些问题的理解以及如何解决问题。二是对批判性思维能力的评价,主要包括评论写作、报告等。评论写作是指,评论性的论文写作方式,它要求学生对问题进行评价和分析。报告是指,按照一定的条理将现有信息进行整理和分析,然后得出结论并提出具体建议,以此检验学生的批判性思维能力。三是对问题解决能力的评价，主要包括角色扮演、案例研究等。角色扮演是指，不仅要考查学生解决问题的能力，还要考查学生之间相互沟通、协商等的能力。案例研究是指，学生在案例中寻找存在的问题，并对问题进行深入分析，然后得出解决问题的办法。

2. 毕业生追踪调查法

毕业生追踪调查法是近年来在美国高校中被普遍推广的一种人才培养质量评价方法，主要包含两个方面。一是毕业生追踪调查的过程，包括确定调查的目的、确定毕业生调查的实施者和实施单位、确定调查方式、撰写调查报告。二是毕业生追踪调查的意义，主要有：毕业生追踪调查的评价对象虽然以学校培养的学生为主体，但是从评价的本质上分析，这种评价方法实际上是对学校培养方式和培养质量的一种评价。同时，通过社会相关部门、用人单位对毕业生的信息反馈，可以分析出高校培养出来的学生满足社会需要、市场需求的程度，这为社会各界衡量和评价高校人才培养质量提供了相应的参考和标准。

（二）英国人才培养质量评价

1. 评价标准的灵活性

英国的高等教育在世界上长期处于领先地位，在人才培养质量方面，英国有其自身特点。一是英国高校具有自主招生、自主设置专业、自主决定教学内容的权利。因此，同我国人才培养质量评价注重考试成绩相比，英国高校不以考试成绩来评价和衡量人才的素质高低。二是英国高校还十分重视学生入学前在社会实践、志愿服务等方面的综合素质水平。可见，英国的人才培养质量评价更多关注人才的实践活动，重视人才的实践能力，这既是英国人才培养质量评价中最显著的特点，也是英国人才培养质量评价走在世界前列的重要原因。

2. 评价主体的独立性

1997 年，英国成立了高等教育质量保证局，其主要职责是：对学生的素质进行客观的、权威的评价，同时对教师素质进行监督评价。[1] 作为第

---

[1] 付刚、赵悦：《英国高校学生素质评价的特色及有意借鉴》，《井冈山医专学报》2008 年第 4 期。

三方监督机构，高等教育质量保证局具有一定的独立性、学术性和权威性。该机构通常会聘请具有高等教育管理经验的专家、学者以及相关人士参与具体评价工作。因此，英国的高等教育质量保证局认识到了学生在人才培养质量评价中的重要性，做到了充分尊重学生的主体性。可以说，英国的人才培养质量评价基本上可以对学生进行全方位、立体式的评价。此外，这种评价方式受到学生的普遍欢迎，因为学生找到了更多的存在感，人才培养质量评价就必定会发挥应有的作用、取得良好的效果。

三 国外道德教育质量评价的经验借鉴

思想政治教育本科专业人才培养质量评价内容包含思想政治教育本科专业人才的思想道德素质，借鉴国外道德教育质量评价的先进经验，对于优化思想政治教育本科专业人才培养质量评价具有重要的意义。这是因为，"当前，世界各国都非常重视思想政治教育……尤其是国外各个时期较为成熟和完善的道德教育理论和实践，内在的包含道德教育评价研究"①。下面主要介绍美国和韩国的道德教育质量评价。②

（一）美国的道德教育质量评价

美国的道德教育质量评价主要涵盖三个方面。一是评价机构方面，美国参与道德教育质量评价的机构主要是学校认证委员会和各级政府。美国一些地区的或者全国性的私立教育评价机构，通过一些标准来反映和完善教育项目的质量，并以此来确定它们的办学是否符合基本的质量水平。同时，政府在整个评价过程中起着监督和服务的作用。二是评价目标方面，美国各州道德教育的目标是培养社会所需要的良好公民，把培养学生的公民责任和为社会发展服务的意识作为大学教育的重点和办学理念。三是评价内容方面，美国各州的学校都根据自己的培养目标设立了人文历史、职

---

① 冯刚等：《高校思想政治教育工作质量评价研究》，人民出版社，2020，第258页。
② 美国的道德教育理论与实践发展迅速，道德教育质量评价体系也相对完善，是资本主义国家卓有成效地进行道德教育的代表。韩国是与中国文化教育背景接近的国家，其大学评价认证制的改革在提高高等教育的质量和水平、提升大学的研究能力及水平等方面取得了良好的成效。

业道德、社会研究、政治体制、大学生活导论等德育课程，这些课程基本涵盖了价值观教育、爱国主义教育、公民教育等内容。

（二）韩国的道德教育质量评价

韩国的道德教育质量评价中，政府、市场与学校在具体评价过程中充当着不同的角色。一是政府注重宏观引导和调控，较少直接介入和干涉评价的开展。在韩国教育质量评价发展过程中，政府只做方向上的宏观把控。二是民间团体积极参与教育质量评价。为了保证评价活动的独立性、公正性和专门性，大学鼓励民间教育组织开展评价与认证活动。三是学校在教育质量评价中的主体性要求越来越高。四是政府在教育质量评价中引入"市场竞争"。政府为了提高学校教育竞争力而开展的学习能力评价中，公开评价结果，将各学校间的差距完全公开化，进而按照"市场竞争"原则引入全面竞争。

综上所述，"文明因交流而多彩，文明因互鉴而丰富"。在学习、借鉴国内外人才培养质量评价先进经验时，要做到有的放矢，不能一味模仿。做到从专业的特点出发，从人才培养的特点出发，在比较和鉴别中汲取其中有益的、适合本专业人才培养质量评价的养分。同时，做到取长补短，对于吸收、借鉴的内容要加以"消化"，使其"本土化"，最终实现"为我所用"，从而丰富思想政治教育本科专业人才培养质量评价的方式和手段，切实提升其人才培养质量评价的效果。

第三节　思想政治教育本科专业人才培养质量评价优化的路径

立足新时代对思想政治教育本科专业人才提出的新内容和新要求，基于新时代思想政治教育本科专业人才培养质量评价存在的问题和原因，结合国内外人才培养质量评价的先进经验等，主要从对评价的认识、评价制度、评价主体、评价方式、评价内容五个方面入手，对思想政治教育本科专业人才培养质量评价进行优化。

一 强调评价对思想政治教育本科专业人才培养质量提升的重要性

对事物进行评价,是人类生活的重要特征。马克思恩格斯在《德意志形态》中指出:"凡是有某种关系存在的地方,这种关系都是为我而存在的。"① 人们对已知的事物无不进行评价。王茂胜认为:"评价在本质上仍然是一种认识,是一种反映。只不过它是一种特殊的认识和特殊的反映。"② 具体体现为:评价是主体依据一定标准和尺度衡量客体对主体的价值。因为价值,评价便有了更为重要的作用和地位。目前,评价已在多个学科领域有着广泛的实践和应用,强调评价对思想政治教育本科专业人才培养质量的重要性,微观上,有利于推动思想政治教育本科专业实现内涵式发展;宏观上,对于加强思想政治教育专业学科建设与发展具有重要的意义和作用。只有强调评价在思想政治教育本科专业人才培养质量中的重要性,思想政治教育本科专业人才培养质量评价才能发挥应有的作用、体现应有的价值。

一是认识评价在思想政治教育本科专业人才培养质量中发挥的作用。自思想政治教育本科专业设置以来,有关人才培养质量的评价通过不同的方式和路径发挥了应有的作用。同时,在我国改革开放不断深入的过程中,随着时代的变迁、环境的变化,评价在思想政治教育本科专业人才培养质量中的作用从未被忽视,只是在不同的发展阶段发挥着不同的作用。二是明确评价在思想政治教育本科专业人才培养质量中的地位。人才培养需要用一定的方式衡量才能体现其质量的高低,评价作为高等教育中常用的衡量和判断教育教学质量最有效的方式,其地位一直备受重视。但是评价在社会各领域被广泛使用后,在某些领域,评价本身同所要评价的事物没有建立本质的、内在的联系,评价的功能没有得到有效的体现,这就在一定程度上削弱了评价在事物发展中的地位。因此,对思想政治教育本科专业人才培养质量评价,要针对评价的内涵、原理和要求,结合思想政治

---

① 《马克思恩格斯全集》(第 3 卷),人民出版社,1963,第 34 页。
② 王茂胜:《思想政治教育评价论》,中国社会科学出版社,2006,第 38 页。

教育专业学科的特点，进行深入的理论研究；作为思想政治教育本科专业人才培养的管理者、决策者，要高度重视调查研究，强调评价对思想政治教育本科专业人才培养质量的重要性。三是要对思想政治教育本科专业人才培养质量评价充满期望。随着思想政治教育专业学科的不断发展，评价在思想政治教育本科专业人才培养质量提升、推动学科专业实现内涵式发展中将发挥越来越大的作用。因此，要十分重视评价与思想政治教育本科专业人才培养质量的有机结合。

二　加强思想政治教育本科专业人才培养质量评价的制度建设

健全、完善的制度对人才培养质量评价具有导向和激励作用。思想政治教育本科专业人才培养质量评价既要符合思想政治教育本科专业人才培养规律和人才成长规律，更要做到健全和完善思想政治教育本科专业人才培养质量评价制度。因为从制度上破解思想政治教育本科专业人才培养质量评价存在的问题是最重要的，是根本性的。针对当前思想政治教育本科专业人才培养质量评价制度不健全、不完善的现状，应从颁布思想政治教育本科专业人才培养质量评价的相关政策法规、制定思想政治教育本科专业人才培养质量评价工作指南两个方面入手。

（一）颁布思想政治教育本科专业人才培养质量评价的相关政策法规

思想政治教育本科专业人才培养质量评价有着十分重要的作用，那么，应如何引起更多的专家、学者和相关管理部门对思想政治教育本科专业人才培养质量评价的重视，需要我们进行深入的研究和思考。依据我国国情和思想政治教育本科专业人才培养的特点，首先应从国家层面加强顶层设计，特别是通过颁布相关政策法规，使评价成为思想政治教育本科专业人才培养质量提升的一种制度去贯彻落实。因为相关政策法规的制定和落实，是人才培养质量提升的重要保障，关系着思想政治教育本科专业人才的长远发展和社会认可度。因此，思想政治教育本科专业人才培养质量评价政策法规的制定和实施，是推动思想政治教育本科专业人才培养质量持续提升的重要内容。当前，如何有效开展思想政治教育本科专业人才培养质量评价还处在探索之中，健全相关政策法规，不仅可以确立思想政治教育本科专业人才培养质量评价的地位，也可以为思想政治教育本科专业人才培养质量评价的相关实践提供政策支持和方向指导。为此，思想政治教育本科专业人才培养质量评价的政策法规在制定和完善过程中，应该在遵循基本方向的前提下，明确思想政治教育本科专业人才培养质量评价的作用，提高相关部门、各方力量对思想政治教育本科专业人才培养质量评价的重视程度。在具体细节上，应该细化人才培养质量评价的各个环节，比如，要求各级教育行政部门制定思想政治教育本科专业人才培养质量评价管理办法、要求高校发布思想政治教育本科专业人才培养质量评价年度报告等。总之，只有在相关政策法规的保障下，思想政治教育本科专业人才培养质量评价才能够做到有理可循、有据可依。

同时，思想政治教育本科专业人才培养质量评价是需要教育行政部门、开设思想政治教育本科专业的高校及相关利益主体共同重视的一项评价活动。是否开展人才培养质量评价、如何开展人才培养质量评价等都需要从国家层面给予明确的指导。因此，这也需要通过健全相关政策法规为思想政治教育本科专业人才培养质量评价指明方向、保驾护航。作为主管全国思想政治教育工作的教育部思想政治工作司，应该高度重视思想政治教育本科专业人才培养质量评价，出台加强思想政治教育本科专业人才培养质量评价的相关政策。要求各地区教育行政部门、各高校立足实际，切实有效地开展思想政治教育本科专业人才培养质量评价，并成立督导组对思想政治教育本科专业人才培养质量评价进行指导和督促。作为地方教育行政部门，要按照教育部颁布的思想政治教育本科专业人才培养质量评价的相关政策，立足省情，结合所在地区高校特点、思想政治教育本科专业办学水平、办学现状等，制定和颁布本地区的思想政治教育本科专业人才培养质量评价的指导意见，并将高校开展思想政治教育本科专业人才培养质量评价的成效纳入年度工作考核之中，从而推动高校深入开展思想政治教育本科专业人才培养质量评价工作。作为思想政治教育本科专业人才培养主体的高校，要在国家的宏观指导下，按照地方教育行政部门的具体要求，高度重视、层层落实，把思想政治教育本科专业人才培养质量评价作为提升思想政治教育本科专业人才培养质量、加快建设新时代马克思主义学院的重要举措。

（二）制定思想政治教育本科专业人才培养质量评价工作指南

思想政治教育本科专业人才培养质量评价关系全国各省份思想政治教育本科专业人才培养质量评价，这就需要教育部统领思想政治教育本科专业人才培养质量评价，从党和国家培养思想政治教育本科专业人才重要性的高度出发，对思想政治教育本科专业人才培养质量评价做出要求和规定，特别是通过颁布思想政治教育本科专业人才培养质量评价工作指南，为各省份教育行政部门、各高校有步骤地开展思想政治教育本科专业人才培养质量评价提供方向性指导。思想政治教育本科专业人才培养质量评价工作指南应由教育部思想政治工作司牵头，以教育部高等教育教学评估中心为具体负责部门，思想政治教育本科专业人才培养质量评价工作指南应涵盖以下内容。

一是思想政治教育本科专业人才培养质量评价实施办法解读，具体包括：思想政治教育本科专业人才培养质量评价概述，思想政治教育本科专业人才培养质量评价组织管理、专家督导、地方教育行政部门和高校的职责等。二是思想政治教育本科专业人才培养质量评价标准解读，具体包括：国家层面对思想政治教育本科专业人才培养质量的评价标准、社会层面（包括用人单位、第三方评价机构）对思想政治教育本科专业人才培养质量的评价标准、教育行政部门和高校对思想政治教育本科专业人才培养质量的评价标准、思想政治教育专业本科毕业生对思想政治教育本科专业人才培养质量的评价标准等。三是强调思想政治教育本科专业人才培养质量评价内外结合的重要性，将内部评价与外部评价有机结合，努力做到思想政治教育本科专业人才培养质量评价的系统性和完整性，提升思想政治教育本科专业人才培养质量评价的社会认可度。四是鼓励和支持社会第三方机构积极参与思想政治教育本科专业人才培养质量评价，特别是要求地方教育行政部门和高校要加强同社会的衔接，将思想政治教育本科专业人才培养质量评价由封闭的校园转向广阔的社会，更好地了解社会对思想政治教育本科专业人才的评价体系和方式、方法等。五是地方要依据国家制定的思想政治教育本科专业人才培养质量评价工作指南，结合地方实际和特点，对思想政治教育本科专业人才培养质量评价工作指南进行分解，其目的是，让具体执行部门和执行者能够清楚其中的要求和内容。同时，作为地方教育主管部门和高校，避免出现对思想政治教育本科专业人才培养质量评价工作指南的生搬硬套，要做到灵活的运用和落实。

三　持续推动多元主体参与思想政治教育本科专业人才培养质量评价

人才培养质量是反映高校教育教学水平的重要内容，需要专门机构对人才培养质量进行评估和鉴定。此外，人才培养是我国高等教育的核心内容，人才培养质量如何应该赋予外部机构应有的权力进行评价。当前，我国的人才培养质量评价主要由政府主导，人才培养质量评价也以内部评价为主。但是，内部评价总是站在自身的立场，评价结果缺乏客观性和认可度。只有将外部评价引入人才培养质量评价机制，人才培养质量评价才能实现内外结合，评价效果才能充分凸显，评价结果才能更加客观、全面。为此，政府必须做到观念的更新与职能的转变、由集权模式到指导模式的转变、由直接管理到宏观监控的转变，并且要委托社会中介机构发挥高校外部评估的职能，开放社会监督和评价渠道，对思想政治教育本科专业人才培养质量的评价主体进行结构性调整，将单一的政府主体结构转变为教育行政部门、用人单位、学生和家长广泛参与的多元主体结构。因此，与社会需求和学生需求呈现多元、多样相适应，思想政治教育本科专业人才培养质量评价要形成相关利益主体参与的多元评价格局。

一是教育行政部门是思想政治教育本科专业人才培养质量评价的核心主体。我国的教育行政部门分为国家教育行政部门和地方教育行政部门两类。国家教育行政部门主要指教育部，地方教育行政部门指地方的教育厅、教育局等。教育行政部门作为思想政治教育本科专业人才培养的管理者、引导者，高度重视思想政治教育本科专业人才培养的内容、方法、效果等。所以，教育行政部门是思想政治教育本科专业人才培养质量评价的核心主体。

二是用人单位是思想政治教育本科专业人才培养质量评价的重要主体。用人单位作为接收、管理思想政治教育专业本科毕业生的社会机构，对思想政治教育专业本科毕业生具有的素质、具备的能力等有着深入的了解和掌握。因为思想政治教育专业本科毕业生的质量首先反映在其具备的基本素质和能力方面，而素质和能力体现在其工作岗位上。用人单位作为接收、管理思想政治教育专业本科毕业生的主体，能够从毕业生的工作业绩中清晰地了解思想政治教育专业本科毕业生的素质和能力。所以，用人单位是思想政治教育本科专业人才培养质量评价的重要主体。

三是第三方评价机构是思想政治教育本科专业人才培养质量评价的新型主体。麦可思数据有限公司作为当前高校人才培养质量评价的第三方评价机构之一，虽然涵盖了思想政治教育本科专业人才培养质量评价，但是内容十分有限。因此，政府和教育行政部门要鼓励和支持第三方评价机构针对思想政治教育本科专业人才培养质量进行专门的、系统性的评价。同时，政府和教育行政部门要鼓励和支持更多的、具有良好资质的第三方评价机构积极参与思想政治教育本科专业人才培养质量评价。

四是思想政治教育专业本科毕业生是思想政治教育本科专业人才培养质量评价的关键主体。思想政治教育专业本科毕业生是指，接受了高等学校思想政治教育本科专业系统教育的毕业生。思想政治教育专业本科毕业生作为人才培养的直接受益者，对思想政治教育本科专业人才培养质量有着最为真实、客观的认识和感受。思想政治教育专业本科毕业生接受了系统的培养后，对于自身获得的知识、素质和能力有着一定的认知，特别是思想政治教育专业本科毕业生经历了实习、就业后，对自身的知识、素质和能力就会有更深刻的认知。

五是思想政治教育专业本科毕业生家长是思想政治教育本科专业人才培养质量评价的主体之一。思想政治教育专业本科毕业生家长和思想政治教育专业本科毕业生都十分关心人才培养质量，思想政治教育专业本科毕业生家长虽然在思想政治教育本科专业人才培养过程中同培养单位的沟通很少，但是思想政治教育专业本科毕业生家长是思想政治教育本科专业人才培养质量的受益者，他们一直在关心和关注思想政治教育本科专业人才培养质量问题。所以，思想政治教育专业本科毕业生家长是思想政治教育本科专业人才培养质量评价的主体之一。

四　注重新技术与思想政治教育本科专业人才培养质量评价的融合

思想政治教育本科专业人才培养质量评价要借助和运用新技术提高评价的效率、发挥评价的更大作用。一是发挥信息技术优势是思想政治教育本科专业人才培养质量评价的必然要求。当今时代是信息技术更加发达的时代，这就要求思想政治教育本科专业人才培养质量评价要充分发挥信息技术的优势。同时，思想政治教育本科专业人才培养质量评价既关涉思想政治教育本科专业人才培养质量的发展方向与发展思路，又是培养主体高质量开展思想政治教育本科专业人才培养质量评价的助推力量和重要根据。针对当前部分地区在思想政治教育本科专业人才培养质量评价中缺乏对大数据重要性的认知，加之思想政治教育本科专业人才培养质量评价还没有形成独立性、系统性，部分主体在评价时带有主观色彩、存在形式化等问题，这就需要借助技术与思想政治教育本科专业人才培养质量评价的有机结合弥补存在的不足。此外，作为新时代思想政治教育本科专业人才的"90后""00后"大学生，都喜欢和乐于运用新媒体、新技术。因此，在人才培养质量评价中要将新媒体、新技术同"90后""00后"大学生开放、创新、富有个性的特点有机结合起来，让人才培养质量评价以更加丰富、多样的方式迎合评价对象的接受方式和审美取向。

二是促进信息技术与思想政治教育本科专业人才培养质量评价的深度融合。信息技术在网络时代发挥着越来越重要的作用，新技术手段的运用关乎思想政治教育本科专业人才培养质量评价的科学化发展。随着研究的不断深入，大数据、物联网、人工智能等新兴技术逐渐应用于哲学社会科学研究领域，相关理论研究和实践探索为思想政治教育本科专业人才培养质量评价提供了有益经验。一方面，"思想政治教育的主体、客体、环节、流程、结果等诸多方面都会沉淀大量的信息，这些信息有不少可以以数据的方式储存下来，形成洞察、分析、决策和判断的依据"[1]。思想政治教育

---

[1] 冯刚、王树荫主编《思想政治教育研究热点年度发布（2017）》，团结出版社，2018，第266页。

本科专业人才培养质量评价要顺应时代发展，借助大数据、物联网、人工智能等新兴技术分析、判断、整合思想政治教育本科专业人才培养质量相关信息，进一步深化对人才培养质量的评价。另一方面，对信息、数据的合理选取和组合，对优化思想政治教育本科专业人才培养质量评价的方法和路径十分重要。当前，思想政治教育本科专业人才培养质量评价仍存在与信息技术浅层次融合的问题。因此，各地区、各高校之间要突破自身局限，在立足地区实际、学校实际和人才实际的基础上，将信息技术与新时代思想政治教育本科专业人才培养质量评价做到深度融合。比如，用大数据分析思想政治教育本科专业人才对马克思主义的信仰、社会主义的认同和坚定信念等，用大数据测评新时代思想政治教育本科专业人才的思想道德水平、知识体系、专业能力等。同时，随着思想政治教育本科专业人才培养的不断深入，以元宇宙为代表的新技术、新思维和新方法，为赋能思想政治教育本科专业人才培养质量评价创造了可能性。元宇宙这个高度智能并且和现实世界耦合共生的数字空间，将会在思想政治教育领域发挥越来越大的作用。但是，如何运用大数据、物联网、人工智能等新兴技术，如何使思想政治教育本科专业人才培养质量中的政治素质、思想道德素质等相关指标得到量化，需要进一步加强理论研究和实践探索。

五 各地要结合实际丰富思想政治教育本科专业人才培养质量评价指标

（一）各地结合实际丰富思想政治教育本科专业人才培养质量评价指标的要求

思想政治教育本科专业人才培养质量评价指标首先要依据国家和教育行政部门制定的人才培养目标来确定，其次要遵循政治性与法理性的统一。从政治上看，思想政治教育本科专业人才培养是反映贯彻、落实党的教育方针和人才培养任务的完成度，是与立德树人工作效果相统一的过程，要凸显质量评价的政治导向。从法理上看，一是思想政治教育本科专业人才培养质量评价指标必须是明确的。在评价中，评价指标是具体的指标，而非意向、抽象、模棱两可的指标，对指标的语言描述应当详细。二是思想政治教育本科专业人才培养质量评价指标必须是可以衡量的。如果评价指标没有办法衡量，就无法判断这个指标是否可以实现。指标的衡量标准是"能量化的质化，不能量化的感化"。对于难以直接进行量化的指标，可以对指标进行细化或者流程化，使评价能够用量和质进行描述。比如，思想政治教育本科专业人才的政治素质、思想道德素质可以转化为可观测和可评价的指标项，把难以测量的"心"转化为可测量的"行"，这是丰富思想政治教育本科专业人才培养质量评价指标的内在要求和突破口。三是思想政治教育本科专业人才培养质量评价指标必须是可以实现的。评价指标应当能够被评价者和评价对象接受，并且要具有一定的挑战性，通过一定的努力能够实现。设计者不能凭主观臆断，一厢情愿地将自己理解和认识的主观因素加入评价中。四是思想政治教育本科专业人才培养质量评价指标不仅要体现人才培养质量评价指标的普遍性，还要体现思想政治教育本科专业人才培养质量评价指标的特殊性，使评价指标既能反映共性的内容，又能反映个性的要求。因此，思想政治教育本科专业人才培养质量评价应吸纳各方意见和建议，使指标严密完整、内容丰富饱满、目标切实可行。

（二）各地结合实际丰富思想政治教育本科专业人才培养质量评价指标的依据

国家及教育行政部门制定和颁布的相关文件。2016 年，中共中央召开全国思想政治工作会议，随后印发了《关于加强和改进新形势下高校思想政治工作的意见》（以下简称《意见》），这是新时代高校思想政治教育的纲领性文件。冯刚等认为，"《意见》是制定指标体系的基本遵循，《意见》提出的形成教书育人、科研育人、实践育人、管理育人、服务育人、文化育人、组织育人长效机制，提供了指标体系的框架构想"[①]。教育部围绕《意见》的具体要求，制定颁布的一系列规章制度，是建立思想政治教育本科专业人才培养质量评价指标的重要依据，主要有《高校思想政治工

[①] 冯刚等：《高校思想政治教育工作质量评价研究》，人民出版社，2020，第 242 页。

作质量提升工程实施纲要》《关于深化本科教育教学改革 全面提高人才培养质量的意见》等。

（三）各地结合实际丰富思想政治教育本科专业人才培养质量评价指标的路径

1. 对高等教育领域相关专业人才培养质量评价指标的借鉴

人才培养质量评价指标既有普遍性，又有特殊性。普遍性是指，人才培养质量评价指标共有的特性、特点。比如，从培养结果来说，所培养人才的思想道德素质、科学文化素质、组织管理能力、沟通协作能力、语言表达能力等都是人才应具有的基本能力，这些基本能力就是人才培养质量评价指标具有的普遍性。特殊性是指，人才培养质量评价指标自身的特性、特点。比如，从培养结果来说，思想政治教育专业人才要做到"在马学马、在马言马、在马信马、在马行马"，综合起来就是信仰马克思主义，这是思想政治教育专业人才不同于其他专业人才的培养质量评价指标。思想政治教育本科专业人才培养质量评价指标要做到，对高等教育领域相关专业人才培养质量评价指标的借鉴，主要借鉴高等教育领域相关专业人才培养质量评价指标中同思想政治教育本科专业人才培养质量评价指标相一致的指标、有利于开展思想政治教育本科专业人才培养质量评价的指标。

2. 开展思想政治教育本科专业人才培养质量评价指标特色性问卷调查

思想政治教育本科专业人才培养质量评价指标特色性问卷调查是丰富评价指标的重要途径。为此，本书以 Q 省为例，编制了"新时代思想政治教育本科专业人才培养质量评价指标特色性调查问卷——以 Q 省为例"。问卷的编制依据为：通过对相关文献的阅读，首先做到对思想政治教育本科专业人才培养质量评价指标的一般理解；参考学界对思想政治教育本科专业人才培养质量评价指标的研究成果；笔者对本领域专家、学者深入访谈，对大学生进行深入、细致的交流和访谈。同时，本问卷的编制主要借鉴了何美子博士学位论文中的"新时代大学生社会主义核心价值观认同的调查问卷"、李明月硕士学位论文中的"理工类院校本科人才培养质量评价指标重要度调查问卷"。在此基础上，依据思想政治教育本科专业人才培养的特点、思想政治教育本科专业人才培养质量特征，结合 Q 省思想政治教育本科专业人才的生源特点，Q 省思想政治教育本科专业高校的办学特点、办学性质和办学定位编制出"新时代思想政治教育本科专业人才培养质量评价指标特色性调查问卷——以 Q 省为例"（见附录 F）。

一是问卷调查的对象及来源。"新时代思想政治教育本科专业人才培养质量评价指标特色性调查问卷——以 Q 省为例"的调查对象为 Q 省的教育行政部门、用人单位、思想政治教育本科专业教师。调查问卷的指标有若干项，主要包括：学法、用法、守法；扎实的专业知识基础；熟练运用专业技能；沟通协作能力；组织管理能力；抗压能力；心理调适能力；语言表达能力；社会实践能力；学习能力；创新能力；积极参与志愿服务活动；就业创业质量；维护民族团结；关心生态环境保护；弘扬地方优秀传统文化；致力于服务西部地区经济社会发展；践行人类命运共同体理念；关注人类社会走向和世界发展趋势。以上评价指标既有人才培养质量的普遍性特征，又有思想政治教育本科专业人才培养质量的个性化特征。

考虑到样本的代表性，教育行政部门选取 Q 省教育厅、高校教务处的工作人员为样本。选取 Q 省 60 名教育行政部门工作人员进行问卷调查。用人单位选取 Q 省的企事业单位，并且选取省会城市、非省会城市（地级）、县级城市、乡（镇）四种类型的用人单位为样本。选取 Q 省用人单位样本 40 家，对 40 家用人单位进行问卷调查。思想政治教育本科专业教师选取 Q 省的高校，并选取 Q 省的"双一流"建设高校、其他普通本科高校的教师为样本，各抽取 45 人，对 90 名思想政治教育本科专业教师进行问卷调查（见表 5-1）。从被调查对象结构、高校办学层次分布等情况来看，基本符合当前开设思想政治教育本科专业高校的总体情况，调研对象具有较好的广泛性与代表性。

二是调查问卷的内容及选取。首先必须弄清楚所调查对象对"思想政治教育本科专业人才培养质量评价"的认识和了解程度，然后通过对相关问题的设计获得"人才培养质量评价"的基本数据，最后确定评价指标。在设计正式调查问卷之前，选取调查对象中的部分教育行政部门工作人员、用人单位、思想政治教育本科专业教师围绕"思想政治教育本科专业人才培养质量评价"进行访谈，获取调查问卷的基本内容。

三是调查问卷的审核与确定。问卷的设计以调查对象为中心,针对不同的调查对象设计问卷内容。问卷既有文字表述的选择性题目,也有自由表述题目。问卷内容是通过两次施测得以确定的。第一次施测后,对各个题目进行相关分析和临界比值分析,剔除质量不高的题目,形成最终问卷。第二次施测后,对有关新时代思想政治教育本科专业人才培养质量评价指标特色性进行验证性因子分析,以检验问卷的结构以及各个题目测量其所属因素的程度。在此基础上,对影响人才培养质量评价指标特色性调查问卷进行信度和效度分析(见表5-2、表5-3)。为了确保调查问卷的科学性,邀请若干位思想政治教育专业教授、博士对访谈的资料进行分析、审核,做到对有疑问的问题加以纠正、剔除,对意义相近、重复的题目进行合并。统计访谈对象在每个题目上的频次,保留题目频次在2个以上的题目。然后结合相关文件精神、政策解读、国内外研究成果编制涉及"培养质量"各个因素、各项指标的调查问卷。问卷形成后,为了保证问卷的实用性和适用性,请专业领域的专家进行审查,并根据反馈结果进行修改,形成最终需要的调查问卷。

四是问卷调查的方式。调查问卷通过"问卷星"进行设计和发放。问卷调查的步骤为:在线设计问卷、发布问卷并设置属性、发送问卷、查看调查结果、下载调查数据。依托相关软件计算各调查题目与其所属因素问卷总分的相关系数,通过分析得出相应的结果。回收教育行政部门问卷59份、用人单位问卷38份、思想政治教育本科专业教师问卷90份。删除答题时间过短、填答不完整、同一性答案以及答案呈明显规律性等的无效问卷,最终获得的有效问卷为:教育行政部门问卷58份,问卷有效回收率为98.31%;用人单位问卷37份,问卷有效回收率为97.37%;思想政治教育本科专业教师问卷90份,问卷有效回收率为100%。对调查得到的有效问卷选用SPSS 21.0统计软件进行分析,依托该软件计算各调查题目与其所属因素问卷总分的相关系数,通过分析,得出相应的结果。此外,在统计软件分析的基础上,通过梳理、对比,对相关分析结果进行补充、完善。

从表5-1可见,新时代思想政治教育本科专业人才培养质量评价指标特色性问卷调查的受访者分布比较合理。

表 5-1　"新时代思想政治教育本科专业人才培养质量评价指标特色性调查问卷"受访者类型

单位：个，%

受访者	样本数量	占比
教育行政部门	60	31.6
用人单位	40	21.1
教师	90	47.4
合计	190	100.0

五是调查问卷的信度和效度检验，结果如表 5-2、表 5-3 所示。

表 5-2　"新时代思想政治教育本科专业人才培养质量评价指标特色性调查问卷"信度分析结果

调查问卷	题项数（个）	Cronbach's α
新时代思想政治教育本科专业人才培养质量评价指标特色性调查问卷	20	0.816

表 5-3　"新时代思想政治教育本科专业人才培养质量评价指标特色性调查问卷"KMO 检验和 Bartlett's 球形检验结果

KMO 检验值		0.823
Bartlett's 球形检验	近似卡方	18364.050
	df	406
	sig.	0.000

六是思想政治教育本科专业人才培养质量评价指标特色性调查（见表 5-4 至表 5-22）。

表 5-4　学法、用法、守法

单位：次，%

评价指标	项目	频率	百分比
学法、用法、守法	非常重要	476	32.5
	重要	708	48.3
	不是很重要	189	12.9
	不重要	92	6.3
	合计	1465	100.0

表 5-5　扎实的专业知识基础

单位：次，%

评价指标	项目	频率	百分比
扎实的专业知识基础	非常重要	898	61.3
	重要	521	35.6
	不是很重要	34	2.3
	不重要	12	0.8
	合计	1465	100.0

表 5-6　熟练运用专业技能

单位：次，%

评价指标	项目	频率	百分比
熟练运用专业技能	非常重要	605	41.3
	重要	782	53.4
	不是很重要	52	3.5
	不重要	26	1.8
	合计	1465	100.0

表 5-7　沟通协作能力

单位：次，%

评价指标	项目	频率	百分比
沟通协作能力	非常重要	434	29.6
	重要	693	47.3
	不是很重要	284	19.4
	不重要	54	3.7
	合计	1465	100.0

表 5-8　组织管理能力

单位：次，%

评价指标	项目	频率	百分比
组织管理能力	非常重要	488	33.3
	重要	721	49.2
	不是很重要	226	15.4
	不重要	30	2.1
	合计	1465	100.0

表 5-9　抗压能力

单位：次，%

评价指标	项目	频率	百分比
抗压能力	非常重要	316	21.6
	重要	672	45.9
	不是很重要	391	26.7
	不重要	86	5.8
	合计	1465	100.0

表 5-10　心理调适能力

单位：次，%

评价指标	项目	频率	百分比
心理调适能力	非常重要	316	21.6
	重要	672	45.9
	不是很重要	391	26.7
	不重要	86	5.8
	合计	1465	100.0

表 5-11　语言表达能力

单位：次，%

评价指标	项目	频率	百分比
语言表达能力	非常重要	445	30.4
	重要	684	46.7
	不是很重要	233	15.9
	不重要	103	7.0
	合计	1465	100.0

表 5-12　社会实践能力

单位：次，%

评价指标	项目	频率	百分比
社会实践能力	非常重要	416	28.4
	重要	712	48.6
	不是很重要	315	21.5
	不重要	22	1.5
	合计	1465	100.0

表 5-13 学习能力

单位：次，%

评价指标	项目	频率	百分比
学习能力	非常重要	418	28.5
	重要	710	48.5
	不是很重要	312	21.3
	不重要	25	1.7
	合计	1465	100.0

表 5-14 创新能力

单位：次，%

评价指标	项目	频率	百分比
创新能力	非常重要	429	29.3
	重要	570	38.9
	不是很重要	312	21.3
	不重要	154	10.5
	合计	1465	100.0

表 5-15 积极参与志愿服务活动

单位：次，%

评价指标	项目	频率	百分比
积极参与志愿服务活动	非常重要	463	31.6
	重要	642	43.8
	不是很重要	335	22.9
	不重要	25	1.7
	合计	1465	100.0

表 5-16 就业创业质量

单位：次，%

评价指标	项目	频率	百分比
就业创业质量	非常重要	371	25.3
	重要	609	41.6
	不是很重要	315	21.5
	不重要	170	11.6
	合计	1465	100.0

表 5-17 维护民族团结

单位：次，%

评价指标	项目	频率	百分比
维护民族团结	非常重要	297	20.3
	重要	562	38.4
	不是很重要	376	25.6
	不重要	230	15.7
	合计	1465	100.0

表 5-18 关心生态环境保护

单位：次，%

评价指标	项目	频率	百分比
关心生态环境保护	非常重要	570	38.9
	重要	683	46.6
	不是很重要	151	10.3
	不重要	61	4.2
	合计	1465	100.0

表 5-19 弘扬地方优秀传统文化

单位：次，%

评价指标	项目	频率	百分比
弘扬地方优秀传统文化	非常重要	570	38.9
	重要	683	46.6
	不是很重要	151	10.3
	不重要	61	4.2
	合计	1465	100.0

表 5-20 致力于服务西部地区经济社会发展

单位：次，%

评价指标	项目	频率	百分比
致力于服务西部地区经济社会发展	非常重要	570	38.9
	重要	683	46.6
	不是很重要	151	10.3
	不重要	61	4.2
	合计	1465	100.0

表 5-21 践行人类命运共同体理念

单位：次，%

评价指标	项目	频率	百分比
践行人类命运共同体理念	非常重要	589	40.2
	重要	674	46.0
	不是很重要	125	8.5
	不重要	77	5.3
	合计	1465	100.0

表 5-22 关注人类社会走向和世界发展趋势

单位：次，%

评价指标	项目	频率	百分比
关注人类社会走向和世界发展趋势	非常重要	634	43.3
	重要	629	42.9
	不是很重要	103	7.0
	不重要	99	6.8
	合计	1465	100.0

表 5-4 至表 5-22 表明，新时代思想政治教育本科专业人才培养质量评价指标特色性调查的受访者，认为"学法、用法、守法；扎实的专业知识基础；熟练运用专业技能；专业科研能力；沟通协作能力；组织管理能力；抗压能力；心理调适能力；语言表达能力；社会实践能力；学习能力；创新能力；积极参与志愿服务活动；就业创业质量；维护民族团结；关心生态环境保护；弘扬地方优秀传统文化；致力于服务西部地区经济社会发展；践行人类命运共同体理念；关注人类社会走向和世界发展趋势"重要的（包含非常重要、重要）都高于 60%。因此，以上特色性指标可以从地方的视角，作为丰富思想政治教育本科专业人才培养质量评价的指标。同时，以 Q 省为例开展新时代思想政治教育本科专业人才培养质量评价指标特色性调查，意在强调在思想政治教育本科专业人才培养质量评价指标中融入地方特色指标的意义和重要性。另外，需要说明的是，文中涉及的思想政治教育本科专业人才培养质量评价指标特色性调查的内容只是示例，并非标准。可见，将具有地方特色的指标作为丰富思想

政治教育本科专业人才培养质量评价指标的内容，使国家制定的评价指标同地方的特色性指标相契合，从而推动思想政治教育本科专业人才培养质量评价发展，既能实现国家开展人才培养质量评价的目的，又能推动地方更加积极地投入人才培养质量评价之中，从而推进思想政治教育本科专业人才培养质量评价实现整体性发展。

七是开展新时代思想政治教育本科专业人才培养质量评价指标特色性调查的意义。第一，新时代思想政治教育本科专业人才培养质量评价指标特色性调查，是为了丰富国家（宏观）层面的评价指标，使评价指标实现从单一性向多元化的转向。第二，新时代思想政治教育本科专业人才培养质量评价指标特色性调查中的相关指标，是在思想政治教育专业特点、思想政治教育本科专业人才培养特点的基础上，结合地方特点、生源特点等，让思想政治教育本科专业人才培养质量评价做到既能充分体现国家的意愿，又能反映个体的具体诉求，还能使评价变得丰富多样，并以具有亲和力的方式赢得组织者、参与者的认可和欢迎，从而让思想政治教育本科专业人才培养质量评价成为十分轻松而且有意义的活动。第三，体现地方特点、生源特点的指标的指向是实现人的全面发展，是立德树人。同时，要贴切地体现地区经济发展、精神文化等方面的显著特点。第四，新时代思想政治教育本科专业人才培养质量评价指标特色性调查的目的是起到一定的示范作用，从而使各地更为直观的认识到结合实际丰富思想政治教育本科专业人才培养质量评价指标的重要性。

最后，需要说明的是，以 Q 省为例开展新时代思想政治教育本科专业人才培养质量评价指标特色性调查，旨在强调在思想政治教育本科专业人才培养质量评价指标中融入地方特色指标的意义和重要性。另外，文中涉及的新时代思想政治教育本科专业人才培养质量评价指标特色性调查的内容只是示例，并非对思想政治教育本科专业人才培养质量评价指标提出的标准，这里需要做出说明。总之，在思想政治教育本科专业人才培养质量评价中，将具有地方特色的指标作为丰富思想政治教育本科专业人才培养质量评价指标的内容，使国家制定的评价指标同地方的特色性指标相契合，从而推动思想政治教育本科专业人才培养质量评价，既能实现国家开展人才培养质量评价的目的,又能推动地方更加积极地投入人才培养质量评价之中,还能推进思想政治教育本科专业人才培养质量评价实现整体性发展。

六 思想政治教育本科专业人才培养质量评价指标体系制定的相关建议

指标体系是人才培养质量评价要素的集中体现,是理论研究运用于实践的关键。思想政治教育本科专业人才培养质量评价指标体系是指,依据思想政治教育本科专业人才培养特点,按照一定的质量评价目标,设置一定的质量评价标准,并按照质量评价标准设置若干个指标,这些指标按照一定的内在规则和内在逻辑结构建构起来的体系。目前,涉及思想政治教育本科专业人才培养质量评价指标体系的内容主要有《高校思想政治教育工作质量评价指标体系(参考)》《高校思想政治教育工作质量评价基本标准(参考)》《全国大学生思想政治教育工作测评体系(试行)》等。以上内容基本是从宏观上对思想政治教育专业人才培养质量评价指标体系提出了相关要求和建议,还没有形成专门针对思想政治教育本科专业人才的培养质量评价指标体系。因此,结合本书内容,提出思想政治教育本科专业人才培养质量评价指标体系制定的相关思路和建议。

(一)思想政治教育本科专业人才培养质量评价指标体系制定的要求

思想政治教育本科专业人才培养质量评价指标体系不仅要满足对现实工作评价的需要,还要对未来工作的开展具有一定的指导意义,并且能够在实践中不断得到修正和完善,从而保证思想政治教育本科专业人才培养质量评价的可持续发展。因此,思想政治教育本科专业人才培养质量评价指标体系制定要体现以下要求。

一是以立德树人为目标。思想政治教育本科专业人才培养质量评价从思想政治教育本科专业设置以来就以不同内容、不同形式出现,在提升人才培养质量、推动思想政治教育本科专业发展中发挥了积极的作用。但是,伴随思想政治教育本科专业育人的主体、客体、环境和方法等的不断变化,思想政治教育本科专业人才培养质量评价或多或少地表现出不能完全适应社会发展和满足社会需要的特点。因此,思想政治教育本科专业人才培养质量评价指标体系要建立在对以往评价指标的基础上，做到对未来预期方向的把握。习近平总书记指出，"要把立德树人内化到大学建设和管理各领域、各方面、各环节，做到以树人为核心，以立德为根本"①。新时代思想政治教育本科专业人才培养要围绕立德树人来开展，人才培养质量评价指标也要围绕立德树人的落实和实效来确定。

二是思想政治教育本科专业人才培养质量评价指标体系的制定，要以《高校思想政治教育工作质量评价指标体系（参考）》《高校思想政治教育工作质量评价基本标准（参考）》《全国大学生思想政治教育工作测评体系（试行）》为参考。《高校思想政治教育工作质量评价指标体系（参考）》是国家层面颁布的，同思想政治教育本科专业人才培养质量评价指标体系有着紧密联系，对思想政治教育本科专业人才培养质量评价指标体系制定有指导意义的重要依据和参考内容。《全国大学生思想政治教育工作测评体系（试行）》是 2012 年中共中央宣传部、教育部下发的，测评体系由省（区、市）大学生思想政治教育工作测评体系和普通高等学校大学生思想政治教育工作测评体系构成。因此，所制定的思想政治教育本科专业人才培养质量评价指标体系，要为教育行政部门、高校开展思想政治教育本科专业人才培养质量评价提供参考和借鉴。

三是制定反映内部和外部质量的评价指标体系。思想政治教育本科专业人才培养质量既有外部质量，也有内部质量。外部质量是指，思想政治教育本科专业人才的学习成绩、现实表现等。内部质量是指，思想政治教育本科专业人才的道德品质、价值观、人生观等。评价思想政治教育本科专业人才培养质量，不仅要对其学习成绩、现实表现进行考察，还应该深入考察其背后的深层次因素，如思想观、价值观、人生观等。因此，在制定评价指标体系时，应根据人才培养质量的外部和内部因素，从反映思想政治教育本科专业人才的具体行为中找出与大学生行为表征相关性强的人才培养质量因素，全方位、多角度、科学地制定能切实体现思想政治教育本科专业人才培养质量的评价指标体系。

四是思想政治教育本科专业人才培养质量评价指标体系要具有系统

---

① 习近平：《在北京大学师生座谈会上的讲话》，《人民日报》2018 年 5 月 3 日。

性。思想政治教育本科专业人才培养质量评价是一个涉及多因素、多指标、多层次的复杂系统，需要以系统科学为方法论的基础。思想政治教育本科专业人才培养质量评价指标体系的系统性是指，评价指标体系应具有结构性、整体性等特征。结构性是指，要把评价指标分解成若干层次，形成一级、二级、三级等的塔状结构。整体性是指，对评价对象的全面考量和评价，并把各个指标、各级指标作为整体加以审视和衡量。

（二）思想政治教育本科专业人才培养质量评价指标之间的关系

依据思想政治教育专业的性质和思想政治教育本科专业人才培养的特点，思想政治教育本科专业人才培养质量评价指标应包括思想政治素质、知识结构、就业质量、工作能力。陈玉琨认为，"从评价学的观点来看，指标是一种具体的、可测量的、行为化的评价准则，是根据可测或可观察的要求而确定的评价内容"①。评价指标是构建评价体系的核心内容，在评价过程中要注意评价指标的遴选，做到不疏漏，体现系统性。同时，只有厘清各指标类别之间的从属关系、重要性关系，才能取得良好的评价效果。它们之间的关系具体体现为：从知识、能力、素质和就业质量四个方面进行人才培养质量评价时，知识是前提，能力是关键，素质是核心，就业质量是目的，四者之间相互联系、相互依存。

一是知识指标。知识是人们在改造世界的实践中所获得的认识和经验的总和。要成为国家和社会需要的人才，必须学习知识，然后将所学知识转化为生产力。这就意味着，思想政治教育本科专业人才必须具有一定的知识才能发挥应有的价值，并且所具有的知识结构是合理的。二是能力指标。能力是完成一项目标或者任务体现出来的综合素质。"思想政治教育本科专业学生毕业后主要有两个就业方向：一部分进入中小学政治课教师队伍，从事政治课教育教学工作；另一部分升学或进入其他职业领域"②，这就要求思想政治教育本科专业人才要具备相应的能力。通常来说，大学生要具备职业能力、普适性能力和学术能力。三是素质指标。素质是人在

---

① 陈玉琨：《教育评价学》，人民教育出版社，1999，第34页。
② 孙其昂、王臻：《新时代思想政治教育本科专业建设的几点思考》，《学校党建与思想教育》2018年第7期。

实践活动中具有的稳定的、内在的品质。思想政治教育专业是以马克思主义理论为指导的，培养思想政治教育本科专业人才的核心素养应是马克思主义。因此，思想政治教育本科专业人才培养质量，首先要反映思想政治教育本科专业人才的马克思主义素养。四是就业质量指标。就业本身的重要性和大学生就业形势的严峻性，使得毕业生就业受到全社会的高度关注。当前，就业质量成为国家制定经济发展战略和公共就业政策，以及评价高校人才培养质量的重要依据。可以说，从国家到社会，再到家庭和个人，就业质量已经成为衡量人才培养质量的重要内容。从宏观上来说，就业质量已成为经济社会发展中的核心问题。从微观上来说，就业质量同个人的工资收入、医疗保障、住房、养老等直接挂钩，并关系到个人的职业发展和前途。因此，就业质量指标可以让社会公众更直观地看到思想政治教育本科专业人才培养质量状况。

（三）思想政治教育本科专业人才培养质量评价指标权重的配置方法

"权重"是一个相对的概念，字面意思是权衡轻重。权重的表现形式既有一定数量的要求，也有对数量自身的性质、种类要求。同时，指标权重是按照一定的逻辑关系组成的整体。在思想政治教育本科专业人才培养质量评价指标体系中，权重是针对某一指标而言的，是指该指标在评价指标体系中的相对重要程度。开展思想政治教育本科专业人才培养质量评价时，为了将各个指标的相对重要程度体现出来，就需要分配指标权重。权重分配是否合理，对评价结果有直接影响。

有关评价指标权重配置的方法主要有德尔菲法、经验确定法、对数加权法等，下面主要介绍常用的德尔菲法和经验确定法。

一是德尔菲法。德尔菲法是美国兰德公司赫尔姆发明并运用于技术预测的一种方法，在教育评价中被广泛应用。这种方法是以专家的信任为基础，但为了使每位专家都能独立地发表自己的意见和观点，通常采用匿名的形式。德尔菲法配置指标权重的路径具体为：通过发放问卷的形式向专家就指标权数征求意见，并最终确定指标权数。采用德尔菲法开展评价的评价者及管理者，必须做到将感性知识和理性知识有机结合，这样才能更好地完成评价工作并得出满意的结果。二是经验确定法。经验确定法是由经验丰富的思想政治教育专家、思想政治教育质量评价理论研究专家，或者具有质量评价实践经验的专家组成的团队，通过召开会议共同商定指标权重的方法。首先，参会的每位专家充分发表自己对各个指标相对重要程度的意见、建议，经过讨论按照相对重要程度确定各项指标的次序并达成共识。在此基础上，与会专家明确表明自己对各项指标权重的估计值。其次，求出各项指标权重估计值的平均数，称为指标平均权重。最后，求出各项指标平均权重之和，用每项指标平均权重除以指标平均权重之和所得到的数值结果为各项指标的权重赋值。

综上所述，针对思想政治教育本科专业人才培养质量评价优化的路径，一是要在评价现存问题的基础上有针对性地进行优化，做到抓住关键问题和要素，并予以有效解决；二是要在理论研究和具体实践中不断探索新的优化路径，随着思想政治教育本科专业人才培养的不断深入，有关人才培养质量及其评价会不断出现新情况、新问题，这就要求对思想政治教育本科专业人才培养质量评价做到跟进，对其优化的路径进行适时调整和完善；三是要做到宏观和微观相结合、国家层面和地方层面相互补位。思想政治教育本科专业人才培养质量评价是我国高等教育领域关注和重视的问题，也是各地教育主管部门和承担思想政治教育本科专业人才培养任务的高校关注和重视的问题。在立德树人根本任务的指导下，为了不断提升思想政治教育本科专业人才培养质量，使思想政治教育本科专业人才更加适应时代发展，这就要求思想政治教育本科专业人才培养质量评价要做到国家（宏观）层面和地方（微观）层面相互补位，做到整体和局部相互推进，内容和方式相互契合，从而在健全评价体制机制、丰富评价内容和手段、提升评价的效率和效果等方面实现长足发展。

第六章 结论与展望

第一节 基本结论

人才是我国经济社会发展的第一资源。[①] 人才培养质量关系党和国家一代又一代合格接班人的培养质量，关系国家的命运和经济社会发展。思想政治教育本科专业人才培养要始终秉持为党育人、为国育才的光荣使命。为此，需要不断提升思想政治教育本科专业人才培养质量。评价是提升人才培养质量的重要方式，发挥评价在思想政治教育本科专业人才培养质量提升中的作用，对于丰富我国人才培养质量提升的方式、拓展我国人才培养质量提升的路径具有重要的意义。

本书以思想政治教育本科专业人才培养质量评价为研究对象，对思想政治教育本科专业人才培养质量评价进行了系统的研究，呈现了较为完整的思想政治教育本科专业人才培养质量评价指标体系，形成了较为系统的思想政治教育本科专业人才培养质量评价研究内容。

1. 思想政治教育本科专业人才培养质量评价研究的基础理论

首先，在前人研究成果的基础上，对思想政治教育本科专业人才培养质量评价进行了合理界定。其次，对思想政治教育本科专业人才培养质量评价的相关理论基础、马克思和恩格斯提出的人才培养质量评价的相关理论、中国共产党领导集体提出的人才培养质量评价的相关理论进行了阐

[①] 《国家中长期人才发展规划纲要（2010—2020 年）》。

述。最后，对国内外关于教育评价理论、教育需求与供给理论、全面质量管理理论的相关内容进行了梳理。以上有关人才培养质量评价的理论为本书研究奠定了基础。

2. 思想政治教育本科专业的特色

明确思想政治教育本科专业的特色是本书研究的逻辑起点。首先，思想政治教育本科专业是一门高等教育本科专业，是以马克思主义为指导的高等教育本科专业。其次，思想政治教育本科专业知识体系具有一定的独特性，思想政治教育本科专业人才不仅要掌握本专业的知识，还要掌握政治学、教育学、心理学、管理学等学科的知识。最后，思想政治教育本科专业在发展过程中不断被注入新的思想和理论、新的方法和新的内容。

3. 新时代思想政治教育本科专业人才培养质量的内涵

深入研究思想政治教育本科专业人才培养质量，是揭示思想政治教育本科专业人才培养质量评价的前提。思想政治教育本科专业人才培养质量是，思想政治教育本科专业人才在高校这个特定环境下，通过接受系统的教育，最终形成的政治素质、思想道德素质、知识结构、就业质量以及毕业后5年内所具备的工作能力。因此，在新的时代条件下，思想政治教育本科专业人才培养质量要转变以往高等教育对人才培养的条件质量、过程质量的关注，注重人才培养的结果质量。同时，思想政治教育本科专业人才培养质量着重强调思想政治教育本科专业人才的政治素养、政治素质等，即要求思想政治教育本科专业人才要以高度的政治要求和政治标准，在工作、学习、生活中努力践行中国共产党全心全意为人民服务的宗旨，用甘于奉献、甘于牺牲自我的精神，充分彰显思想政治教育本科专业人才坚信马克思主义、坚定不移跟党走的信念和情怀。

4. 新时代思想政治教育本科专业人才培养质量评价满意度调查和新时代思想政治教育本科专业人才培养质量评价指标特色性调查，是思想政治教育本科专业人才培养质量评价研究的重要内容

为了解和掌握思想政治教育本科专业人才培养质量评价现状，本书通过问卷调查的方式获取了相关信息，主要针对教育行政部门、用人单位、2016~2020届毕业生、2021届毕业生展开问卷调查。同时，通过对国家层

面、社会层面、地方层面开展的有关新时代思想政治教育本科专业人才培养质量评价的实践活动的分析，进一步了解思想政治教育本科专业人才培养质量评价的现状。同时，为了研究思想政治教育本科专业人才培养质量评价优化的路径中，关于各地要结合实际丰富思想政治教育本科专业人才培养质量评价指标这一问题，也是通过问卷调查的方式获取相关信息。以Q省的教育行政部门、用人单位、思想政治教育本科专业教师为对象展开问卷调查，从而为各地结合实际丰富思想政治教育本科专业人才培养质量评价指标提供示例。

5. 思想政治教育本科专业人才培养质量评价优化，是思想政治教育本科专业人才培养质量评价研究的目的

思想政治教育本科专业人才培养质量评价存在评价指标和地方的实际情况结合度不够、评价过程中培养对象的参与度不够、国家出台的相关政策在执行过程中出现"走样"、地方层面存在评价要求落实不到位的现象等问题。其原因主要有：思想政治教育本科专业人才培养质量评价机制不健全、思想政治教育本科专业人才培养质量的外部评价存在不足、思想政治教育本科专业人才培养质量及其评价的局限性、我国的人才培养质量评价建设与发展相对缓慢。针对新时代思想政治教育本科专业人才培养质量评价存在的问题，通过借鉴国内外人才培养质量评价的经验和国外道德教育评价的经验，依据国家颁布的专业人才培养目标、思想政治教育本科专业人才培养目标、思想政治教育本科专业人才成长规律等，通过强调评价对思想政治教育本科专业人才培养质量提升的重要性、加强思想政治教育本科专业人才培养质量评价的制度建设、持续推动多元主体参与思想政治教育本科专业人才培养质量评价、注重新技术与思想政治教育本科专业人才培养质量评价的融合、各地要结合实际丰富思想政治教育本科专业人才培养质量评价指标、思想政治教育本科专业人才培养质量评价指标体系制定的相关建议，对思想政治教育本科专业人才培养质量评价进行了优化。

总之，通过思想政治教育本科专业人才培养质量评价研究，我们对思想政治教育本科专业已经有了较为系统的认识，既认识了思想政治教育本科专业在我国经济社会发展和人才培养中的作用，也意识到了思想政治教

育本科专业仍存在的一些问题。同时，我们要认识到，思想政治教育本科专业人才培养质量评价，既是质量评价应用于具体工作领域的尝试和探索，更是思想政治教育本科专业人才培养领域追求高质量的反映。因此，如何更好地发展思想政治教育本科专业、如何通过评价的手段提升思想政治教育本科专业人才培养质量等都需要我们在今后的实践中不断去探索。作为一门已具有完整体系的高等教育专业，在推动专业发挥应有作用的前提下，应当不断深化对专业发展的规律、人才培养质量评价规律的认识，找到提升人才培养质量的内部因素、外部动力，从而培养一代又一代坚定拥护中国共产党领导和我国社会主义制度、立志为中国特色社会主义事业奋斗终身的思想政治教育本科专业人才，这是研究的根本目的所在。

第二节　相关建议

一　思想政治教育本科专业人才需要提升和拓展的素质、能力

新时代要求思想政治教育本科专业人才肩负起新的使命。一是思想政治教育本科专业人才要肩负传播中国话语、弘扬马克思主义真理、坚守社会主义底色的重要使命。思想政治教育本科专业人才培养的源泉要追溯到社会主义在中国的生根、发芽。自从马克思主义传入中国后，就涌现了一批又一批宣扬马克思主义的仁人志士，他们立志要建立社会主义的新中国。从"五四运动"到中国共产党的成立、从新民主主义革命到中华人民共和国的成立，历史选择了社会主义，也选择了伟大的中国共产党。在建立新中国的艰苦历程中，我们深刻地认识到：思想政治教育是党的"传家宝"和"生命线"，开展思想政治教育工作，让马克思主义贴近群众、深入群众是巩固党的群众基础、建立社会主义制度的重要保障。思想政治教育工作者就是服务群众、紧密联系群众的纽带。优秀的思想政治教育工作者是党和国家精心培养后，在思想政治工作领域涌现出的杰出人才。思想政治教育专业为我国改革开放和社会主义现代化建设培养了一批又一批优秀的人才。中国特色社会主义进入新时代后，思想政治教育本科专业人才要继续肩负传播中国话语、弘扬马克思主义真理、坚守社会主义底色的重要使命。

二是思想政治教育本科专业人才要具备良好的创新能力。培养具有创新能力的人才是高等教育的根本任务。复杂多变的国际环境、社会发展的新形势、科学技术的迅速发展以及思想政治教育本科专业人才身份的变化等,对思想政治教育本科专业创新型人才培养提出了新要求。但是,思想政治教育本科专业"创新的不足导致思想政治教育专业大学生普遍缺乏创新素质,毕业后难以适应社会就业岗位的需求"①,因此,思想政治教育本科专业人才培养要重视其创新能力的提升。"十四五"规划就激发人才创新活力明确提出,要"贯彻尊重劳动、尊重知识、尊重人才、尊重创造方针,深化人才发展体制机制改革,全方位培养、引进、用好人才,充分发挥人才第一资源的作用"②。高校作为人才培养的主体,能否培养出更多具有创新精神和创新能力的高质量人才,成为衡量人才培养质量高低的重要标志。首先,思想政治教育本科专业人才要做到对专业知识的牢固掌握;其次,面对国内外环境的变化和要求,对自身所要具备的综合素质要有更高的要求,这种综合素质既要体现广博的知识、良好的人格素养,还要体现卓越的创造能力。"建构主义学习理论认为,获得知识本身并不是学习的最根本目的,知识的作用在于它构成了进行思维的原料,本科生通过对知识的学习运用进行创造性思维,进而增进人类的自由,并能够进一步发掘本科生的创造力。"③

三是思想政治教育本科专业人才要具有国际视野。在经济全球化背景下,不论世界发展到何种地步、何种状态,都要依靠教育、通过教育培养造福人类的人才。中国逐步走近世界舞台的中心之时,作为世界上最大的发展中国家,不仅要注重本国的发展,更要兼顾和世界上其他国家的共同发展,并帮助落后国家实现更好的发展。这就要求"中国教育,特别是高等教育应以世界情怀和全球担当开阔眼界、拓宽思路,努力成为构建人类

---

① 石玉平等:《思想政治教育专业创新型人才培养模式探索与实践》,中国社会科学出版社,2017,第83页。
② 《中华人民共和国国民经济和社会发展第十四个五年规划和2035年远景目标纲要》。
③ 杨强:《中国普通高校本科生学习过程规律研究》,中国社会科学出版社,2014,第77~78页。

命运共同体的实践者、贡献者和先行者"①。所以，作为思想政治教育本科专业人才，不仅要为中国特色社会主义的建设和发展服务，还要为人类的共同发展贡献力量。因为，中国日益走近世界舞台中央之时，思想政治教育本科专业人才要做到更好地把握人类社会发展规律和世界发展趋势，这既是思想政治教育本科专业人才培养的目的，也是思想政治教育本科专业人才培养的方法指引。因此，思想政治教育本科专业人才要深刻认识到中国在世界大发展、大变革、大调整中面临的机遇和挑战，要以人类是一个命运共同体的视角认识中国、认识世界。

二 提升思想政治教育本科专业人才培养质量的建议

评价是提升人才培养质量的重要路径，但评价不是提升人才培养质量的唯一路径，思想政治教育本科专业人才培养质量提升要做到多措并举。同时，要通过提升人才培养质量，形成全社会对高质量人才培养的渴望，并使其成为推动人才培养质量提升的内生动力。

一是树立动态多元的发展性人才质量观。质量观是人才培养质量评价的前提和基础，不同的质量观会产生不同的人才培养质量评价结果。比如，四川大学提出，"提高人才培养质量，就是要使培养的学生素养要高、能力要强、视野要宽。素养、能力、视野一起构成了川大的人才培养质量观"②。针对思想政治教育本科专业人才培养质量，如果不考虑培养过程的多样性，总是用统一的标准去评价和理解不同地区、不同高校思想政治教育本科专业人才培养质量，必然会导致思想政治教育本科专业人才培养特色的消解，出现思想政治教育本科专业人才培养的单一性、趋同性。探究思想政治教育本科专业人才培养质量时，必须考虑背景因素，并依据时空环境，了解不同地域经济发展水平、文化观念等因素的差异性。因为思想政治教育本科专业人才培养质量是一个动态的、多元的概念，是一种发展性质量。不同地区、不同高校确立的质量标准，应该与相应的培养内容相呼应。发展性质量观是指，思想政治教育本科专业人才培养质量观是动态

---

① 教育部课题组：《深入学习习近平关于教育的重要论述》，人民出版社，2019，第258页。
② 谢和平：《提高人才培养质量，提高什么?》，《中国大学教学》2015年第6期。

发展的，是客观的、具体的、有现实针对性的。同时，思想政治教育本科专业人才培养质量标准随着时代的变化而变化，不存在一个既定的、永恒的质量标准。美国学者菲利普·库姆斯认为，"事实上，质量和水平是相对的，是相对于特定时间、地点以及特定的学习者和他们的环境而言的"①。

二是制定思想政治教育本科专业人才培养质量标准。2010 年出台的《纲要》明确提出，"制定教育质量国家标准，建立健全教育质量保障体系"。这就要求"我们要以质量为本，把标准建立起来"②。人才培养质量是教育质量的内容之一，是一个较为宏观的概念，在生活中人们对这一概念的理解也比较模糊，没有清晰、具体的界定，十分不利于人才培养质量的提升。近年来，我国积极探索和建立健全教育领域的标准体系，在国家标准化发展规划的指导下，制定了一系列有关人才培养质量标准的规章制度，主要有《国家标准化体系建设发展规划（2016—2020 年）》《一级学科博士、硕士学位基本要求》等。在新的时代条件下，制定思想政治教育本科专业人才培养质量标准尤为必要。2021 年 6 月，教育部办公厅出台了《法学类教学质量国家标准（2021 年版）》，明确要求各高校应参照《法学类专业教学质量国家标准（2021 年版）》修订法学专业人才培养方案。中国教育科学研究院教育质量标准研究课题组提出，在制定教育质量的国家标准时应从直接管理变为宏观指导，以更好地发挥政府职能。同时，为充分发挥标准的改进功能，应从关注学生个体发展出发。针对思想政治教育本科专业，其人才培养质量标准首先应依据国家制定和颁布的质量标准做出宏观的要求，然后针对学科属性、专业特点制定符合本科人才培养的质量标准。③

三是发挥供给侧结构性改革在人才培养质量提升中的作用。首先，高校要根据本地区经济与社会发展状况对思想政治教育本科专业人才培养提出客

---

① 〔美〕菲利普·库姆斯：《世界教育危机》，赵宝恒等译，人民教育出版社，2001，第 9 页。
② 教育部课题组：《深入学习习近平关于教育的重要论述》，人民出版社，2019，第 9 页。
③ 需要说明的是，国家对制定和颁布人才培养质量标准已有要求，具体为：中共中央、国务院印发的《中国教育现代化 2035》中，针对发展中国特色世界先进水平的优质教育，提出要"制定紧跟时代发展的多样化高等教育人才培养质量标准"。

观要求，在国家教育方针的总体指导下，对思想政治教育本科专业人才培养目标进行合理的定位。其次，思想政治教育本科专业人才培养质量供给侧结构性改革应遵循以下规律。其一，遵循人才培养的外部关系规律。人才培养的外部关系规律即人才培养同社会关系的规律，要求开设思想政治教育本科专业的高校要以社会需要为参照基准，调整新时代思想政治教育本科专业的培养目标，明确对培养质量的具体要求，使思想政治教育本科专业人才培养更好地满足经济社会发展需要。其二，遵循人才培养的内部关系规律。人才培养的内部关系规律即人才培养自身的规律，要求开设思想政治教育本科专业的高校，要以思想政治教育本科专业的培养目标、培养质量要求为参照，调整专业的培养方案、培养途径，使人才培养模式中的诸多要素更加协调，提高人才培养质量与人才培养目标的契合程度。总之，思想政治教育本科专业人才培养质量供给侧结构性改革就是要做到对社会的主动适应。

四是从基础教育的视角反思思想政治教育本科专业人才培养质量如何更好提升。长期以来，思想政治教育本科专业人才的生源主要来源于文史类的高中生。文史类高中生在高中学习阶段有专门的政治课，这与思想政治教育专业课的内容、性质虽然相近，但是，它们之间仍有一定的区别，主要体现为：第一，高中政治课的内容大部分是政治方面的内容，较少涉及思想教育、道德教育方面的内容，因此，文史类高中生只具备一定和政治相关的知识，对思想道德方面的知识了解和掌握得较少，这同高校的思想政治教育专业要求掌握的知识未能形成连贯性、系统性；第二，思想政治教育专业不仅包含思想道德、政治立场、政治信仰等方面的知识，还涵盖政治学、教育学、心理学等学科的知识，以及如何开展思想政治教育的方式、方法方面的知识和技能。但是文史类高中生对于政治学、教育学、心理学等学科方面的知识，特别是教育的方式、方法方面的知识、技能等，了解和掌握得很少。当文史类高中生进入高校思想政治教育专业开始学习后，学习政治学、教育学、心理学知识，以及教育的方式和方法等几乎是零基础，学习较为吃力。这就使得大学阶段的知识体系和高中阶段的知识体系存在脱节现象，从而影响思想政治教育本科专业人才培养质量的有效提升。因此，要加强基础教育和高等教育的有机衔接，让文史类高中生在高中阶段了解和掌握较为简单的思想政治教育的知识和方式、方法，从而为大学阶段的学习奠定良好基础，也为更好地提升思想政治教育本科专业人才培养质量奠定基础。

五是挖掘中华优秀传统文化的丰富资源。习近平总书记指出，"中华文化源远流长，代表着中华民族最深层的精神追求，代表着中华民族独特的精神标识，为中华民族生生不息、发展壮大提供了丰厚滋养"[①]。因此，第一，思想政治教育本科专业人才需要中华优秀传统文化的滋养。同时，马克思主义中国化的过程启示我们，对马克思主义的应用不能生搬硬套，要与具体实际、具体情况相结合。所以，我国培养的思想政治工作人才，首先要扎根中国的土壤，然后用先进的马克思主义理论武装头脑。第二，中华优秀传统文化富含思想政治教育本科专业人才培养的资源。思想政治教育既有政治教育，也有道德教育。道德教育是针对人的思想行为、道德品质开展的教育。自古以来，我国在人才培养中十分重视道德教育，我国古代尊崇的"仁义礼智信、温良恭俭让""百善孝为先"等优秀传统文化和"以和为贵"的精神理念，至今仍深刻影响着中国人的生存方式和价值观，也是国家积极倡导的价值理念和行为准则。为了培养合格的、符合新时代要求的思想政治教育本科专业人才，需要深入挖掘我国优秀传统文化中有利于思想政治教育本科专业人才培养的丰富资源。

第三节 研究展望

一 不断推进思想政治教育本科专业人才培养质量评价指标体系的科学化发展

科学合理的人才培养质量评价指标体系是人才培养质量评价是否有价值、有效的重要体现。为此，要不断推进思想政治教育本科专业人才培养质量评价指标体系实现科学化发展。依据人才培养质量评价指标体系建构

[①] 《把培育和弘扬社会主义核心价值观作为凝魂聚气强基固本的基础工程》，《人民日报》2014年2月26日。

的内在要求和运行机制，结合时代发展对人才培养质量评价的新要求，思想政治教育本科专业人才培养质量评价指标体系的科学化发展，要做到评价指标和评价指标结构的科学化发展。评价指标的科学化发展是指，评价指标要随着思想政治教育本科专业的发展和我国本科人才培养质量评价的发展而不断发展。主要体现为：评价指标要深刻体现人才培养质量的内在要求，要随着国家和社会对人才培养质量的新要求不断发展、完善，以"新陈代谢"的方式使评价指标体现不同阶段、不同时代的新特点和新要求。比如，思想政治教育本科专业人才培养质量评价指标要在习近平新时代中国特色社会主义思想的指导下，坚持立德树人，强调政治性对思想政治教育本科专业人才培养的重要性，要求以坚定的政治立场、高度的政治觉悟体现思想政治教育本科专业人才培养的特色。评价指标结构的科学化发展是指，评价指标体系是由若干评价指标构成的，评价指标结构是否合理，是体现评价指标体系系统性的重要标准。首先，人才培养质量评价指标体系由不同层级的指标构成，不同层级的指标发挥着不同的作用，并且不同层级的指标有其内在联系。其次，不同层级的指标反映不同的要求和内容，通常体现为，高层级指标涵盖了低层级指标，低层级指标是高层级指标的具体体现。可见，评价指标结构的合理性、科学性对于评价指标体系能否有效实施、对于发挥评价的作用和价值都十分重要。针对思想政治教育本科专业人才培养质量评价指标结构，需要强调的是，要充分凸显思想政治教育本科专业人才政治性、思想性内容在指标结构中的比重。同时，要通过大胆借鉴和吸收其他学科的知识，以更加科学的量化方式，评价思想政治教育本科专业人才培养质量中的政治素质、思想道德素质等。

二 思想政治教育本科专业人才培养质量评价研究要与时俱进

思想政治教育本科专业人才培养质量评价是动态的、发展的。随着高等教育的发展和社会需求的变化，相关研究要进一步深化，从而不断回应新时代要求，反映新的实践变化。同时，开办思想政治教育本科专业的高校需要向社会展示其人才培养的过程和质量，保障社会资源配置的效果，实现促进思想政治教育本科专业人才的全面发展、为国家和社会的发展提供服务的目标。因此，思想政治教育本科专业人才培养质量评价必须做到与时俱进。因为只有做到与时俱进，思想政治教育本科专业才能培养出符合时代要求的高质量人才，思想政治教育本科专业才能和时代共鸣，才能培养出具有中国特色的、高质量的人才。思想政治教育本科专业人才培养质量评价的与时俱进，要求融入时代浪潮，做到与新时代同频共振。首先，新时代本身就意味着与时俱进，因为"这个新的发展阶段，是改革开放40年来发展历程的必然接续，又有很多与时俱进的新特征……我国发展的环境和条件有很大变化，对发展水平和质量的要求比以往更高，等等"①。新时代对发展水平和质量的高要求，促使思想政治教育本科专业人才培养质量评价必须做到与时俱进。其次，质量具有动态性和开放性。"由于质量是一种动态的状态，它会随着时间的推移和环境的改变而改变，所以作为反映社会需求的质量标准也会不断改变。"② 这就要求思想政治教育本科专业人才培养质量评价必须做到与时俱进。从评价的理念来说，要做到解放思想、开阔思路，把创新型评价理念同思想政治教育本科专业人才培养质量紧密结合。从评价的目的来说，通过评价引导学生学会学习、学会做人、学会生存。因为大学的学习不再是简单的知识传递和获得，而是实现对知识的处理和转换，即把所学知识转变为处理和解决实际问题的方法和能力，这实际上是对知识重新建构的过程，也是让大学生成为会学习的、富有创新精神和创新能力的人才。

三 推动不同学位层次（学士、硕士、博士）思想政治教育专业人才培养质量评价研究的共同发展

思想政治教育本科专业人才培养质量评价是思想政治教育专业人才培养质量评价的重要组成部分。思想政治教育专业人才培养质量评价是学

---

① 中共中央宣传部编《习近平新时代中国特色社会主义思想三十讲》，学习出版社，2018，第53页。
② 韦洪涛：《高等教育质量评价与保证体系研究——审视我国高等教育大众化进程中的质量问题》，吉林人民出版社，2006，第177页。

士、硕士、博士三个培养层次共同面对和需要解决的问题,只有三个培养层次都重视人才培养质量评价,思想政治教育专业人才培养质量评价才能实现整体的发展,才能更好地体现该专业在我国经济社会发展中的重要性,才能体现党和国家对思想政治教育的高度重视。同时,对思想政治教育本科专业人才培养质量评价的要求也是对思想政治教育专业硕士、博士人才培养质量评价的要求,思想政治教育本科专业人才培养质量评价面对的问题也是思想政治教育专业硕士、博士人才培养质量评价面对的问题。思想政治教育专业三个培养层次有着诸多共同点、相似点,同时,因人才培养层次不同,人才培养质量评价也有一定的区别。此外,三个培养层次的人才培养质量评价之间,也存在前后贯通、层层递进的关系。因为思想政治教育本科专业人才培养质量评价研究,对思想政治教育专业硕士、博士人才培养质量评价研究具有一定的启示和借鉴意义。随着思想政治教育专业人才培养质量评价的逐步深入,将会不断得到党和国家、得到全社会的重视。为此,要以思想政治教育本科专业人才培养质量评价为起点和基础,推动思想政治教育专业(学士、硕士、博士)人才培养质量评价的共同发展。最后,思想政治教育专业(学士、硕士、博士)人才培养质量评价的共同发展,旨在通过评价提升思想政治教育专业(学士、硕士、博士)人才的综合素质和能力,从而为思想政治教育专业(学士、硕士、博士)人才更好地展现自我和实现自身的价值奠定坚实的基础,也为思想政治教育专业(学士、硕士、博士)人才成为党和国家合格的思想政治教育工作者、成为深受人民群众赞扬和认可的新时代优秀人才、成为为全面建设社会主义现代化国家和实现中华民族伟大复兴做出更大贡献的重要力量奠定坚实的基础。

附 录

附录 A

新时代思想政治教育本科专业人才培养质量评价满意度调查问卷
（教育行政部门卷）

尊敬的教育行政部门工作人员，您好！

  我是陕西师范大学的一名博士研究生，因开展"思想政治教育本科专业人才培养质量评价"研究需要，邀请您协助我对新时代思想政治教育本科专业人才培养质量评价满意度进行调研。我将对您的回答完全保密。此次调研只做统计分析，相关数据也仅供研究所用，请您放心回答，根据实际情况做出选择。感谢您的参与和支持！

一、您的基本情况

1. 您的性别：A 男　　B 女
2. 您的单位所在地区：A 东部地区　　B 中部地区　　C 西部地区
3. 您的单位性质：A 省（区、市）教育厅　B 高校教务处

二、新时代思想政治教育本科专业人才培养质量评价满意度调查（请您根据所在单位实际情况做出选择）

（一）新时代思想政治教育本科专业人才培养质量

A1　您了解人才培养质量吗

　　A 非常了解　　　B 比较了解　　　C 了解一些　　　D 不了解

A2　您认为人才培养质量对教育行政部门重要吗

　　A 非常重要　　　B 比较重要　　　C 一般　　　　　D 不重要

A3　从人才培养结果来看，您认为当前高校的人才培养质量如何

　　A 非常好　　　　B 比较好　　　　C 一般　　　　　D 比较差

（二）新时代思想政治教育本科专业人才培养质量评价

A4　您了解人才培养质量评价吗

　　A 非常了解　　　B 比较了解　　　C 了解一些　　　D 不了解

A5　作为教育行政部门是否对高校的人才培养质量评价提出相关要求

　　A 提出过很多　　B 提出过，但很少　　C 没有提出过

A6　作为教育行政部门对人才培养质量评价的要求是笼统的还是具体的

　　A 笼统的　　　　B 具体的　　　C 不清楚

A7　作为教育行政部门对人才培养质量评价的要求是显性的还是隐性的

　　A 显性的　　　　B 隐性的　　　C 不清楚

A8　作为教育行政部门是否开展过人才培养质量评价

　　A 开展过　　　　B 开展过，但很少　　　C 没有开展过

A9　如果您有参与人才培养质量评价的经历，开展评价的主体是

　　A 教育行政部门　　　　B 高校　　　　　C 社会机构

A10　您参与的人才培养质量评价内容是否清晰、合理

　　A 很清晰、很合理　　B 比较清晰、合理　　C 不清晰、不合理

A11　当前开展的思想政治教育专业人才培养质量评价中，相关评价指标是否反映了具有地方特色的内容和要求

　　A 有很多　　　　B 有一些　　　C 没有　　　　　D 不清楚

A12　当前开展的思想政治教育专业人才培养质量评价中，如果相关评价指标反映了具有地方特色的内容和要求，你认为主要体现在哪些

方面

  A 培养内容 B 培养目标 C 培养方式 D 培养结果

A13 您参与的人才培养质量评价是以什么方式开展的

  A 问卷调查 B 现场访谈 C 座谈会 D 其他形式

A14 您认为国家出台的相关政策在执行过程中是否有不一致的现象

  A 有很多 B 有一些 C 没有 D 不清楚

A15 您认为当地开展的人才培养质量评价严格按照国家的要求落实了吗

  A 是的 B 有一部分是 C 不清楚

A16 您参与的人才培养质量评价方式比较传统还是很现代化

  A 比较传统 B 很现代化 C 传统与现代结合

A17 您认为思想政治教育专业人才的思想道德素质、政治素质是否可以评价

  A 完全可以 B 基本可以 C 不可以 D 不清楚

A18 如果思想政治教育专业人才的思想道德素质、政治素质可以评价，您认为是否有量化的标准

  A 有很多 B 有一些 C 没有 D 不清楚

A19 您认为当前开展的评价活动在提升思想政治教育本科专业人才培养质量中的作用如何

  A 很大 B 有一些 C 作用很小 D 不清楚

三、您对新时代思想政治教育本科专业人才培养质量评价的建议

  问卷调查结束，对您的参与和支持再次深表谢意！

附录 B

新时代思想政治教育本科专业人才培养
质量评价满意度调查问卷
（用人单位卷）

尊敬的用人单位，您好！

  我是陕西师范大学的一名博士研究生，因开展"思想政治教育本科专业人才培养质量评价"研究需要，邀请您协助我对新时代思想政治教育本科专业人才培养质量评价满意度进行调研。我将对您的回答完全保密。此次调研只做统计分析，相关数据也仅供研究所用，请您放心回答，根据实际情况做出选择。感谢您的参与和支持！

一、您的基本情况

1. 您的性别：A 男   B 女
2. 您的单位所在地区：A 东部地区   B 中部地区   C 西部地区
3. 您的单位性质：A 政府单位   B 事业单位   C 企业   D 其他

二、新时代思想政治教育本科专业人才培养质量评价满意度调查（请您根据所在单位毕业生实际情况做出选择）

（一）新时代思想政治教育本科专业人才培养质量

B1 您了解人才培养质量吗

  A 非常了解   B 比较了解   C 了解一些   D 不了解

B2 您认为人才培养质量对用人单位重要吗

  A 非常重要   B 比较重要   C 一般   D 不重要

B3 从人才培养结果来看，您认为当前高校的人才培养质量如何

  A 非常好   B 比较好   C 一般   D 比较差

（二）新时代思想政治教育本科专业人才培养质量评价

B4　您了解人才培养质量评价吗

　　A 非常了解　　　B 比较了解　　　C 了解一些　　　D 不了解

B5　您所在单位是否对高校的人才培养质量评价提出相关要求

　　A 提出过很多　　B 提出过，但很少　　C 没有提出过

B6　您所在单位对人才培养质量评价的要求是笼统的还是具体的

　　A 笼统的　　　　B 具体的　　　　C 不清楚

B7　您所在单位对人才培养质量评价的要求是显性的还是隐性的

　　A 显性的　　　　B 隐性的　　　　C 不清楚

B8　您所在单位是否开展过人才培养质量评价

　　A 开展过　　　　B 开展过，但很少　　C 没有开展过

B9　您所在单位是否参与过人才培养质量评价

　　A 参与过很多　　B 参与过，但很少　　C 没有参与过

B10　麦可思数据有限公司是否在贵单位开展过人才培养质量评价

　　A 开展过很多　　B 开展过，但很少　　C 没有开展过

B11　除了麦可思数据有限公司，其他社会机构是否在贵单位开展过人才培养质量评价

　　A 开展过很多　　B 开展过，但很少　　C 没有开展过

B12　如果您有参与人才培养质量评价的经历，开展评价的主体是

　　A 教育行政部门　　B 高校　　　C 社会机构

B13　您参与的人才培养质量评价内容是否清晰、合理

　　A 很清晰、很合理　　　　　B 比较清晰、合理

　　C 不清晰、不合理

B14　您参与的人才培养质量评价是以什么方式开展的

　　A 问卷调查　　B 现场访谈　　C 座谈会　　D 其他形式

B15　您参与的人才培养质量评价方式比较传统还是很现代化

　　A 比较传统　　B 很现代化　　C 传统与现代结合

B16　您认为思想政治教育专业人才的思想道德素质、政治素质是否可以评价

　　　　A 完全可以　　　B 基本可以　　　C 不可以　　　　D 不清楚

B17　如果思想政治教育专业人才的思想道德素质、政治素质可以评价，
　　　您认为是否有量化的标准

　　　　A 有很多　　　　B 有一些　　　　C 没有　　　　　D 不清楚

三、您对新时代思想政治教育本科专业人才培养质量评价的建议

　　问卷调查结束，对您的参与和支持再次深表谢意！

附录 C

新时代思想政治教育本科专业人才培养质量评价满意度调查问卷
（2016~2020 届毕业生卷）

亲爱的毕业生，您好！

　　我是陕西师范大学的一名博士研究生，因开展"思想政治教育本科专业人才培养质量评价"研究需要，邀请您协助我对新时代思想政治教育本科专业人才培养质量评价满意度进行调研。我将对您的回答完全保密。此次调研只做统计分析，相关数据也仅供研究所用，请您放心回答，并根据实际情况做出选择。感谢您的参与和支持！

一、您的基本情况

1. 您的性别：A 男　　　　B 女
2. 您的工作单位性质：A 政府单位　　B 事业单位　　C 企业　　D 其他
3. 您曾就读专业的方向：A 师范类　　B 非师范类
4. 您曾就读高校的办学层次：A "双一流"建设高校
　　　　　　　　　　　　　　B 其他普通本科类高校

二、新时代思想政治教育本科专业人才培养质量评价满意度调查（请您根据自身实际情况做出选择）

（一）新时代思想政治教育本科专业人才培养质量

C1　您了解人才培养质量吗
　　　A 非常了解　　B 比较了解　　C 了解一些　　D 不了解

C2　您曾就读的高校重视人才培养质量吗
　　　A 非常重视　　B 比较重视　　C 一般　　　　D 不重视

C3　您曾就读高校是否对人才培养质量提出相关要求
　　　A 提出过很多　B 提出过，但很少　C 没有提出过　D 不清楚

C4　从人才培养结果来看，您认为曾就读高校的人才培养质量如何

A 非常好　　　　B 比较好　　　　C 一般　　　　　D 比较差

（二）新时代思想政治教育本科专业人才培养质量评价

C5　您了解人才培养质量评价吗

　　A 非常了解　　B 比较了解　　C 了解一些　　D 不了解

C6　您曾就读的高校重视人才培养质量评价吗

　　A 非常重视　　B 比较重视　　C 一般　　　　D 不重视

C7　您曾就读高校如果对人才培养质量评价提出要求，相关要求是笼统的还是具体的

　　A 笼统的　　　B 具体的　　　C 不清楚

C8　您曾就读高校如果对人才培养质量评价提出要求，相关要求是显性的还是隐性的

　　A 显性的　　　B 隐性的　　　C 不清楚

C9　您曾就读的高校开展过人才培养质量评价吗

　　A 开展过很多　B 开展过，但很少　C 没有开展过

C10　如果您曾就读高校开展过人才培养质量评价，您认为包含以下哪些内容（可多选）

　　A 理论考试　　B 社会实践　　C 毕业论文撰写及答辩

　　D 其他

C11　您认为通过评价可以提升人才培养质量吗

　　A 可以　　　　B 不可以　　　C 不清楚

C12　评价如果可以提升人才培养质量，您认为评价提升人才培养质量的效果如何

　　A 非常好　　　B 比较好　　　C 一般　　　　D 不好

C13　您参与过人才培养质量评价吗

　　A 参与过很多　B 参与过，但很少　C 没有参与过

C14　麦可思数据有限公司是否向您进行过人才培养质量评价的调查活动

　　A 进行过很多　B 进行过，但很少　C 没有进行过

C15　除了麦可思数据有限公司，您是否参与过其他社会机构的人才培养质量评价

　　　　A 参与过很多　　　B 参与过，但很少　C 没有参与过

C16　如果您有参与人才培养质量评价的经历，开展评价的主体是

　　　　A 教育行政部门　　B 学校　　　　　C 学院　　　　　D 社会机构

C17　您参与的人才培养质量评价内容是否清晰、合理

　　　　A 很清晰、很合理　　B 比较清晰、合理　　C 不清晰、不合理

C18　当前开展的思想政治教育专业人才培养质量评价中，相关评价指标是否反映了具有地方特色的内容和要求

　　　　A 有很多　　　　B 有一些　　　　C 没有　　　　　D 不清楚

C19　当前开展的思想政治教育专业人才培养质量评价中，如果相关评价指标反映了具有地方特色的内容和要求，你认为主要体现在哪些方面

　　　　A 培养内容　　　B 培养目标　　　C 培养方式　　　D 培养结果

C20　您参与的人才培养质量评价是以什么方式开展的

　　　　A 问卷调查　　　B 现场访谈　　　C 座谈会　　　　D 其他形式

C21　您认为所在高校开展的人才培养质量评价严格按照国家的要求落实了吗

　　　　A 是的　　　　　B 有一部分是　　　C 不清楚

C22　参与人才培养质量评价后，您是否收到反馈信息

　　　　A 收到了　　　　B 没有收到　　　　C 不记得了

C23　您参与的人才培养质量评价方式比较传统还是很现代化

　　　　A 比较传统　　　B 很现代化　　　　C 传统与现代结合

C24　您认为思想政治教育专业人才的思想道德素质、政治素质是否可以评价

　　　　A 完全可以　　　B 基本可以　　　　C 不可以　　　　D 不清楚

C25　如果思想政治教育专业人才的思想道德素质、政治素质可以评价，您认为是否有量化的标准

　　　　A 有很多　　　　B 有一些　　　　　C 没有　　　　　D 不清楚

C26　您认为当前开展的评价活动在提升思想政治教育本科专业人才培养质量中的作用如何

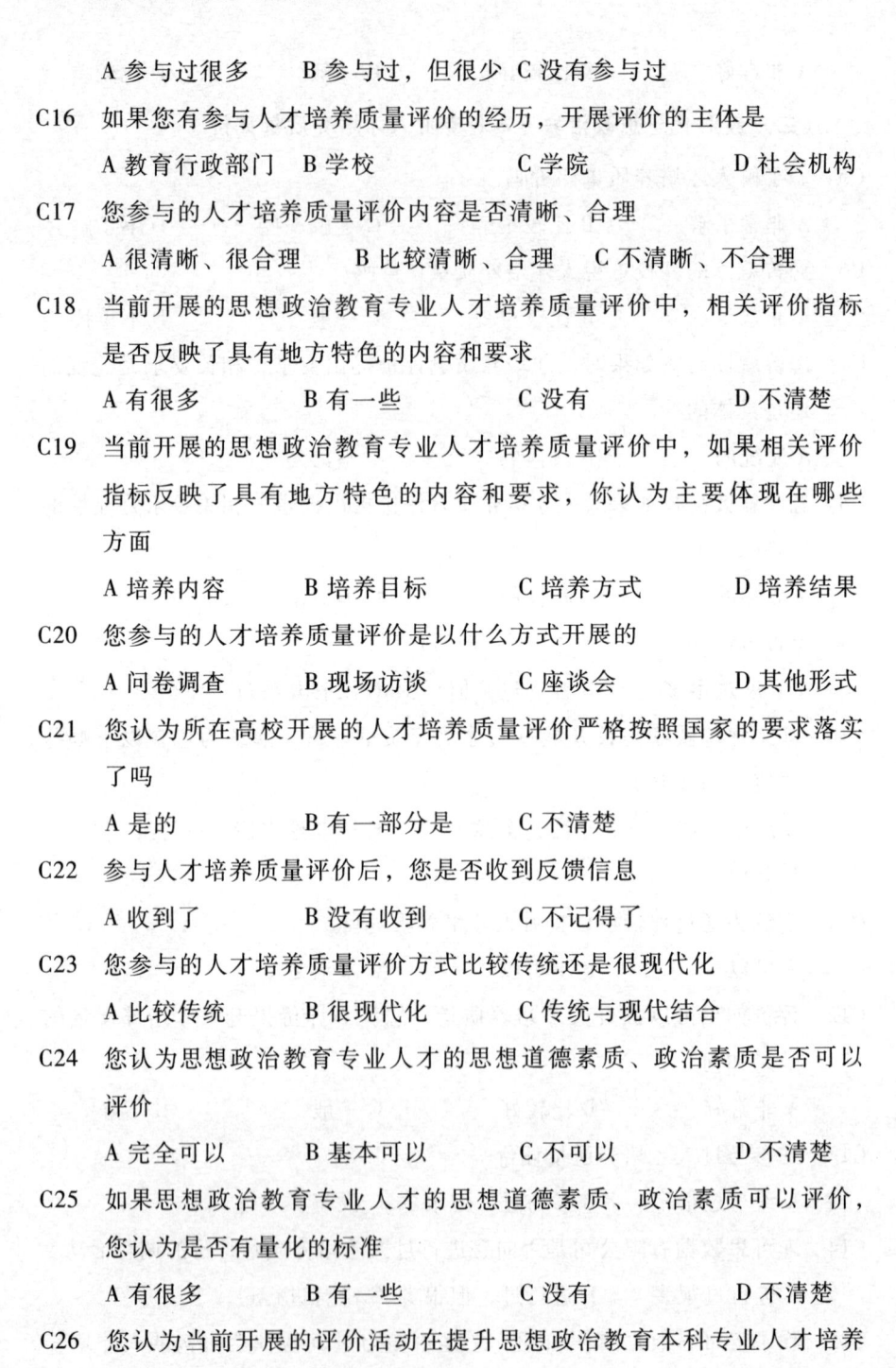

A 很大　　　　　B 有一些　　　　　C 作用很小　　　D 不清楚

三、您对新时代思想政治教育本科专业人才培养质量评价的建议

问卷调查结束，对您的参与和支持再次深表谢意！

附录 D

新时代思想政治教育本科专业人才培养质量评价满意度调查问卷（2021 届毕业生卷）

亲爱的同学，您好！

  我是陕西师范大学的一名博士研究生，因开展"思想政治教育本科专业人才培养质量评价"研究需要，邀请您协助我对新时代思想政治教育本科专业人才培养质量评价满意度进行调研。我将对您的回答完全保密。此次调研只做统计分析，相关数据也仅供研究所用，请您放心回答，根据实际情况做出选择。感谢您的参与和支持！

一、您的基本情况

1. 您的性别：A 男   B 女
2. 您就读专业的方向：A 师范类   B 非师范类
3. 您就读高校的办学层次：A "双一流"建设高校 B 其他普通本科类高校

二、新时代思想政治教育本科专业人才培养质量评价满意度调查（请您根据自身实际情况做出选择）

（一）新时代思想政治教育本科专业人才培养质量

D1 您了解人才培养质量吗
  A 非常了解   B 比较了解   C 了解一些   D 不了解

D2 您就读的高校重视人才培养质量吗
  A 非常重视   B 比较重视   C 一般   D 不重视

D3 您就读高校是否对人才培养质量提出相关要求
  A 提出过很多   B 提出过，但很少   C 没有提出过   D 不清楚

D4 从人才培养结果来看，您认为就读高校的人才培养质量如何
  A 非常好   B 比较好   C 一般   D 比较差

（二）新时代思想政治教育本科专业人才培养质量评价

D5　您了解人才培养质量评价吗

　　A 非常了解　　　B 比较了解　　　C 了解一些　　　D 不了解

D6　您就读的高校重视人才培养质量评价吗

　　A 非常重视　　　B 比较重视　　　C 一般　　　　　D 不重视

D7　您就读高校如果对人才培养质量评价提出要求，相关要求是笼统的还是具体的

　　A 笼统的　　　　B 具体的　　　　C 不清楚

D8　您就读高校如果对人才培养质量评价提出要求，相关要求是显性的还是隐性的

　　A 显性的　　　　B 隐性的　　　　C 不清楚

D9　您就读的高校开展过人才培养质量评价吗

　　A 开展过很多　　B 开展过，但很少　C 没有开展过

D10　如果您就读高校开展过人才培养质量评价，您认为包含以下哪些内容（可多选）

　　A 理论考试　　　　　　　　　B 社会实践

　　C 毕业论文撰写及答辩　　　　D 其他

D11　您认为通过评价可以提升人才培养质量吗

　　A 可以　　　　　B 不可以　　　　C 不清楚

D12　评价如果可以提升人才培养质量，您认为评价提升人才培养质量的效果如何

　　A 非常好　　　　B 比较好　　　　C 一般　　　　　D 不好

D13　您参与过人才培养质量评价吗

　　A 参与过很多　　B 参与过，但很少　C 没有参与过

D14　如果您有参与人才培养质量评价的经历，开展评价的主体是

　　A 教育行政部门　B 学校　　　　　C 学院　　　　　D 社会机构

D15　麦可思数据有限公司是否向您进行过人才培养质量评价的调查活动

　　A 进行过很多　　B 进行过，但很少　　　C 没有进行过

D16 除了麦可思数据有限公司，您是否参与过其他社会机构的人才培养质量评价

　　A 参与过很多　　　B 参与过，但很少　C 没有参与过

D17 您参与的人才培养质量评价内容是否清晰、合理

　　A 很清晰、很合理　　　　　　　B 比较清晰、合理

　　C 不清晰、不合理

D18 当前开展的思想政治教育专业人才培养质量评价中，相关评价指标是否反映了具有地方特色的内容和要求

　　A 有很多　　　B 有一些　　　C 没有　　　D 不清楚

D19 当前开展的思想政治教育专业人才培养质量评价中，如果相关评价指标反映了具有地方特色的内容和要求，你认为主要体现在哪些方面

　　A 培养内容　　B 培养目标　　C 培养方式　　D 培养结果

D20 您参与的人才培养质量评价是以什么方式开展的

　　A 问卷调查　　B 现场访谈　　C 座谈会　　D 其他形式

D21 您认为所在高校开展的人才培养质量评价严格按照国家的要求落实了吗

　　A 是的　　　B 有一部分是　　C 不清楚

D22 参与人才培养质量评价后，您是否收到反馈信息

　　A 收到了　　　B 没有收到　　C 不记得了

D23 您参与的人才培养质量评价方式比较传统还是很现代化

　　A 比较传统　　B 很现代化　　C 传统与现代结合

D24 您认为思想政治教育专业人才的思想道德素质、政治素质是否可以评价

　　A 完全可以　　B 基本可以　　C 不可以　　D 不清楚

D25 如果思想政治教育专业人才的思想道德素质、政治素质可以评价，您认为是否有量化的标准

　　A 有很多　　　B 有一些　　　C 没有　　　D 不清楚

D26 您认为当前开展的评价活动在提升思想政治教育本科专业人才培养质量中的作用如何

  A 很大   B 有一些   C 作用很小   D 不清楚

三、您对新时代思想政治教育本科专业人才培养质量评价的建议

问卷调查结束，对您的参与和支持再次深表谢意！

附录 E

新时代思想政治教育本科专业人才培养质量评价满意度访谈提纲

访谈对象：

访谈对象所在地区/高校：

访谈时间：　　年　　月　　日

一、访谈员自我介绍及指导语

您好！我是陕西师范大学一名博士研究生，现阶段正在进行"思想政治教育本科专业人才培养质量评价研究"工作。思想政治教育本科专业人才是开展思想政治工作的重要力量。重视思想政治教育本科专业人才培养质量评价工作，既是培养担当民族复兴大任的社会主义建设者和接班人的迫切需要，也是思想政治教育本科专业人才自身发展的内在需要。今天的访谈是为了向您了解思想政治教育本科专业人才培养质量评价的现状、存在哪些问题、问题产生的原因有哪些、其影响因素包括什么、应该采取哪些措施来进一步优化思想政治教育本科专业人才培养质量评价，以此为研究提供现实素材与方向性指引。

本人向您郑重承诺，今天访谈所涉及的所有内容将只会用作学术研究，我将严格为您保密，您直接如实回答即可。

二、访谈提纲

1. 您认为思想政治教育本科专业人才培养质量评价现状如何？请举例说明。

2. 您认为思想政治教育本科专业人才培养质量评价存在哪些问题？具体表现是什么？问题背后的原因又是什么？

3. 您认为从思想政治教育本科专业人才主体角度看，影响思想政治教育本科专业人才培养质量评价的因素有哪些？其中哪几个因素您觉得最为重要？这些因素之所以重要，其原因是什么？

4. 您认为高校作为思想政治教育本科专业人才培养的主阵地，应该采取哪些措施加强思想政治教育本科专业人才培养质量评价？

5. 您认为教育部、各省（区、市）教育厅作为思想政治教育本科专业人才培养的上级主管部门，应该采取哪些切实有效的措施，加强和推进思想政治教育本科专业人才培养质量评价？

6. 您对加强和推进思想政治教育本科专业人才培养质量评价还有哪些意见与建议？

访谈结束，对您的参与和支持再次深表谢意！

附录 F

新时代思想政治教育本科专业人才培养质量评价指标特色性调查问卷——以 Q 省为例

亲爱的朋友，您好！

我是陕西师范大学的一名博士研究生，因开展"思想政治教育本科专业人才培养质量评价"研究需要，邀请您协助我对新时代思想政治教育本科专业人才培养质量评价指标特色性进行调研。我将对您的回答完全保密。此次调研只做统计分析，相关数据也仅供研究所用，请您放心回答，根据实际情况做出选择。感谢您的参与和支持！

一、基本情况

1. 您的性别：A 男　　B 女
2. 您的身份：A 用人单位　　B 思想政治教育本科专业教师　　C 学生家长
   D 2021 届毕业生　　E 2016~2020 届毕业生　　F 其他

二、新时代思想政治教育本科专业人才培养质量评价指标特色性调查（请您根据实际情况做出选择）

F1　学法、用法、守法
　　A 非常重要　　B 重要　　C 不是很重要　　D 不重要

F2　扎实的专业知识基础
　　A 非常重要　　B 重要　　C 不是很重要　　D 不重要

F3　熟练运用专业技能
　　A 非常重要　　B 重要　　C 不是很重要　　D 不重要

F4　专业科研能力
　　A 非常重要　　B 重要　　C 不是很重要　　D 不重要

F5　沟通协作能力
　　　A 非常重要　　　　　B 重要　　　　　C 不是很重要　　　　D 不重要

F6　组织管理能力
　　　A 非常重要　　　　　B 重要　　　　　C 不是很重要　　　　D 不重要

F7　抗压能力
　　　A 非常重要　　　　　B 重要　　　　　C 不是很重要　　　　D 不重要

F8　心理调适能力
　　　A 非常重要　　　　　B 重要　　　　　C 不是很重要　　　　D 不重要

F9　语言表达能力
　　　A 非常重要　　　　　B 重要　　　　　C 不是很重要　　　　D 不重要

F10　社会实践能力
　　　A 非常重要　　　　　B 重要　　　　　C 不是很重要　　　　D 不重要

F11　学习能力
　　　A 非常重要　　　　　B 重要　　　　　C 不是很重要　　　　D 不重要

F12　创新能力
　　　A 非常重要　　　　　B 重要　　　　　C 不是很重要　　　　D 不重要

F13　积极参与志愿服务活动
　　　A 非常重要　　　　　B 重要　　　　　C 不是很重要　　　　D 不重要

F14　就业创业质量
　　　A 非常重要　　　　　B 重要　　　　　C 不是很重要　　　　D 不重要

F15　维护民族团结
　　　A 非常重要　　　　　B 重要　　　　　C 不是很重要　　　　D 不重要

F16　关心生态环境保护
　　　A 非常重要　　　　　B 重要　　　　　C 不是很重要　　　　D 不重要

F17　弘扬地方优秀传统文化
　　　A 非常重要　　　　　B 重要　　　　　C 不是很重要　　　　D 不重要

F18　致力于服务西部地区经济社会发展
　　　A 非常重要　　　　　B 重要　　　　　C 不是很重要　　　　D 不重要

F19　践行人类命运共同体理念

　　　A 非常重要　　　　B 重要　　　　C 不是很重要　　　　D 不重要

F20　关注人类社会走向和世界发展趋势

　　　A 非常重要　　　　B 重要　　　　C 不是很重要　　　　D 不重要

三、您对新时代思想政治教育本科专业人才培养质量评价指标的建议

　　问卷调查结束，对您的参与和支持再次深表谢意！

参考文献

一 经典文献

本书编写组：《习近平总书记教育重要论述讲义》，高等教育出版社，2020。

《邓小平文选》（第1-3卷），人民出版社，1994，1994，1993。

《胡锦涛文选》（第1-3卷），人民出版社，2016。

《江泽民文选》（第1-3卷），人民出版社，2006。

教育部课题组：《深入学习习近平关于教育的重要论述》，人民出版社，2019。

《列宁选集》（第1-4卷），人民出版社，1995。

《马克思恩格斯全集》（第1、3、19、26卷），人民出版社，1963。

《马克思恩格斯选集》（第1-4卷），人民出版社，2012。

《毛泽东选集》（第1-4卷），人民出版社，1991。

《习近平谈治国理政》（第1卷），外文出版社，2018。

《习近平谈治国理政》（第2卷），外文出版社，2017。

《习近平谈治国理政》（第3卷），外文出版社，2020。

《习近平谈治国理政》（第4卷），外文出版社，2022。

《1844年经济学哲学手稿》，中共中央马克思恩格斯列宁斯大林著作编译局译，人民出版社，2000。

二 重要文献选编

《十四大以来重要文献选编（上、中）》，人民出版社，1996，1997。

《十五大以来重要文献选编（上、中、下）》，人民出版社，2000，2001，

2003。

《十六大以来重要文献选编（上、中）》，中国方正出版社、中央文献出版社，2005，2006。

《十七大以来重要文献选编（上、中、下）》，中央文献出版社，2009，2011，2013。

《十八大以来重要文献选编（上、中、下）》，中央文献出版社，2014，2016，2018。

《十九大以来重要文献选编（上、中）》，中央文献出版社，2019，2021。

三　学术著作

爱弥尔·涂尔干：《道德教育》，陈光金、沈杰、朱谐汉译，上海人民出版社，2001。

白玫编著《大学评价制度研究》，科学出版社，2018。

陈秉公：《21世纪思想政治教育工作创新理论体系》，吉林教育出版社，2000。

陈秉公：《思想政治教育学原理》，辽宁人民出版社，2001。

陈洪涛：《高校思想政治理论课评价论》，中国社会科学出版社，2011。

陈万柏、张耀灿主编《思想政治教育学原理》（第2版），高等教育出版社，2007。

陈新汉：《社会评价论——社会群体为主体的评价活动思考》，上海社会科学院出版社，1997。

程卫民、刘伟韬主编《安全工程专业应用型人才培养质量评价与实践》，煤炭工业出版社，2018。

董杰：《思想政治教育情境论》，湖北人民出版社，2013。

Diane Hart：《真实性评价——教师指导手册》，国家基础教育课程改革"促进教师发展与学生成长的评价研究"项目组译，中国轻工业出版社，2004。

范春婷：《高校思想政治教育专业政策研究》，新华出版社，2018。

冯刚等：《高校思想政治教育工作质量评价研究》，人民出版社，2020。

冯刚、郑永廷主编《思想政治教育学科30年发展研究报告》，光明日报出版社，2014。

郝维谦、龙正中主编《高等教育史》，海南出版社，2000。

侯惠勤等：《马克思主义意识形态论》，南京大学出版社，2011。

胡凯：《现代思想政治教育心理研究》，湖南人民出版社，2009。

金娣、王刚主编《教育评价与测量》，教育科学出版社，2002。

居继清主编《思想政治教育专业学位建设与教学改革研究》，华中科技大学出版社，2017。

李冲：《知识效能与评价：制度分析视角下的大学教师绩效研究》，科学出版社，2015。

李延保主编《中国高校本科教学评估报告（1985—2008）》，高等教育出版社，2009。

李颖：《基于哲学解释学视角的思想政治教育接受研究》，浙江大学出版社，2013。

林伯海等：《思想政治教育的人学取向》，现代教育出版社，2015。

刘旭、李文星编著《义务教育阶段基于新课标的语文学科评价研究》，南开大学出版社，2014。

罗洪铁、董娅主编《思想政治教育原理与方法：基础理论研究》，人民出版社，2005。

骆郁廷：《精神动力论》，武汉大学出版社，2003。

《马克思主义哲学》编写组编《马克思主义哲学》，高等教育出版社，2009。

裴云：《破茧：思想政治教育专业改革研究》，经济日报出版社，2016。

沈壮海主编《新编思想政治教育学原理》，中国人民大学出版社，2022。

石玉平等：《思想政治教育专业创新型人才培养模式探索与实践》，中国社会科学出版社，2017。

宋锡辉等：《现代思想政治教育专业建设研究——以师范类本科专业为对象》，人民出版社，2010。

孙其昂等：《思想政治教育现代转型研究》，学习出版社，2015。

王炳林主编《思想政治理论课教学方法创新研究》，北京师范大学出版社，2011。

王茂胜：《思想政治教育评价论》，中国社会科学出版社，2006。

王敏：《思想政治教育接受论》，湖北人民出版社，2002。

王玄武、骆郁廷主编《思想教育政治教育道德教育比较研究》，武汉大学出版社，2002。

王益明编著《人员素质测评》，山东人民出版社，2004。

魏宏聚：《新课程情感态度与价值观目标达成研究》，科学出版社，2017。

吴钢：《现代教育评价基础》（修订版），学林出版社，2004。

吴钢：《现代教育评价教程》（第二版），北京大学出版社，2015。

夏季亭等主编《普通高校本科教学评估成效与改革取向》，科学出版社，2012。

项久雨：《思想政治教育价值论》，中国社会科学出版社，2003。

肖远军：《教育评价原理及应用》，浙江大学出版社，2004。

熊建生：《思想政治教育内容结构论》，中国社会科学出版社，2012。

熊庆年等：《重点建设大学教育评估指标研究》，高等教育出版社，2014。

许世坚主编《思想政治教育专业师范生教育实践指导》，西南交通大学出版社，2016。

曾国华、吴雯雯：《溢出与效率：高校人才培养质量提升路径研究》，冶金工业出版社，2019。

张世欣：《思想政治教育接受规律论》，上海三联书店、华东师范大学出版社，2005。

张耀灿等：《思想政治教育学前沿》，人民出版社，2006。

张耀灿等：《现代思想政治教育学》，人民出版社，2006。

张耀灿等主编《高等师范教育面向21世纪教学内容和课程体系改革成果丛书（五）思想政治教育分卷》，北京师范大学出版社，2001。

张远增：《高等教育评价方法研究》，复旦大学出版社，2002。

赵金元等主编《思想政治教育专业建设与教学改革研究》，云南大学出版社，2009。

赵祖地：《高校德育评估概论》，浙江人民出版社，2003。

郑永廷：《现代思想道德教育理论与方法》，广东高等教育出版社，2000。

郑永廷主编《思想政治教育方法论》（修订版），高等教育出版社，2010。

朱小蔓主编《道德教育论丛》（第1卷），南京师范大学出版社，2000。

中华人民共和国教育部师范教育司编《高等师范学校本科教学评估实践研究》，高等教育出版社，2003。

四 期刊论文

白显良、崔建西：《新时代立德树人的价值定位、时代内涵与实践要旨》，《思想理论教育》2018年第11期。

别敦荣：《论高等教育内涵式发展》，《中国高教研究》2018年第6期。

蔡敏：《关于教育评价专业化的探讨》，《高等师范教育研究》2002年第3期。

陈杰等：《新时代我国大学高质量内涵式发展的若干思考》，《浙江工业大学学报》（社会科学版）2018年第4期。

陈勇、肖文：《基于利益相关者视角的研究生培养质量评价实证研究》，《高等工程教育研究》2016年第1期。

陈玉琨、李如海：《我国教育评价发展的世纪回顾与未来展望》，《华东师范大学学报》（教育科学版）2000年第1期。

陈正儒：《邓小平关于历史人物和历史问题评价的思想探析》，《南京社会科学》2001年第1期。

董博：《不断修订教学计划，突出思想政治教育专业人才培养特色——以四川师范大学思想政治教育专业为例》，《兰州教育学院学报》2015年第6期。

董浩军：《论思想政治教育的价值》，《学术论坛》2001年第6期。

范建刚：《道德品格与学术能力的协同发展——关于改进研究生德育的思考》，《学位与研究生教育》2009年第12期。

范建刚：《由准压力型向包容性转变：研究生培养体制改革的方向》，《研究生教育研究》2017年第1期。

冯达成：《新时期思想政治教育价值初探》，《学术论坛》2002年第3期。

冯刚：《交叉学科视野下思想政治教育的创新发展》，《思想理论教育导刊》

2011年第11期。

冯刚：《新时代中国特色社会主义思想政治教育的创新发展》，《中国高等教育》2018年第4期。

冯晓丽：《人才培养质量：内涵式发展与"双一流"建设的和谐变奏》，《高教探索》2019年第4期。

冯晓丽：《人才培养质量：内涵式发展与"双一流"建设的和谐变奏》，《高教探索》2019年第4期。

冯永潮：《论教育评价的科学性》，《教育研究》2002年第3期。

郭政等：《思想政治教育评估标准和方法探析》，《南京政治学院学报》2001年第5期。

贺祖斌：《高等教育评价的元评价及其量化分析模型》，《教育科学》2001年第3期。

侯衍社：《马克思关于社会进步评价尺度的思想与新世纪人类进步的走向》，《浙江学刊》2001年第2期。

康秀云、郗厚军：《论思想政治教育专业本科人才培养目标及规格》，《思想理论教育》2016年第7期。

李斌雄：《思想政治教育专业人才培养和学科建设发展的主要经验——以武汉大学思想政治教育专业1984—2004年的发展为例》，《学校党建与思想教育》2016年第11期。

李定仁等：《教学评价的世纪反思与前瞻》，《教育研究》2001年第2期。

李芳云：《论思想政治教育的接受机理与接受过程》，《探索》2004年第4期。

李力、金昕：《新时代高校立德树人的内涵、难点及实现路径》，《东北师大学报》（哲学社会科学版）2019年第2期。

李明、王周星：《思想政治教育专业硕士研究生培养方案比较研究》，《长沙理工大学学报》（社会科学版）2013年第3期。

李严锋：《高等教育教学评价的现状分析及模糊评价方法的应用》，《云南高教研究》2000年第2期。

李月玲、张莉：《思想政治教育学科定位再审视》，《安徽工业大学学报》

（社会科学版）2010年第4期。

林伯海、周至崖：《思想政治教育主体及其主体性的要素构成新探》，《思想教育研究》2011年第2期。

林正范：《从经验走向科学——高等教育评价制度的改革与发展》，《浙江社会科学》2000年第2期。

林正范：《高等教育评价中多元价值取向之间的协调原则》，《辽宁高等教育研究》1999年第4期。

刘建军：《论思想政治教育的个人价值》，《教学与研究》2001年第8期。

刘建军：《思想政治教育的话语转换及其路径》，《安徽师范大学学报》（人文社会科学版）2016年第4期。

刘建军：《思想政治教育要发挥真理的魅力》，《思想理论教育导刊》2011年第8期。

刘居安：《论思想政治教育接受主体动力结构层面的张力关系》，《教育探索》2005年第5期。

刘居安：《思想政治教育接受主体动力问题探析》，《马克思主义与现实》2004年第2期。

刘书林：《论思想政治教育原则方法的更新》，《学校党建与思想教育》2002年第9期。

刘尧：《关于教育评价学理论体系的思考——从我国的教育评价学研究谈起》，《北京理工大学学报》（社会科学版）2000年第3期。

刘尧：《教育评价及相关概念之辨析》，《中国高等教育评估》2000年第3期。

刘尧：《论教育评价的科学性与科学化问题》，《教育研究》2001年第6期。

刘志春：《当前教育价值取向的特点及其对教育评价的影响》，《河南社会科学》2000年第6期。

刘智运：《在高等教育强国背景下：提高高等教育质量的基本理论》，《理工高教研究》2010年第2期。

柳国辉：《高等教育评价质量观刍议》，《江苏高教》2001年第1期。

卢丹风：《论现代思想政治教育的特点》，《思想政治教育研究》2008 年第 8 期。

路杨：《论思想政治教育的接受机制》，《江汉论坛》2004 年第 10 期。

马昂：《当代大学生思想道德状况的分析、评价和教育对策》，《兰州大学学报》（社会科学版）2000 年第 2 期。

马莉等：《科学的价值渗透与价值评价》，《聊城师范学院学报》（哲学社会科学版）2000 年第 6 期。

马毅松等：《论思想政治教育的价值结构》，《思想教育研究》2002 年第 2 期。

牛丽玲、吴伟：《新时代教育评价改革背景下高校质量文化建设的路径》，《上海教育评估研究》2021 年第 8 期。

邱柏生：《思想政治教育学科评估指标体系问题》，《学校党建与思想教育》2003 年第 11 期。

沈春英等：《工程教育培养目标有效性评价的探索》，《高教学刊》2016 年第 4 期。

沈小碚：《教育教学评价研究的发展与问题》，《西南师范大学学报》（人文社会科学版）2001 年第 4 期。

沈玉顺等：《制定教育评价标准的若干方法分析》，《高等师范教育研究》2000 年第 2 期。

沈壮海：《关注思想政治教育的文化性》，《思想理论教育》2008 年第 3 期。

沈壮海、段立国：《2014 年度大学生思想政治状况分析》《思想理论教育导刊》2015 年第 8 期。

沈壮海、段立国：《思想政治理论课的主渠道作用及其发挥——基于 2014 年度大学生思想政治教育状况调查数据的分析》，《中国高等教育》2015 年第 10 期。

沈壮海、王迎迎：《2015 年度大学生思想政治及其教育状况调查分析》，《中国高等教育》2016 年第 8 期。

苏富忠：《论评价及其标准》，《济南大学学报》（社会科学版）2001 年第

6 期。

孙崇正等：《改革开放以来我国高等教育人才培养质量观的演进与启示》，《清华大学教育研究》2009 年第 2 期。

孙其昂、王臻：《新时代思想政治教育本科专业建设的几点思考》，《学校党建与思想教育》2018 年第 7 期。

孙伟平：《论价值评价的主体性与客观性》，《求索》2000 年第 6 期。

唐华生、叶怀凡：《高校质量文化建设的价值探索与路径选择》，《学术论坛》2007 年第 3 期。

田杰：《关于构建素质教育评价体系的几个理念问题》，《贵州师范大学学报》（社会科学版）2001 年第 3 期。

田杰：《试论素质教育评价体系的基本特点》，《中国教育学刊》2000 年第 3 期。

王金林：《教学成果评价与教育质量标准初探》，《高等师范教育研究》2000 年第 1 期。

王俊拴：《略论思想政治教育的内在张力及其启示》，《江苏高教》2011 年第 2 期。

王茂胜等：《思想政治教育评价的科学内涵及其意义》，《学校党建与思想教育》2002 年第 11 期。

王涛：《"互联网+"背景下大学生思想政治教育创新与发展》，《思想理论教育导刊》2018 年第 7 期。

王涛：《论思想政治教育的文化功能》，《思想政治教育研究》2017 年第 4 期。

王曦：《对高校思想政治工作实效性评价的思考》，《山西高等学校社会科学学报》2000 年第 5 期。

王晔：《思想政治工作效果评价探析》，《学习论坛》2001 年第 5 期。

王宗廷：《科学评价高校学生思想政治工作的价值》，《学校党建与思想教育》1999 年第 1 期。

韦冬萍等：《高校人才培养的特征及科学人才培养质量观的构建》，《高教学刊》2015 年第 17 期。

邬妮:《价值事实、价值反映与价值评价》,《学术界》2000年第6期。

吴迪:《多元性:素质教育评价的特征》,《中国教育学刊》2001年第4期。

吴琼、纪淑云:《马克思主义大众化语境中的思想政治教育话语变革》,《求实》2010年第10期。

项久雨:《论思想政治教育评价的特点及其功能》,《学校党建与思想教育》2004年第3期。

项久雨:《思想道德教育价值评价的合理性》,《教育研究》2002年第8期。

项久雨:《思想道德教育价值评价的主体与客体》,《南京师大学报》(社会科学版)2002年第5期。

项久雨:《思想道德教育评价研究》,《教育研究》2002年第5期。

项久雨:《思想道德教育社会价值的结构及其内核》,《社会主义研究》2002年第3期。

项久雨:《思想政治教育价值论及其相关研究的现状视域》,《中国青年政治学院学报》2002年第4期。

谢华:《论高校思想政治教育评估的要求和标准》,《西南民族学院学报》(哲学社会科学版)2002年第10期。

谢祥清:《论素质教育评价机制的构建》,《学术探索》2001年第1期。

熊建生:《思想政治教育内容结构体系论纲》,《学校党建与思想教育》2007年第1期。

许克毅、曹凯松:《思想政治教育评估中若干理论问题的探讨》,《西安电子科技大学学报》(社会科学版)2002年第3期。

晏辉:《关于社会评价的几个问题》,《人文杂志》2001年第6期。

杨威、陈毅:《新时期思想政治教育专业人才培养体系思考》,《思想教育研究》2018年第6期。

杨曾宪:《论价值评价与反映》,《山东社会科学》2001年第6期。

余明辉、郭锡泉:《现代职业教育体系下专业人才培养质量的测量与评价》,《中国高教研究》2015年第9期。

曾盛:《论现代思想政治教育的管理价值》,《探索》2001年第6期。

张理海:《关于社会评价论问题讨论综述》,《武汉大学学报》(哲学社会科学版）1998 年第 3 期。

张艳：《教育新理念与高等学校师德评价》，《教育探索》2002 年第 10 期。

张耀灿：《思想政治教育学科专业创建 30 年的回顾和展望》，《思想理论教育》2014 年第 1 期。

张耀灿：《推进思想政治教育研究范式的人学转换》，《思想教育研究》2010 年第 7 期。

张意忠：《教育评价价值取向研究》，《教育探索》2002 年第 10 期。

张玉海：《中国特色社会主义思想政治教育工作评价模式探微》，《河北师范大学学报》（哲学社会科学版）1999 年第 2 期。

赵家祥：《马克思关于人的本质的三个界定》，《思想理论教育导刊》2005 年第 3 期。

郑家茂、张胤：《适应与发展：建构多维视角下的当代本科人才培养质量观》，《中国大学教学》2008 年第 6 期。

郑敬斌、王立仁：《论思想政治教育内容的系统建构》，《东北师范大学学报》（哲学社会科学版）2012 年第 2 期。

郑永廷、张国启：《论思想政治教育学科建设与发展》，《思想教育研究》2006 年第 2 期。

邹成效、衡孝庆：《论融合性》，《学习与探究》2016 年第 3 期。

五　报刊

胡锦涛：《在全国宣传思想工作会议上的讲话》，《人民日报》2003 年 12 月 8 日。

《纪念马克思诞辰 200 周年大会在京举行》，《人民日报》2018 年 5 月 5 日。

《坚持以本为本 推进四个回归 建设中国特色、世界水平的一流本科教育——新时代全国高等学校本科教育工作会议召开》，《中国教育报》2018 年 6 月 22 日。

《人民对美好生活的向往就是我们的奋斗目标》，《人民日报》2012 年 11 月 16 日。

万玉凤：《为了打赢全面振兴本科教育攻坚战——新时代全国高等学校本科教育工作会议一年来改革综述》，《中国教育报》2019 年 6 月 28 日。

王岐山：《开启新时代 踏上新征程》，《人民日报》2017 年 11 月 7 日。

习近平：《在庆祝中国共产党成立 100 周年大会上的讲话》，《人民日报》2021 年 7 月 2 日。

《胸怀大局把握大势着眼大事努力把思想工作做得更好》，《人民日报》2013 年 8 月 21 日。

后 记

拙著《思政本科专业人才培养质量评价研究》是在我的博士论文基础上修改而成的,也是我的第一本专著,此时此刻,心中充满了欣喜和激动。

2017年9月,我考入陕西师范大学成为一名博士研究生。回想起自己博士研究生学习期间走过的一千多个日日夜夜,不知如何去表达和倾诉……走到今天,回首自己的求学之路,从甘肃农村走出来的我始终坚信:知识是改变农村孩子命运的最好出路。于是,我在35岁时义无反顾地选择了继续求学。面对读博,我曾经害怕和恐惧,但现实告诉我没有人可以替我勇敢。面对新的选择、面对人生的又一个十字路口,我怀着对知识的渴望,怀着对人民教师的初心,怀着对养育了我我却没能尽到孝心的、敬爱的父亲的深深思念……鼓起勇气,放下所有的顾虑去超越自己、去重新定义自我。

陕西师范大学长安校区方正的校园,在错落有致、弥漫书香气息和古典风格的建筑的排列下质朴而雄伟。在步入校园的那一刻,我似乎触摸到了孩提时的梦想,也像被无比宽广的怀抱拥入;同时,我又感觉自己无比的渺小。我怀着对陕西师范大学无比崇高的敬仰径直走向了校园深处,去探寻知识的"宝藏"、去追逐和实现我的梦想。当我经历长安的春夏秋冬后,当我在"步高山"上、"昆明湖"畔细细体会学习的苦与乐时,我体会到的不只是校园的芬芳,还有对人生的回味和对生命的思考。

博士研究生阶段的学习和生活丰富而充实,老师们的授课鞭辟入里、回味无穷；社会实践丰富多彩、增长见识；学术论坛不胜枚举、百家争鸣。在陕西师范大学学习和生活的每一天都充满阳光，但是因为自己基础差、底子薄，读博给我带来的困难和挑战是前所未有的。为了弥补自己的不足，只能花更多的时间去"补课"，但学习的效果总是不能尽如人意。面对毕业压力，我在许多个不眠之夜里，默默承受熬夜带来的腰椎、颈椎的疼痛，面对学习、家庭和工作的多重压力，我用孟子的"必先苦其心志，劳其筋骨，饿其体肤，空乏其身，行拂乱其所为"来鼓励自己，一定要坚持下去、一定要战胜自己。

一路走来，我要感谢关心、支持和帮助我的所有人。我要感谢敬爱的恩师范建刚教授。我的博士学位论文从选题到结构、从观点到论证、从语句到标点符号都浸满了恩师的心血和汗水。学习期间，每次去请教范老师难解之题时，老师不管多忙都会在当天挤出时间为我解疑释惑。范老师对我提出的问题，每每都是先给予鼓励和认可，然后再进行细致入微的指导。范老师不仅帮助我破解了许多专业方面的难题，更让我学到了许多为人与为学的道理。恩师的慈爱和关切，让我能够坦然面对自己知识的浅薄；恩师渊博的学识、严谨的治学态度和朴素的生活方式激励和启迪着我的学习、工作和生活。范老师是我一生敬仰的人生导师，在今后的人生道路上我将铭记恩师的教导，秉持母校"厚德、积学、励志、敦行"的校训，用勤奋和努力、用自己的行动和成果回报师恩、回报母校。

我要感谢陕西师范大学的王涛教授、任晓伟教授、袁祖社教授、王俊栓教授、陈答才教授、阎树群教授、王晓荣教授、杨平教授、王振宏教授，感谢西安交通大学的陈建兵教授、西安理工大学的鲁宽民教授和西安科技大学的何江新教授。老师们独到的见解让我醍醐灌顶、深受启发；老师们的博爱和关怀更让我体会到为人师者的风范。我要感谢为我们的学习、生活保驾护航的张倩书记、任红星老师、王健老师、郭李乐老师，以及学院所有关心和帮助过我的老师们。我要感谢陪伴我一起学习的同门和同学们，是你们让我在求知的路上不断收获、信心满满。我们举办的读书会帮助大家增长了知识、提升了学习兴趣、碰撞出了思想火花，我们共同进步、共同成长。我要感谢陪伴我、帮助过我的唐燕子、高文静、毛雅倩、陈家庚等好友，正是因为有你们，在陕西师范大学的时光备感开心和快乐。我要感谢参与调查和访谈的各位朋友、同事、思想政治教育本科专业的应届和非应届毕业生，以及毕业生的家长们，没有你们的配合和支持，本书难以完成。

我要感谢青海师范大学的校领导，感谢我所在学院的院领导，感谢为我分担工作和鼓励我前行的同事。正是因为有你们的支持，我才能继续深造学习，我的学业才能顺利完成。记忆犹新的是，单位校领导每次到陕西师范大学开展工作交流时，都会看望我们、鼓励我们、期盼我们早日学成归来。我还要感谢青海师范大学历史学院的杜常顺教授、魏道明教授和赵学华老师，在我学习期间，杜老师、魏老师和赵老师十分关心我的学习，在诸多方面给予我指导和帮助。我要感谢我的硕士研究生导师曹海玲，没有曹老师曾经的栽培和指导，我就无法考取博士研究生，无法实现自己成为博士的梦想。我要感谢关心、疼爱我的本科学习期间的班主任赵春娥老师，赵老师在我读本科时经常鼓励我、帮助我，让我对自己有了信心，也让我重新认识了自己。

我要感恩我的家族、感谢我的家人和亲人。自求学以来，我牢记和践行"敬畏天地，孝顺双亲……工需求精、农必勤耕；商重诚信、学要用功；兵贵忠勇、仕则廉明……承前启后，永建传统"的家训。以四太爷曾不辞千辛万苦求学黄埔军校，以十爷在艰苦岁月里潜心学习进入中国社会科学院的坚强意志和在学术研究中取得的卓越成就，以父亲不惧挫折和困难走出一条农商结合创业之路的坚定信心……激励自己不断前行。为了支持我完成学业，母亲体弱多病还要操持繁重的家务，妻子工作之余还要照顾老人和两个年幼的孩子。作为家里顶梁柱的我，这些年没有尽到自己的责任，每每想起备感愧疚。走过布满荆棘的读博之路，最想说的是，在我最艰难的时候，我敬仰和敬爱的十爷总是呵护着我，十爷教给我许多学术研究的良法，并教导我如何走好今后的教学和学术研究之路，十爷的关爱和谆谆教诲给了我最坚定的信心和最强大的动力。同时，我的妻子潘远红始终为我分担压力，帮助我排忧解难，爱妻是我能够完成学业的贤内助。此外，我要铭记于心的是：我亲爱的小姨扔下自己的家，从乌鲁木齐来到西宁帮我们照顾襁褓中的孩子，小姨如同母亲一样关心、疼爱着我们；我的岳父、岳母、小姨父、姐姐、姐夫、大哥和大嫂十分关心我的学业；有缘结识的山东安丘的家人们也一直在支持、鼓励我完成学业；青海的妹夫李生福、妹妹魏世玲，为了让我以更好的精神状态投入学习中，不时组织丰富的户外活动，在亲人团聚和亲近自然中我抛掉了压力，找到了更多的快乐；还有我懂事、漂亮的女儿魏远相莱，伶俐、可爱的儿子魏远相敬，他们是激励我遇到困难时不后退、不放弃的"天使"。

读博是艰难的、是刻骨铭心的。让我难忘的是，我的读博生涯和新冠疫情不期而遇，接连出现的疫情给我的学习、工作和生活带来了诸多的不便。我想说的是，面对现实中的困难和阻力，我视读博的经历为人生的一次"修行"，然后做到不断反思自己、认识自己，努力让自己成为一名勇者，成为真正的、真实的自己。所以，读博是我在人生路上做出的最无悔的选择，博士阶段的学习经历和积淀的精神财富值得我用一生去回味和珍惜。最后，我要用父亲写的一首诗表达我对逝去亲人的思念，也用这首诗诠释我求学以来经历的酸甜苦辣和春夏秋冬——"不管是大地复苏、冰雪融化的初春，还是硕果累累、充满辉煌的深秋；不管是骄阳似火、烈日炎炎的盛夏，还是寒气逼人、冰天雪地的严冬。心中总有一种难以割舍的苦苦牵挂，那就是纯洁的、无私的深深思念"。

本书得以刊印出版，感谢青海师范大学的大力支持，感谢社会科学文献出版社马克思主义分社社长曹义恒的辛勤付出！

由于个人学术水平有限，书中难免有不足之处，恳请各位专家、学者、同人和读者批评指正。

魏世友
2024年5月于西宁宁瑞水乡

图书在版编目（CIP）数据

思政本科专业人才培养质量评价研究 / 魏世友著. — 北京：社会科学文献出版社，2024.11
ISBN 978-7-5228-3629-4

Ⅰ.①思… Ⅱ.①魏… Ⅲ.①高等学校-思想政治教育-人才培养-研究-中国 Ⅳ.①G641

中国国家版本馆 CIP 数据核字（2024）第 092179 号

思政本科专业人才培养质量评价研究

著　　者 /	魏世友
出 版 人 /	冀祥德
组稿编辑 /	曹义恒
责任编辑 /	吕霞云
文稿编辑 /	王　敏
责任印制 /	王京美
出　　版 /	社会科学文献出版社·马克思主义分社（010）59367126
	地址：北京市北三环中路甲 29 号院华龙大厦　邮编：100029
	网址：www.ssap.com.cn
发　　行 /	社会科学文献出版社（010）59367028
印　　装 /	三河市尚艺印装有限公司
规　　格 /	开 本：787mm×1092mm　1/16
	印 张：14.25　字 数：216 千字
版　　次 /	2024 年 11 月第 1 版　2024 年 11 月第 1 次印刷
书　　号 /	ISBN 978-7-5228-3629-4
定　　价 /	98.00 元

读者服务电话：4008918866

版权所有 翻印必究